Rainer Gievers

Das Praxisbuch
Samsung Galaxy S5

Teil 1: Grundlagen der Bedienung

www.das-praxisbuch.de

Vorwort

Im Vergleich zum Vorgänger Galaxy S4 hat Samsung beim S5 die Benutzeroberfläche deutlich verändert. Auffällig ist vor allem die neu Farbgebung der Programmsymbole, das erweiterte Benachrichtigungsfeld und der Verzicht auf die bisher bei allen Samsung-Handys übliche Hardware-Menütaste. Die hauseigenen Anwendungen E-Mail und Webbrowser hat Samsung zudem einer Runderneuerung unterzogen. Für flexibles Arbeiten sorgt der Mehrfenstermodus (zwei Programme sind gleichzeitig auf dem Bildschirm aktiv), die Toolbox, welche jederzeit fünf Anwendungen für den schnellen Aufruf bereithält, sowie der Einhandmodus. Letzterer verkleinert die Bildschirmanzeige, sodass Sie das Handy mit einer Hand bedienen können.

Leider geht die beim Galaxy S5 mitgelieferte Anleitung nur auf die wichtigsten Funktionen des Geräts ein, weshalb dieses Buch entstanden ist, das den Anwender von den ersten Schritten bis hin zur optimalen Nutzung der vorinstallierten Anwendungen unterstützt. Wir geben darüber hinaus auch Tipps aus unserer eigenen, inzwischen über 30-jährigen Erfahrung mit Mobilrechnern, die Sie im Internet und anderen Büchern nicht finden werden.

Sollten Sie nach der Lektüre dieses Buchs trotzdem noch einige Fragen haben, können Sie sie im Diskussionsforum des Gicom Verlags (*www.das-praxisbuch.de*) loswerden. Falls Sie im Buch irgendwo einen Fehler entdecken, schicken Sie bitte eine E-Mail an *info@das-praxisbuch.de*.

Hinweis: Aus praktischen Erwägungen heraus ist das Praxisbuch in zwei Teilen erhältlich. Während der vorliegende **Teil 1** auf die grundlegende Bedienung, sowie die wichtigsten Anwendungen eingeht, erläutert Teil 2 die Multimedia-Funktionen und die Systemeinrichtung. Teil 2 ist zum Verständnis dieses Buchs nicht unbedingt erforderlich.

Rainer Gievers, im Mai 2014

Version 1.0: Startversion vom 11.05.2014

Hinweis

Die Informationen in diesem Buch wurden mit größter Sorgfalt erarbeitet und zusammengestellt. Dennoch können Fehler nicht vollständig ausgeschlossen werden. Verlag und Autor übernehmen daher keine juristische Verantwortung oder irgendeine Haftung für eventuell verbliebene Fehler oder deren Folgen.

ISBN 978-3-938036-85-3 für Teil 1 (dieses Buch)
ISBN 978-3-938036-86-0 für Teil 2

Buchdruck: Gicom Druckservice (*www.gicom.com*)

Aufbau der Kapitel

- Damit Sie erkennen, welche Bildschirmkopie zu welchem Erläuterungstext gehört, sind die Texte mit Zahlen (❶,❷,❸) durchnummeriert.

- Webadressen, Menübezeichnungen und verwiesene Kapitel sind *kursiv* gesetzt.

- Ab und zu verweist das Praxisbuch auf andere Kapitel. Sollte ein Kapitel im zweiten Teil der Praxisbuchreihe zu finden sein, weisen wir entsprechend darauf hin, beispielsweise mit »siehe *Praxisbuch Teil 2*, Kapitel *26 Bluetooth*«.

- Verschachtelte Menüs werden durch »/« gekennzeichnet. Somit bedeutet zum Beispiel ⦙*Einstellungen*, dass Sie das Menü aktivieren und dort auf *Einstellungen* gehen.

- Auch Verzeichnis- und Dateinamen, sowie Webadressen sind in Kursivschrift gesetzt.

- Überlange Verzeichnisse oder Webadressen werden durch einen Pfeil getrennt. Übernehmen Sie sie ohne Leerzeichen. Beispiel: *www.microsoft.com/windows/*⇨ *windowsmedia/en/software/pocket/custom.asp*.

In den Rahmen sind weiterführende Infos zum jeweiligen Thema untergebracht.

1. Inhaltsverzeichnis

2. Erster Start

Es gibt wohl kaum etwas Frustrierenderes, als sich in ein neu gekauftes Gerät, sei es Kaffeevoll-automat, Waschmaschine oder TV, einzuarbeiten. Beim Samsung Galaxy ist dies kaum anders. Erfreulicherweise konfiguriert das Handy beim ersten Einschalten über einen Assistenten bereits einige wichtige Einstellungen, darunter Ihr Google-Konto und die Ermittlung Ihres Standorts.

> **Hinweis**: Falls Sie bereits den Assistenten durchlaufen haben und schon Ihr Gerät nutzen, sollten Sie im Kapitel *3 Grundlagen der Bedienung* weiterlesen. Wo es in diesem Buch darauf ankommt, gehen wir auf die im Assistenten vorgenommenen Einstellungen nochmals ein. Sie verpassen also nichts!

Beachten Sie, dass der Assistent im Folgenden die Mobilfunk-Internetverbindung nutzt, um Daten mit Google-Servern auszutauschen. Auch im Alltagsbetrieb wird das Handy oft im Hintergrund aufs Internet zugreifen, weshalb Sie jetzt erst einmal prüfen sollten, ob Sie einen Handy-Vertrag mit Internetflatrate (auch als »Datenflatrate« oder »Datenvertrag« bezeichnet) nutzen. Bei älteren Verträgen erfolgt die Abrechnung meist pro Megabyte, sodass schnell hohe Beträge auf der nächsten Monatsrechnung auftauchen. Meist kann man aber zu seinem Vertrag eine Flatrate für 5 bis 10 Euro pro Monat hinzubuchen. Fragen Sie gegebenenfalls bei Ihrem Netzbetreiber oder in einem Handy-Shop nach.

Tipp: Wenn Sie Mobilfunkdatenverbindungen – aus welchen Gründen auch immer – vermeiden möchten, nutzen Sie das Handy einfach ohne eingelegte SIM-Karte. Der Assistent geht dann über WLAN (ein WLAN-Zugangspunkt muss natürlich vorhanden sein) online.

Auf die Internetverbindungen geht auch Kapitel *7.1 Internetzugang einrichten* ein.

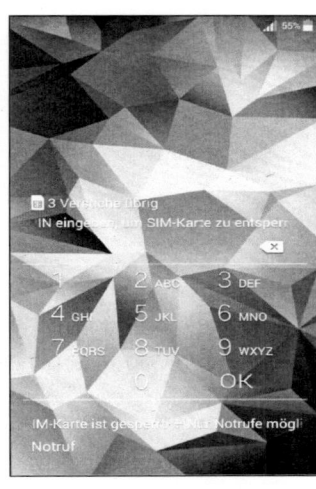 

❶ Geben Sie zuerst die SIM-PIN ein, damit sich das Samsung Galaxy ins Netz einbuchen kann. Schließen Sie Ihre Eingabe mit der *OK*-Schaltleiste auf dem eingeblendeten Tastenfeld ab.

❷ Stellen Sie Ihr Land beziehungsweise Ihre Sprache ein, beispielsweise *Deutsch (Deutschland)*. Betätigen Sie *Starten*.

> Beachten Sie bitte, dass situationsabhängig bestimmte Aktionen beziehungsweise Konfigurationsbildschirme früher oder später erscheinen. Beispielsweise kann es passieren, dass nach der SIM-PIN erst zu einem späteren Zeitpunkt gefragt wird.

❶❷ Als Nächstes stellen Sie den genutzten WLAN-Zugangspunkt ein. Tippen Sie einen der gefundenen Zugangspunkte in der Liste an, geben Sie das zugehörige Kennwort ein und betätigen Sie *Verbinden*.

❸ Schließen Sie den Bildschirm mit *Weiter*.

> Sollte nicht der Hinweis »*Verbunden*« unter dem verwendeten WLAN-Zugangspunkt erscheinen, dann tippen Sie ihn an und betätigen die *Verbinden*-Schaltleiste.
>
> Aus persönlicher Erfahrung wissen wir, dass viele Anwender nicht ihr WLAN-Kennwort wissen – meist liegt ja die Einrichtung des eigenen DSL-WLAN-Routers einige Monate oder gar Jahre zurück. In diesem Fall können Sie im Webbrowser auf dem Desktop-PC die Weboberfläche des Routers aufrufen und sich dort das WLAN-Kennwort anzeigen lassen, beziehungsweise ändern. Bei der beliebten AVM Fritzbox geben Sie zum Beispiel *fritz.box* in der Browseradresszeile ein und klicken in der Fritzbox-Benutzeroberfläche auf *WLAN* und dann auf *Sicherheit*.

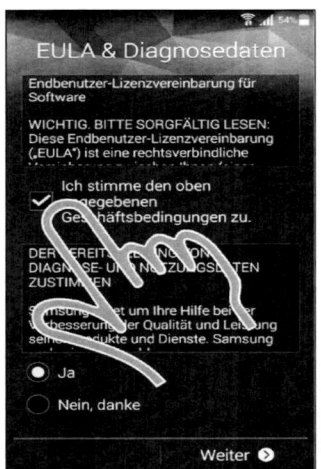  

❶ Aktivieren Sie das Häkchen bei *Ich verstehe die oben angegebenen Geschäftsbedingungen*, wählen Sie darunter *Ja* oder *Nein, danke* für die Übermittlung Ihrer Nutzungsdaten. Betätigen Sie *Weiter*.

❷ Das Galaxy S5 sichert Ihre auf dem Gerät angelegten Kontakte, Termine, Browser-Lesezeichen, Bilder, usw. im Internet. Die Daten werden dabei in Ihrem Google-Konto hinterlegt. Sie können sich nun mit *Ja* bei Ihrem Google-Konto anmelden oder mit *Nein* ein Konto neu anlegen. In unserem Beispiel ist bereits ein Google-Konto vorhanden, weshalb *Ja* angetippt wurde.

❸ Geben Sie Ihren Google-Konto-Namen (Eingabe des Namens vor *@gmail.com* reicht aus) und das Kennwort ein. Betätigen Sie *OK* auf dem Tastenfeld. Schließen Sie auch das folgende Geschäftsbedingungen-Dialogfenster mit *OK*.

Um das Handy (und andere Android-Geräte) sinnvoll zu nutzen, müssen Sie ein sogenanntes Google-Konto besitzen. Sie können dieses zwar direkt auf dem Gerät einrichten, einfacher geht es aber im PC-Webbrowser, in dem Sie die Webadresse *mail.google.com* aufrufen. Nach der Registrierung besitzen Sie dann mit dem Google-Konto eine eigene, selbstgewählte E-Mail-Adresse im Format *abc@gmail.com* und können auch zahlreiche weitere Google-Dienste, darunter zum Beispiel das soziale Netzwerk Google+, Google-Kalender und das Online-Office Text & Tabellen nutzen. Beachten Sie zum Google-Konto auch Kapitel *15.1 Das Google-Konto*.

❶ Im *Google-Dienste*-Bildschirm sollten Sie alle Abhakkästchen aktiviert lassen:

Unter *SICHERUNG & WIEDERHERSTELLUNG*:

- *Sichern Sie Ihre Daten in einem Google-Konto. Stellen Sie vorherige Sicherungen auf diesem Gerät wieder her*: Kontakte, Termine, Browser-Lesezeichen, usw. werden auf dem Galaxy wiederhergestellt. Diese Option ist auch nützlich, wenn Sie beispielsweise von einem anderen Android-Gerät auf das Tablet umgestiegen sind.

Unter *STANDORT*:

- *Apps können meinen Standort schneller bestimmen. Anonyme Standortdaten werden erfasst und an Google gesendet*: Google sammelt anonym die vom Tablet ermittelten Standorte von Funknetzen, um die Genauigkeit bei der Positionsbestimmung zu erhöhen.

- *Zur Verbesserung der Genauigkeit und für andere Zwecke lassen Sie zu, dass auch bei deaktiviertem WLAN nach Netzwerken gesucht wird*: Das Handy kann anhand der bekannten Position von WLAN-Zugangspunkten Ihre Position genauer bestimmen. Einige Funktionen des Geräts wie die Google-Suche liefern dann bessere – weil für Ihren Standort optimierte – Ergebnisse.

Betätigen Sie die ▼.

❷ Schließen Sie den Bildschirm mit der ▶-Schaltleiste.

Die aufgeführten Standortparameter lassen sich auch jederzeit später ändern, wie *Praxisbuch Teil 2*, Kapitel *34.4 GPS auf dem Galaxy nutzen* zeigt.

  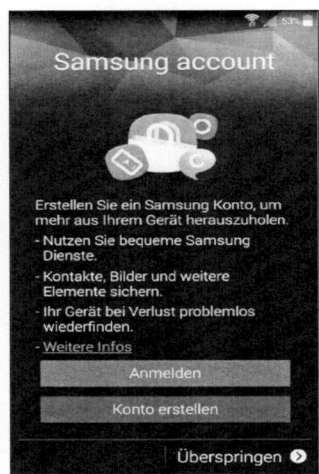

❶ Für den späteren Kauf von Software, Musik, Videos oder Ebooks können Sie jetzt Ihre Visitenkartendaten hinterlegen – dies ist aber auch jederzeit später möglich, weshalb Sie jetzt auf *Später* gehen sollten.

❷ Geben Sie Ihren Vor- und Nachnamen in den beiden Feldern ein und betätigen Sie ▶ (über die *Weiter*-Taste unten rechts im Tastenfeld wechseln Sie, nachdem Sie Ihren Vornamen erfasst haben, zum zweiten Eingabefeld.

❸ Samsung stellt einige zusätzliche Dienstleistungen zur Verfügung, die sich nur nutzen lassen, wenn Sie ein sogenanntes Samsung-Konto anlegen. Wir gehen im Kapitel *16 Das Samsung-Konto* genauer darauf ein, weshalb Sie hier *Überspr.* betätigen können.

❶ Zum Lieferumfang gehört auf dem Galaxy auch der Dropbox-Dienst, den Kapitel *14 Dropbox* genauer beschreibt. Betätigen Sie deshalb hier *Überspr.*

❷❸ Erfassen Sie den Gerätenamen. Das Gerät erscheint später unter diesem Namen als Laufwerk, wenn Sie es über das mitgelieferte USB-Kabel am PC anschließen. Auch bei Bluetooth-Verbindungen wird dieser Name verwendet. Sie können ihn später jederzeit, wie im *Praxisbuch Teil 2*, Kapitel *35.9.4 Geräteinformationen* beschrieben, ändern. Schließen Sie das Tastenfeld, indem Sie die ⤺-Taste links unterhalb des Displays betätigen. Daraufhin ist die *Beenden*-Schaltleiste sichtbar, welche Sie nun betätigen.

Das Galaxy begrüßt Sie mit dem Startbildschirm und Sie können nun mit dem Handy arbeiten.

3. Grundlagen der Bedienung

Das Samsung Galaxy S5 bedient man ausschließlich über das Touchdisplay. Wenn Sie bereits ein Handy mit Touchdisplay genutzt haben, finden Sie viele Funktionen wieder.

Wenn Sie Ihr Gerät von einem Netzbetreiber erworben haben, werden einige Menüs und Tastenfunktionen von den Beschreibungen in diesem Buch abweichen. Auch spätere Updates des von Samsung entwickelten Betriebssystems können dazu führen, dass zusätzliche Funktionen oder Anwendungen verfügbar sind.

3.1 Bedienelemente des Samsung Galaxy

Zwar erfolgt die Bedienung des Handys weitgehend über das Touchdisplay, einige Funktionen werden aber auch über Hardwaretasten ausgelöst.

Die drei Tasten auf der Unterseite:

- ⬜: Zuletzt genutzte Anwendungen auflisten.

- ⬭: Startseite: Schaltet wieder auf den Startbildschirm zurück. Drücken Sie diese Taste etwas länger, so erscheint der Task-Switcher, wo Sie zwischen den gerade laufenden Programmen wechseln.

- ↩: Zurück: Zum vorherigen Bildschirm zurückkehren, beziehungsweise Menüs schließen.

- Lautstärke-Tasten (auf der linken Geräteseite): Regulieren bei Telefongesprächen die Hörerlautstärke, ansonsten die Klingeltonlautstärke.

3.2 Displaysperre

Die Gerätesperre (Displaysperre), welche sich nach einiger Zeit der Nichtnutzung aktiviert, schaltet alle Tastenfunktionen aus. Dadurch lässt sich das Galaxy auch in einer Tasche transportieren, ohne dass man aus Versehen irgendeine Funktion auslöst.

Weil das Display zu den Komponenten eines Handys zählt, die am meisten Strom verbrauchen, wird es ausgeschaltet, sobald sich die Gerätesperre aktiviert. Auf eingehende Anrufe und Benachrichtigungen macht das Handy natürlich auch weiterhin aufmerksam: Geht ein Anruf ein, deaktiviert sich die Gerätesperre automatisch und das Display schaltet sich wieder ein.

Zum Aus- beziehungsweise Einschalten des Displays betätigen Sie den Ein-Ausschalter auf der Geräteseite.

❶ So deaktivieren Sie die Displaysperre: Tippen und Halten Sie den Finger auf den Bildschirm und ziehen Sie ihn in eine beliebige Richtung.

❷ Der Startbildschirm ist damit freigeschaltet.

3.3 Der Startbildschirm

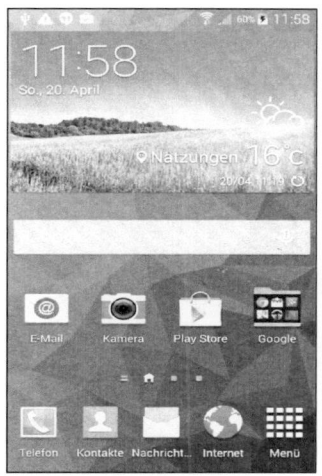  

❶ Der Startbildschirm ist der Ausgangspunkt, von dem Sie alle weiteren Anwendungen aufrufen. Er erscheint automatisch nach dem Einschalten sowie nach Betätigen der ⬭-Taste. Über *Telefon* aktivieren Sie von dort aus die Telefonoberfläche (❷), über *Kontakte* das Telefonbuch, *Nachrichten* öffnet die Nachrichten-Anwendung, *Internet* den Webbrowser und *Menü* das Hauptmenü (❸), worin Sie weitere Anwendungen des Galaxy finden.

> Auf die Telefonoberfläche geht bereits Kapitel *4 Telefonie* ein, auf das Telefonbuch Kapitel *5 Telefonbuch*. Nachrichten beschreibt Kapitel *6 Nachrichten (SMS)*. Zum Webbrowser siehe Kapitel *11 Webbrowser*.

3.4 Erste Schritte

Damit Sie Ihr neues Handy besser kennenlernen, soll jetzt einmal die Abschaltzeit des Displays eingestellt werden.

❶ Aktivieren Sie mit *Menü* unten rechts das Hauptmenü.

❷ Falls Sie auf dem Bildschirm keine *Einstellungen* finden, müssen Sie erst mit einer Wischgeste von links nach rechts (Finger auf das Display drücken und dann sofort nach links/rechts ziehen) zum entsprechenden Bildschirm wechseln.

❸ Tippen Sie dann auf *Einstellungen*.

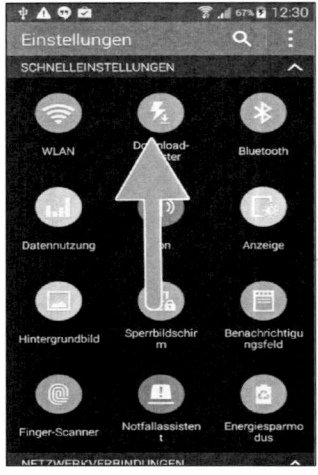  

❶ Führen Sie eine »Wischgeste« durch, indem sie einen Finger auf das Display setzen und dann nach oben/unten ziehen.

❷ Rufen Sie *Anzeige* unter *TON UND ANZEIGE* auf.

❸ Tippen Sie nun auf *Bildschirm-Timeout*.

Wählen Sie gewünschte Abschaltzeit aus. Sie befinden sich wieder im vorherigen Bildschirm, von dem Sie mit der ⬭-Taste zum Startbildschirm zurückkehren.

3.5 Gestensteuerung

Die Gestensteuerung eine der großen Stärken des Samsung Galaxy. Deshalb dürften auch Anwender, die bereits mit einem Touchscreen-Handy gearbeitet haben, sich schnell zurechtfinden. Im Folgenden sollen die wichtigsten Gestenfunktionen einmal in der Praxis vorgestellt werden.

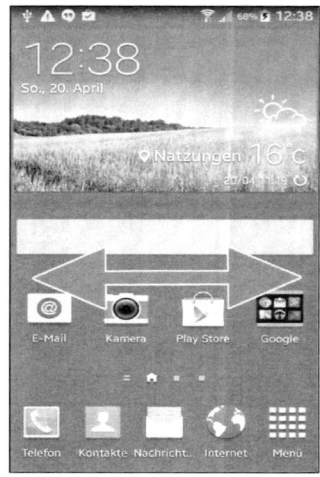 

❶ Ein gutes Beispiel, wie Sie die Gestensteuerung einsetzen können, ist der Startbildschirm: Tippen und halten Sie den Finger auf dem Bildschirm und ziehen Sie ihn nach rechts oder links (sogenannte Wischgeste).

❷ Die nächste Bildschirmseite des Startbildschirms erscheint. Ein Indikator (Pfeil) zeigt am unteren Bildschirmrand an, auf welcher Seite Sie sich gerade befinden. Sie können einen der Punkte antippen, um direkt zur entsprechenden Startseite zu springen.

> Mehrmaliges Betätigen der ⬭-Taste unterhalb des Displays schaltet immer auf die erste Startbildschirmseite zurück.

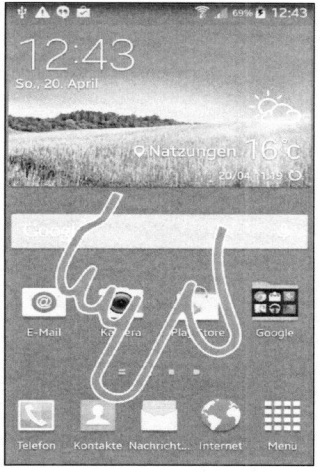  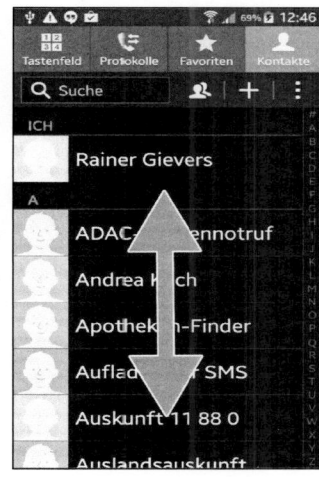

❶ Starten Sie das Telefonbuch über *Kontakte.*

❷ Für Übersicht sorgen in vielen Programmen, darunter auch im Telefonbuch, sogenannte Register (Pfeil), welche Sie durch Antippen aktivieren.

❸ Immer wenn, wie in diesem Fall, eine Liste größer als der Bildschirm ist, können Sie mit einer Geste durchrollen. Sie haben dabei sogar mehrere Möglichkeiten:

- Tippen und Halten Sie den Finger auf einer beliebigen Stelle des Bildschirms und ziehen Sie sofort den Finger langsam nach oben oder unten, je nachdem, wohin Sie in der Liste rollen möchten. Lassen Sie den Finger los, wenn Sie das gewünschte Listenelement gefunden haben.

- Wie zuvor, aber diesmal ziehen Sie mit Schwung in die gewünschte Richtung und lassen dann sofort wieder los. Die Liste rollt zunächst schnell und dann immer langsamer durch, bis sie stoppt.

3.6 Der Startbildschirm in der Praxis

Der Startbildschirm (»Standby-Bildschirm«) erscheint standardmäßig nach dem Einschalten. Auf dem Startbildschirm sind alle wichtigen Informationen, beispielsweise anstehende Termine, eingegangene SMS, usw. zusammengefasst, die man mit einem Fingerdruck aufrufen kann. Außerdem rufen Sie von hier aus Anwendungen auf.

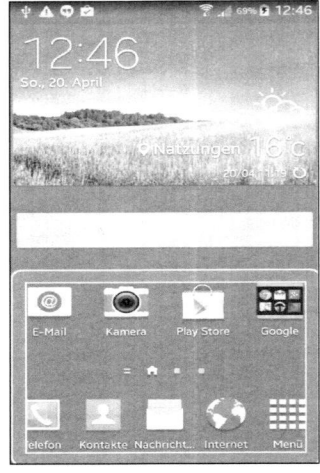  

❶ Mehrere Anwendungen sind standardmäßig auf dem Startbildschirm über sogenannte Schnellzugriffe aufrufbar (hier mit einem Rahmen hervorgehoben). Tippen Sie einfach einen Schnellzugriff kurz an, um die entsprechende Anwendung zu starten. Im weiteren Verlauf dieses Buchs erfahren Sie, wie man Schnellzugriffe auf seine Lieblingsprogramme selbst anlegt.

❷❸ Sie sehen außerdem am unteren Bildschirmrand Verknüpfungen auf häufig genutzte Anwendungen: *Telefon, Kontakte, Nachrichten* und *Anwendungen*. Tippen Sie eine der eine der Verknüpfungen an, um die zugehörige Anwendung, im Beispiel *Nachrichten* (Pfeil), zu starten.

> Mit der ⊂⊃-Taste unterhalb des Displays schalten Sie, egal, in welcher Anwendung Sie sich gerade befinden, wieder auf den Startbildschirm zurück.

  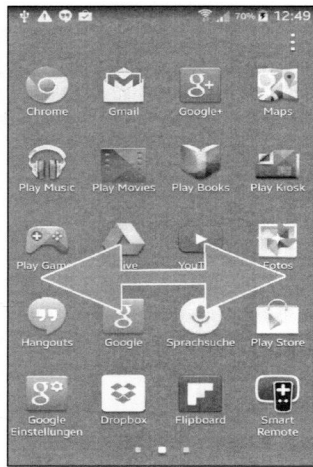

❶❷ Alle weniger häufig benötigten Programme finden Sie im Hauptmenü, das Sie durch Betätigen der *Anwendungen*-Schaltleiste unten rechts (Pfeil) aktivieren.

❸ Über eine Wischgeste (mit angedrücktem Finger nach links oder rechts ziehen) blättern Sie zwischen den Bildschirmen des Hauptmenüs.

3.6.1 Erweiterter Startbildschirm

Wie bereits zuvor erwähnt, lässt sich der Startbildschirm zwischen mehreren Seiten umschalten. Insgesamt stehen dabei sieben Bildschirmseiten zur Verfügung.

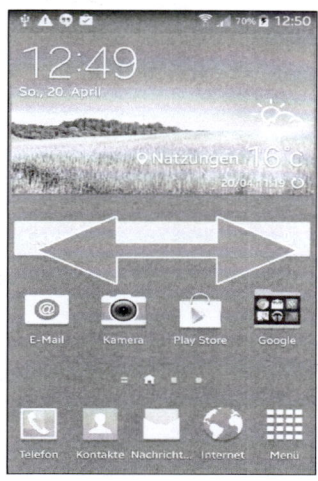 

❶❷ Tippen und Halten Sie den Finger an eine beliebige Stelle auf dem Bildschirm und ziehen Sie nach links oder rechts, um zwischen den Bildschirmseiten des Startbildschirms umzuschalten. In der ersten Bildschirmseite sind bereits sogenannte »Widgets« vorhanden. Widgets sind in einem eigenen kleinen Fenster laufende Programme. Dazu später mehr.

3.7 Startbildschirm konfigurieren

Auf allen Bildschirmseiten des Startbildschirms lassen sich weitere Widgets und Verknüpfungen hinzufügen. Alternativ löschen Sie einfach diejenigen vorinstallierten Widgets, welche Sie nicht benötigen und legen an deren Stelle von Ihnen benötigte an.

3.7.1 Startbildschirm vorbereiten

Die einzelnen Seiten des Startbildschirms sind leider alle bereits mit diversen, mehr oder weniger nützlichen Widgets und Verknüpfungen belegt. Wir kommen daher nicht herum, einige Widgets zu entfernen, um Platz für neue zu schaffen – aber keine Bange, gelöschte Widgets lassen sich jederzeit, wie in den folgenden Kapiteln erläutert, erneut anlegen.

❶ In unserem Beispiel möchten wir die zweite Seite des Startbildschirms »aufräumen«. Wechseln Sie zunächst mit einer horizontalen Wischgeste, wie Sie es bereits gelernt haben, auf diese Bildschirmseite. Tippen und halten Sie nun den Finger auf ein Widget. Lassen Sie aber noch nicht los!

❷ Das Galaxy wechselt in den Bearbeitungsmodus. Ziehen Sie nun das Widget auf *Entfernen*. Genauso verfahren Sie mit dem zweiten Widget.

❸ Der Bildschirm ist nun bis auf zwei Schnellzugriffe leer (diese können Sie bei Bedarf übrigens auf dem gleichen Wege löschen) und steht für von Ihnen anzulegende Widgets und Verknüpfungen zur Verfügung.

3.7.2 Schnellzugriffe anlegen und verwalten

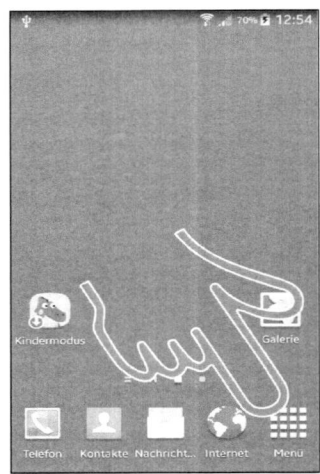 

❶ So erstellen Sie einen Schnellzugriff im Startbildschirm: Wechseln Sie zuerst, wie im Kapitel *3.6.1 Erweiterter Startbildschirm* gezeigt, zu einer freien Bildschirmseite im Startbildschirm. Betätigen Sie dann die *Menü*-Schaltleiste (Pfeil) für das Hauptmenü.

❷ Tippen und Halten Sie nun den Finger für einige Sekunden über einer Anwendung, im Beispiel *Uhr*.

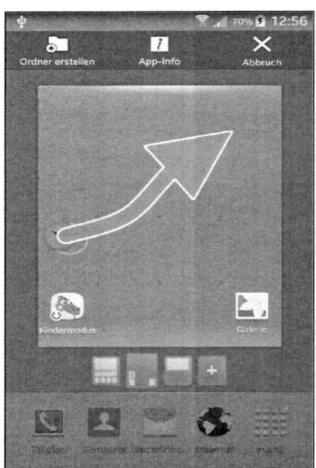  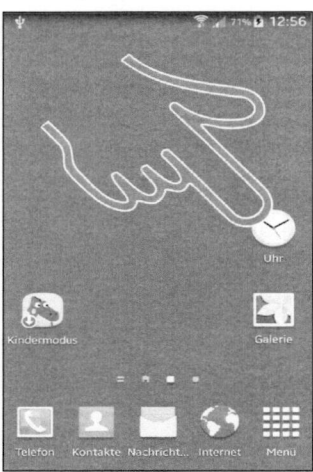

❶ Das Galaxy schaltet auf den Startbildschirm um. Lassen Sie aber den Finger noch nicht los, sondern bewegen Sie den Finger an die Position, an der der Schnellzugriff positioniert werden soll. Lassen Sie dann den Finger los.

❷ Das Handy legt den Schnellzugriff an.

❸ Der Schnellzugriff lässt sich nun durch Antippen aufrufen.

Tipp: Rufen Sie einfach eine Startbildschirmseite auf, in der später die Verknüpfung landen soll. Dann folgen Sie den zuvor aufgeführten Anweisungen, also Aufruf des Hauptmenüs, tippen und halten auf einer Anwendung, usw. Die Anwendung landet nun im zuvor gewähltem Startbildschirm.

Wenn auf der Startbildschirmseite kein Platz mehr ist, oder die Verknüpfung in einer anderen Startbildschirmseite landen soll, bewegen Sie das Verknüpfungssymbol einfach mit angedrücktem Finger an den rechten oder linken Bildschirmrand, worauf das Handy zur nächsten Seite wechselt.

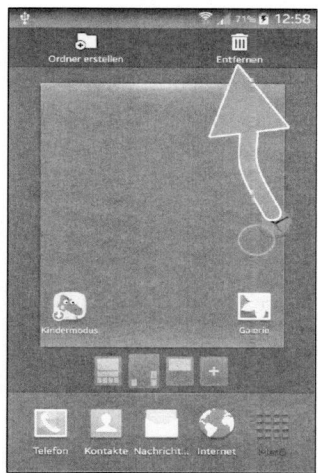 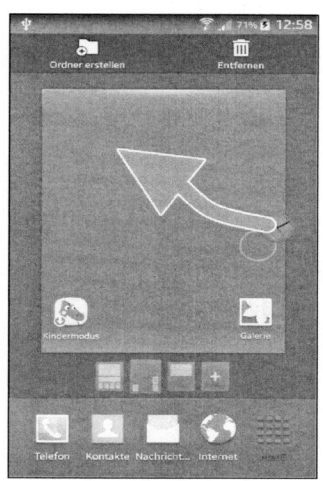 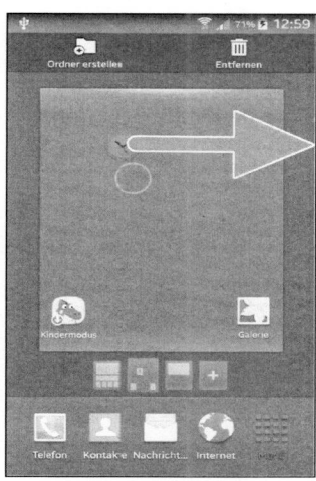

❶ So löschen Sie eine Verknüpfung: Tippen und Halten Sie den Finger für einige Sekunden auf der Verknüpfung, bis sie hervorgehoben erscheint, und ziehen Sie sie auf *Entfernen*. Lassen Sie dann den Finger los.

❷ Auch die Positionierung auf dem Startbildschirm lässt sich ändern: Tippen und halten Sie den Finger auf dem Element, ziehen Sie es an die gewünschte Position und lassen Sie es los.

❸ Ein bereits vorhandenes Element lässt sich sehr einfach auf eine andere Bildschirmseite verschieben: Tippen und halten Sie es für einige Sekunden, bis es selektiert ist, und ziehen es dann mit angedrücktem Finger bis zum Bildschirmrand. Daraufhin wechselt das Handy die Bildschirmseite(n). Platzieren Sie das Element an der gewünschten Position und lassen Sie es los.

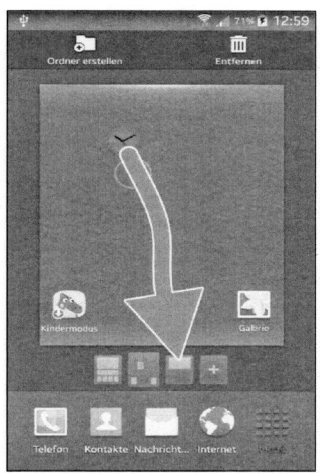 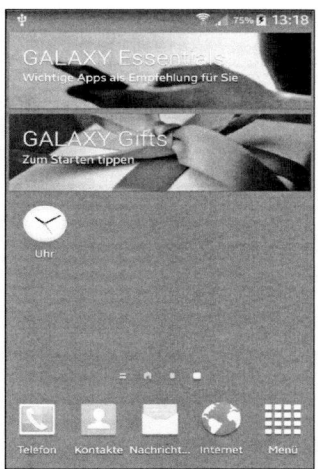

❶❷ Am unteren Bildschirmrand zeigt das Galaxy Vorschau-Bilder der vorhandenen Startbildschirmseiten an. Sie können eine Verknüpfung auch direkt dort hineinziehen.

 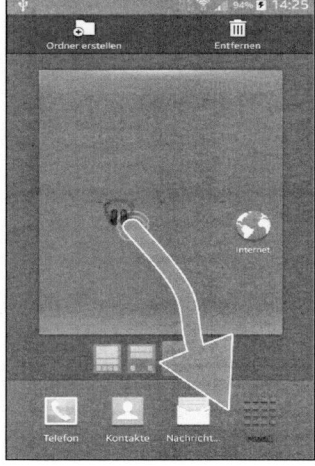 

❶❷❸ Auch die Verknüpfungen am unteren Bildschirmrand lassen sich durch Herausziehen/Hereinziehen von Programmsymbolen ändern.

3.7.3 Widgets

Widgets sind Anwendungen, die in in einem kleinen Fenster auf dem Startbildschirm Informationen anzeigen, beziehungsweise den Zugriff auf Daten oder Funktionen des Handys ermöglichen.

> Weitere nützliche Widgets können Sie über den Play Store, siehe *Praxisbuch Teil 2,* Kapitel *31.1 Play Store,* herunterladen und installieren. Viele Anwendungen bringen auch ihre eigenen Startbildschirm-Widgets mit.

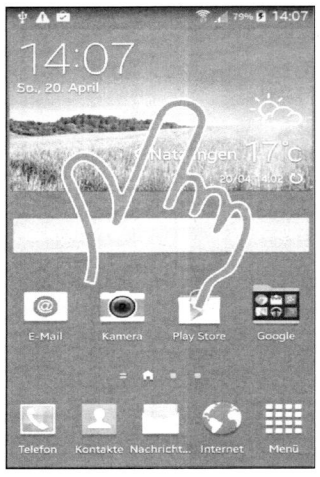

❶ Im Startbildschirm sind bereits mehrere Widgets vorhanden: Im Beispiel *Wetter* und die *Google*-Suchleiste. Meist sind direkt in den Widgets bereits viele wichtige Funktionen über Schaltleisten erreichbar, je nach Widget kann man aber über eine Schaltleiste oder einfach Tippen ins Fenster auch eine dahinter stehende Anwendung mit vollem Funktionsumfang aktivieren. Im Fall des Wetter-Widgets erscheint beispielsweise eine größere Wetterübersicht (❷).

3.7.3.a Widget hinzufügen

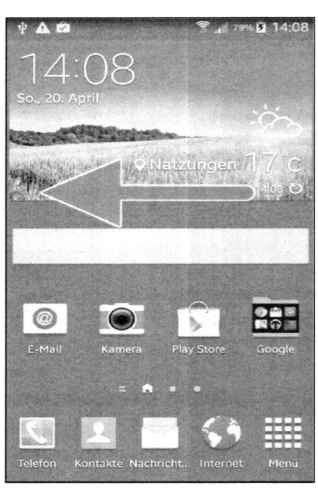

❶ Bevor wir ein neues Widget auf dem Startbildschirm anlegen, sollten wir erst aufräumen: Wechseln Sie mit der Wischgeste auf eine Startbildschirmseite mit nicht benötigten Widgets beziehungsweise Schnellzugriffen.

❷❸ Löschen Sie, wie bereits im Kapitel *3.7.1 Startbildschirm vorbereiten* beschrieben, vorhandene Widgets vom Bildschirm, indem Sie sie jeweils darauf mit dem Finger tippen und halten und danach auf *Entfernen* ziehen.

Alternativ wechseln Sie mit der Wischgeste auf eine noch unbenutzte Startbildschirmseite.

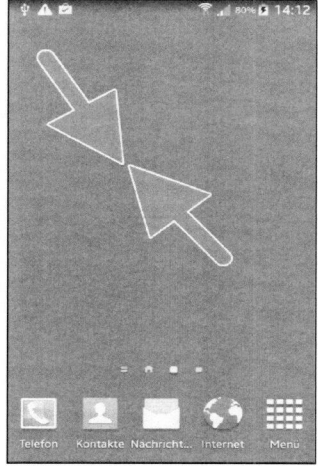 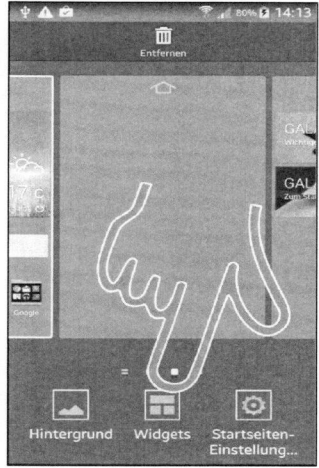 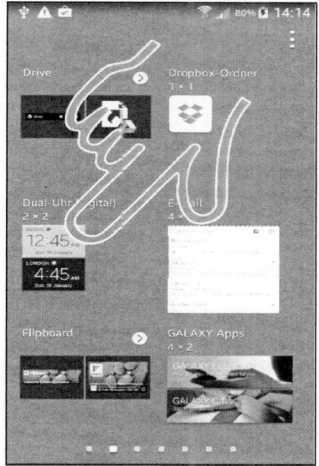

❶ Tippen und halten Sie einen Finger auf einen freien Bildschirmbereich. Alternativ führen Sie eine Kneifgeste durch: Ziehen Sie dazu zwei gleichzeitig auf das Display gedrückte Finger, beispielsweise Zeigefinger und Daumen, zusammen.

❷ Hier aktivieren Sie *Widgets* (Pfeil).

❸ Wischen Sie nach rechts/links durch die Widget-Auflistung. Tippen und halten Sie dann ein beliebiges Widget, worauf das Galaxy zum Startbildschirm wechselt. Lassen Sie das Widget an der gewünschten Position los.

Wie bereits im Kapitel *3.7.2 Schnellzugriffe anlegen und verwalten* bei den Verknüpfungen beschrieben, lässt sich ein Widget durch Tippen und Halten mit dem Finger selektieren und dann auf dem Bildschirm an eine andere Position platzieren oder durch Ziehen auf *Entfernen* am oberen Bildschirmrand wieder vom Bildschirm löschen.

3.7.4 Ordner

Ordner sind unter anderem nützlich, wenn man sehr viele Anwendungen auf dem Galaxy installiert hat. Man legt dann einfach mehrere Ordner im Startbildschirm an, worin man die Schnellstarts auf seine Anwendungen verschiebt.

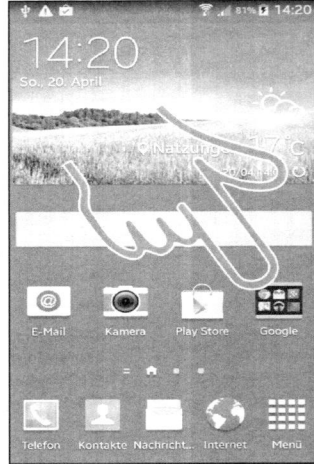 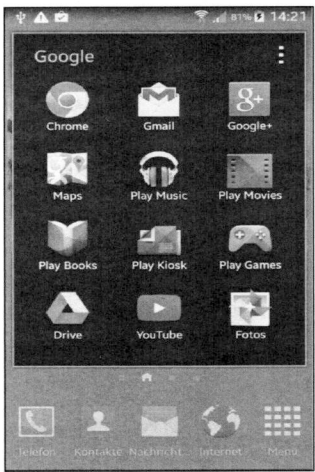

❶❷ Ein *Google*-Ordner (Pfeil) ist bereits vorhanden. Tippen Sie ihn an, worauf das Galaxy die darin enthaltenen Programme anzeigt. Diese starten Sie mit Antippen. Zum Schließen des Ordners betätigen Sie die ⤺-Taste oder tippen in einen Bildschirmbereich außerhalb des Ordners.

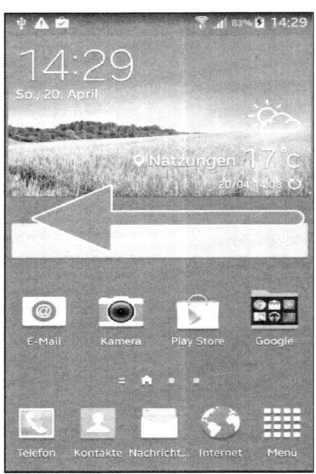 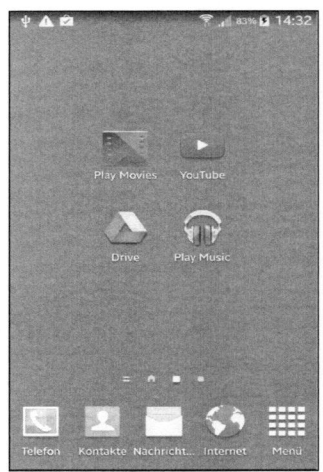 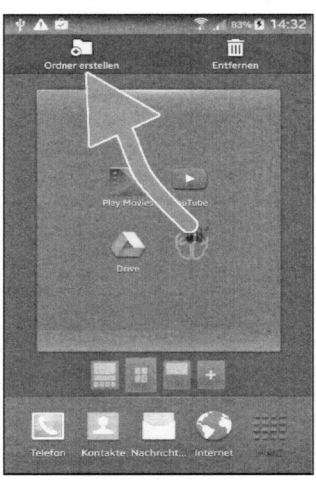

❶ Wechseln Sie zunächst mit einer Wischgeste auf eine Bildschirmseite des Startbildschirms, die noch Platz für weitere Objekte bietet (eventuell mehrmals wischen).

❷ Erstellen Sie, wie bereits im Kapitel *3.7.2 Schnellzugriffe anlegen und verwalten* beschrieben, verschiedene Schnellzugriffe, die später im Ordner verfügbar sein sollen.

❸ Tippen und halten Sie einen Schnellzugriff und ziehen Sie ihn oben auf *Ordner erstellen*.

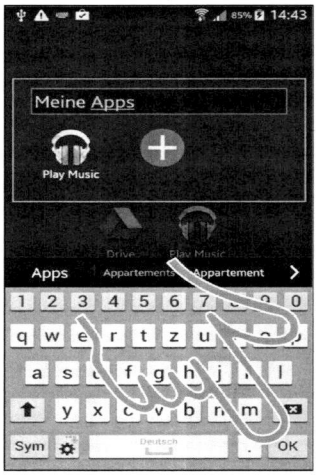 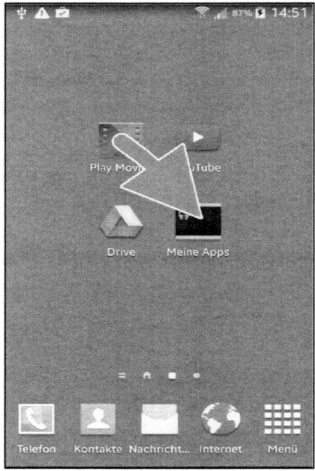

❶ Geben Sie den Ordnernamen ein und betätigen Sie *OK* auf dem Tastenfeld.

❷ Der Ordner erscheint im Startbildschirm. Im nächsten Schritt bringen Sie die restlichen Schnellzugriffe in den Ordner, indem Sie den Finger jeweils darauf halten und sie dann in den Ordner verschieben.

> Verschieben Sie den Ordner, indem Sie den Finger darauf tippen und halten und dann an die gewünschte Position ziehen. Ziehen Sie Ihn auf *Entfernen* am oberen Bildschirmrand, wenn Sie ihn nicht mehr benötigen.

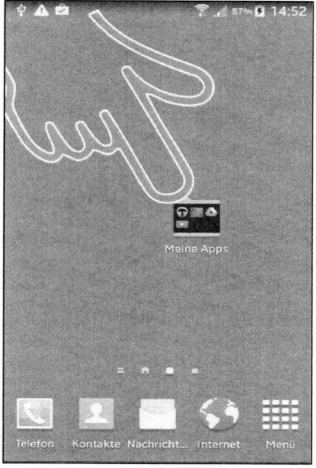 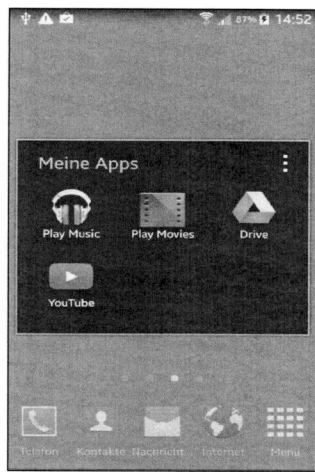 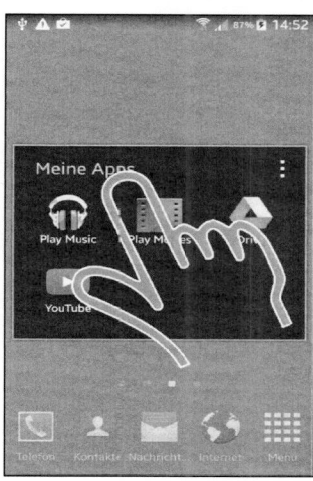

❶ Tippen Sie nun den Ordner an, um dessen Inhalt anzuzeigen.

❷ Die Schnellstarts werden aufgelistet. Tippen Sie eine Verknüpfung an, um die dazugehörige Anwendung zu starten. Mit der ⊃-Taste schließen Sie das Ordner-Fenster.

❸ Zum Umbenennen des Ordners tippen Sie in die Titelleiste des Fensters (Pfeil). Geben Sie dann den Ordnernamen ein und bestätigen Sie mit *OK*.

3.7.5 Hintergrundbild

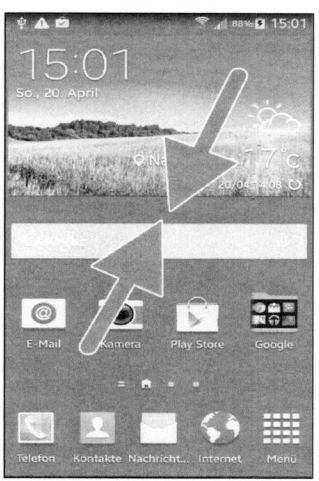  

❶ Führen Sie im Startbildschirm eine Kneifgeste durch (zwei Finger, beispielsweise Zeigerfinger und Daumen, gleichzeitig auf das Display drücken und dann zusammenziehen).

❷ Gehen Sie auf *Hintergrund*.

❸ Einstellen lässt sich das Hintergrundbild für:

- *Startbildschirm*
- *Sperrbildschirm*: Die Displaysperre.
- *Start- und Sperrbildschirm*: Startbildschirm und Displaysperre gleichzeitig.

Gehen Sie auf eines der Menüs.

❶❷ Rollen Sie mit einer Wischgeste zwischen den vorhandenen Hintergrundbildern, wählen Sie eines aus und betätigen Sie dann *Übernehmen*.

❸ Beispiel für ein geändertes Hintergrundbild.

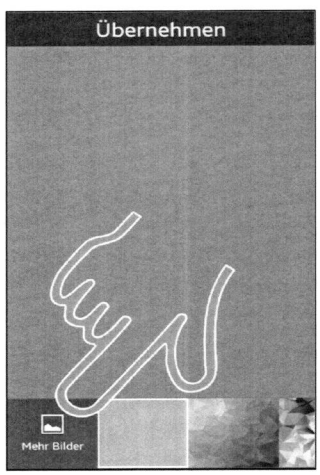 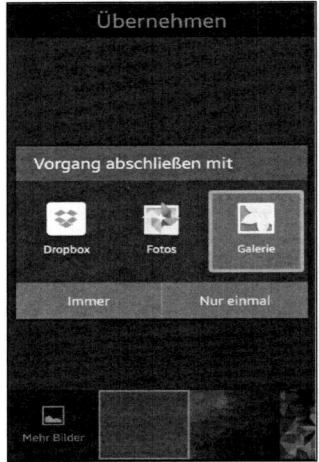 

❶ Möchten Sie dagegen ein Foto als Hintergrundbild einrichten, das Sie mit der eingebauten Kamera erstellt oder von einem anderen Gerät auf das Galaxy kopiert haben, dann gehen Sie auf *Hintergrundbilder*.

❷ Sofern Sie ein Hintergrundbild nur für den Startbildschirm einrichten, müssen Sie eine der drei Bildquellen auswählen, wobei wir aus praktischen Gründen *Galerie* empfehlen. Schließen Sie den Vorgang mit *Nur einmal* ab.

❸ Wählen Sie eines der von Ihnen mit der Kamera erstellten Fotos aus.

❶ Sie müssen das Bild jetzt noch zuschneiden. Verschieben Sie mit dem Finger den blauen Rahmen auf den Bildbereich, der später in der Startseite erscheinen soll, und übernehmen Sie ihn mit *Fertig*.

❷ Beispiel für ein Hintergrundbild im Startbildschirm.

3.7.5.a Startbildschirme verwalten

Das Galaxy unterstützt bis zu sieben umschaltbare Startbildschirme, zwischen denen Sie mit einer Wischgeste umschalten. Bereits vordefiniert sind davon drei Bildschirme, weitere lassen sich natürlich hinzufügen.

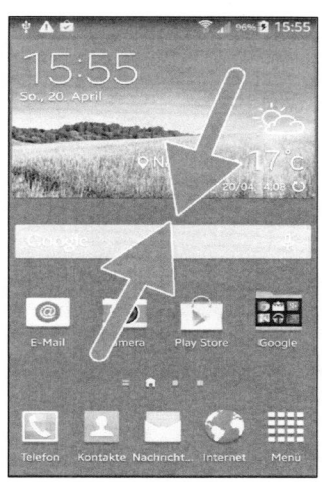 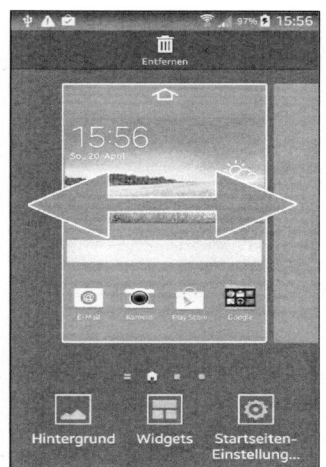 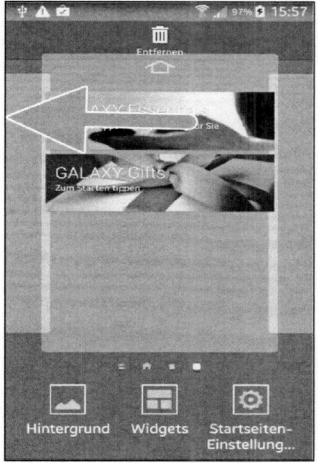

❶ Führen eine »Kneifgeste« durch, bei der Sie zwei gleichzeitig auf dem Bildschirm angedrückte Finger, beispielsweise Zeigefinger und Daumen, zusammenziehen.

❷ Mit einer Wischgeste rollen Sie durch die bereits vorhandenen Vorschaubilder.

❸ Die Reihenfolge der Bildschirmseiten ändern Sie einfach, indem Sie den Finger auf eines der Vorschaubilder angedrückt halten und es an eine andere Position ziehen. Ziehen Sie dagegen ein Vorschaubild auf *Entfernen*, um es zu löschen. Es erfolgt dann eine Sicherheitsabfrage.

 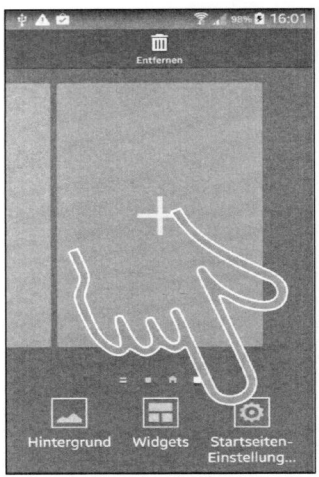 

❶ Einen neuen Bildschirm fügt die ✛-Schaltleiste (Pfeil) hinzu. Diese finden Sie, wenn Sie mit mehreren Wischgesten ganz nach rechts durchrollen.

❷❸ Unter *Startseiten-Einstellung* legen Sie fest:

- *Übergangseffekt:* Der beim Umschalten der Startbildschirmseite verwendete Effekt.

- *My Magazine*: My Magazine zeigt aktuelle Nachrichten als eine Bildschirmseite im Startbildschirm an. Sofern Sie daran nicht interessiert sind, sollten Sie es deaktivieren.

❶❷ *My Magazine* rufen Sie mit im Startbildschirm mit einer Wischgeste nach rechts auf.

3.7.6 Titelleiste und Benachrichtigungsfeld

Wie bei fast allen Handys informieren auch beim Galaxy Symbole in der Titelleiste über den aktuellen Telefonstatus, verpasste Anrufe, den Status von WLAN und Bluetooth, und vieles mehr.

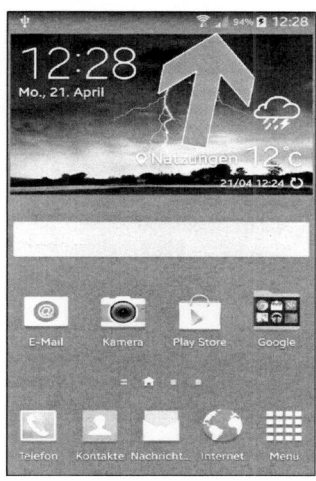 

❶ Beispiele für die Symbole in der Titelleiste:

- Ѱ (links): Das Gerät ist über USB mit einem PC verbunden.

- 📶: Internetverbindungen finden über WLAN statt (die gebogenen Balken zeigen die Senderstärke an).

- .ıl: Mobilfunk-Empfang (die Balken zeigen die Senderstärke an).

- 🔋: Akkuladezustand.

❷ Bei besonderen Ereignissen, beispielsweise eingegangenen SMS, verpassten Anrufen oder anstehenden Terminen, erscheint ebenfalls ein entsprechendes Symbol (Pfeil). In unserem Beispiel handelt es sich um einen abgeschlossenen Download (☑) des Google Play Store und einen verpassten Anruf (☎).

> In diesem Buch finden Sie, wo es sinnvoll ist, in den Kapiteln jeweils Hinweise darauf, welche Symbole in der Titelleiste erscheinen.

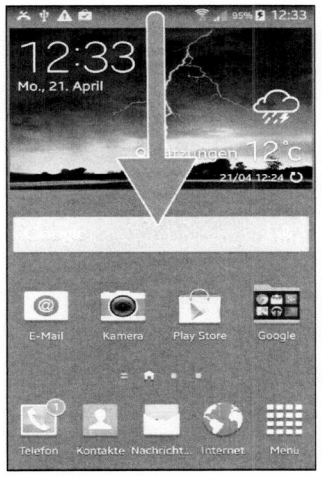  

❶ Um weitere Informationen, zum Beispiel über einen eingegangenen Anruf, zu erhalten, halten Sie Ihren Finger auf die Titelleiste und ziehen ihn nach unten.

❷❸ Es erscheint das Benachrichtigungsfeld, welches ausführliche Infos auflistet und durch Antippen die zugehörige Anwendung, im Beispiel die Anrufliste startet.

❶❷❸ Falls Sie sich gerade in einem Programm befinden, zeigt das Handy beim ersten Mal eventuell nur die Symbole in der Titelleiste an und erst beim zweiten Wischen öffnet sich das Benachrichtigungsfeld.

❶ Zum Löschen einer einzelnen Benachrichtigung tippen und halten Sie den Finger darauf und ziehen ihn nach links oder rechts. Die restlichen Einträge in der Benachrichtigungsliste rutschen dann nach oben.

❷ Die *Löschen*-Schaltleiste entfernt dagegen alle Benachrichtigungen in einem Rutsch.

❶❷ Ab und zu erfordern einige Anwendungen eine Aktion von Ihnen, auf die das Benachrichtigungsfeld aufmerksam macht: Falls Sie es noch nicht getan haben, sollten Sie beispielsweise auf *Anmeldeanfrage* gehen und den folgenden Bildschirm mit *OK* schließen.

❶❷ Wenn die Meldung *SMS in Hangouts* erscheint, gehen Sie darauf und betätigen Sie *Später*. Schließen Sie den folgenden Bildschirm mit der ⟵-Taste.

> Das erwähnte Hangouts ist ein Google-Programm zum Senden und empfangen von Nachrichten. Seit einiger Zeit kann Hangouts auch SMS versenden, wovon wir aber aus verschiedenen Gründen (Datenschutz, Versand von teuren MMS) abraten. Für den SMS-Versand empfehlen wir stattdessen die im Kapitel *6 Nachrichten (SMS)* vorgestellte Anwendung.

3.7.7 Schaltleisten im Benachrichtigungsfeld

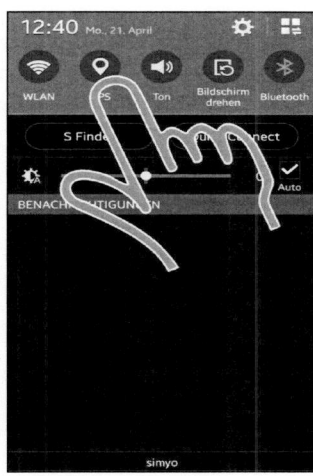 

❶❷ Viele wichtige Systemfunktionen steuern Sie über die Schaltleisten im Benachrichtigungsfeld. Tippen Sie eine Schaltleiste kurz an, so schalten Sie eine Funktion ein/aus. Langes Tippen und Halten öffnet dagegen den zugehörigen Konfigurationsbildschirm in den *Einstellungen*.

Die wichtigsten Schaltleisten:

- *WLAN*: Verwaltet das WLAN. Siehe Kapitel *8 Wireless LAN*.

- *GPS*: Automatische Positionsermittlung. Siehe Kapitel *13.3 GPS-Empfang aktivieren*.

- *Ton*: Lautstärke ein/ausschalten.

- *Bildschirm drehen*: Normalerweise passt sich die Bildschirmorientierung automatisch an die Geräteausrichtung an. Wenn Sie das Handy beispielsweise waagerecht halten, so wird automatisch auf eine waagerechte Anzeige umgeschaltet. Deaktivieren Sie *Bildschirm drehen*, wenn sich die Bildschirmorientierung nie ändern soll.

- *Bluetooth*: Steuert Bluetooth. Siehe *Praxisbuch Teil 2, Kapitel 26 Bluetooth*.

- *Mobile Daten*: Deaktivieren Sie *Mobile Daten*, damit das Handy keine Internetverbindung über das Mobilfunknetz aufbaut. Dies kann nötig sein, wenn Sie keinen Mobilfunkvertrag mit Internetflatrate nutzen (sogenannter Datenvertrag). Internetverbindungen finden dann über das WLAN statt. Siehe auch Kapitel *7.2.2 Mobilfunk-Internet aktivieren/deaktivieren*.

* *Ruhe-Modus*: Eingehende Anrufe, Benachrichtigungen, usw. für bestimmte Zeiträume deaktivieren. Siehe auch Kapitel *17.5 Ruhemodus*.

Auf die weiteren Schaltleisten des Benachrichtigungsfeld gehen die Kapitel in diesem Buch an entsprechender Stelle ein.

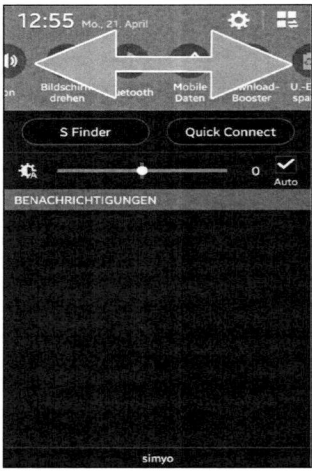 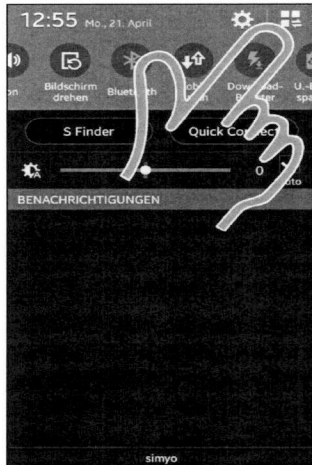 

❶ Mit einer Wischgeste nach links/rechts rollen Sie durch die Schaltleisten.

❷❸ Alle Schaltleisten auf einmal zeigt die ▓-Taste an. Die ≡-Taste schaltet dagegen auf den vorherigen Bildschirm zurück.

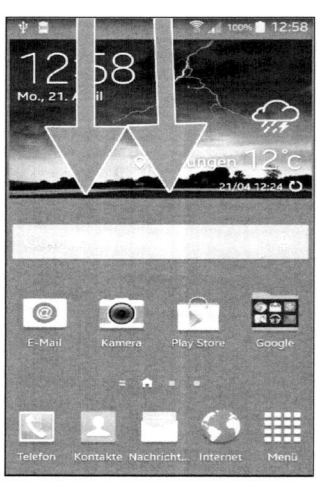 

❶❷ Alle Schaltleisten auf einmal erhalten Sie auch angezeigt, wenn Sie mit zwei Fingern gleichzeitig auf dem Display nach unten wischen.

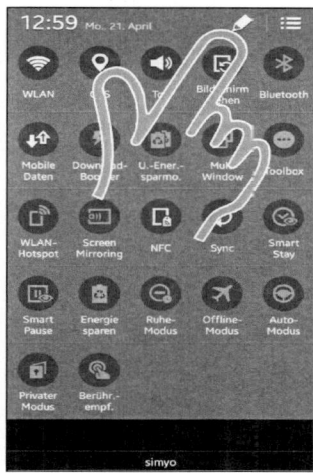  

❶ Die Schaltleistenreihenfolge bearbeiten Sie mit der ✐-Schaltleiste.

❷ Rollen Sie den Bildschirm mit einer Wischgeste nach oben durch.

❸ Tippen und halten Sie ein Symbol unter *VERFÜGBARE TASTEN* und ziehen Sie es in die Symbole unter *AKTIVE TASTEN* (im Benachrichtigungsfeld sichtbare Schaltleisten). Umgekehrt können Sie auch nicht benötigte Symbole aus *AKTIVE TASTEN* ins *VERFÜGBARE TASTEN*-Feld ziehen. Mit der ⬆-Taste beenden Sie die Bearbeitung.

Hinweis: Sie können wahlweise Schaltleisten untereinander austauschen (einfach direkt auf das auszuwechselnde Symbol ziehen) oder ein Symbol zwischen zwei anderen Symbolen einfügen (das Symbol genau in die Lücke zwischen den beiden Symbolen ziehen).

3.8 Längs- und Querdarstellung

In manchen Situationen ist es sinnvoll, die Displaydarstellung zu drehen, beispielsweise, wenn Sie den Webbrowser nutzen. Dazu brauchen Sie nur das Gerät in Ihrer Hand zu drehen, denn über den Bewegungssensor weiß das Galaxy jederzeit, in welcher Position Sie das Gerät halten. In manchen Anwendungen stehen nach dem Drehen zusätzliche Bedienelemente zur Verfügung.

❶❷ Beispiel: Galerie-Anwendung im Hochformat und wenn man das Gerät um 90 Grad dreht.

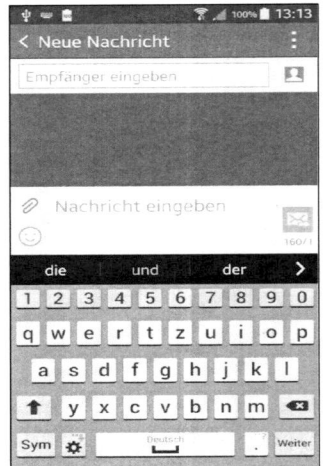

Auch für Eingaben über das Tastenfeld ist es mitunter sinnvoll, das Display zu drehen.

3.9 Menü

❶❷ In fast jeder Anwendung und auch im Hauptmenü können Sie zusätzliche Funktionen über ein ⁝-Symbol aufrufen.

In diesem Buch finden Sie häufiger Anweisungen, welchen Menüs Sie folgen müssen. ⁝/*Einstellungen/Anzeige* heißt zum Beispiel, dass Sie erst mit ⁝ das Menü aufrufen, dann auf *Einstellungen*, anschließend auf *Anzeige*, usw. gehen.

3.10 Die Einstellungen

Die *Einstellungen,* worin Sie alle wichtigen Parameter für die Bildschirmanzeige, die Signaltöne, Internetverbindungen, usw. konfigurieren, spielen eine wichtige Rolle in diesem Buch.

❶❷ Die *Einstellungen* finden Sie im Benachrichtigungsfeld unter ✿ (Pfeil) und im Hauptmenü unter *Einstellungen.*

❸ In diesem Buch gehen jeweils die einzelnen Kapitel bei Bedarf auf die Menüs in den *Einstellungen* ein. Eine grobe Funktionsübersicht finden Sie zudem im *Praxisbuch Teil 2,* Kapitel *35 Benutzerkonfiguration*.

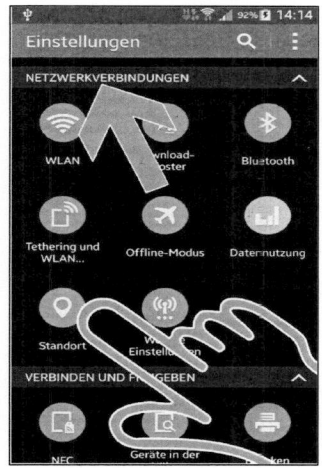

Die Einstellungen sind jeweils unter Obe=begriff zusammengefasst, damit man sie schnell findet (Pfeil).

Wenn es in diesem Buch also heißt, dass Sie *Standort* unter *NETZWERKVERBINDUNGEN* aufrufen sollen, dann suchen Sie erst den Oberbegriff *NETZWERKBINDUNGEN* und betätigen dann *Standort*.

3.11 Zuletzt genutzte Anwendungen

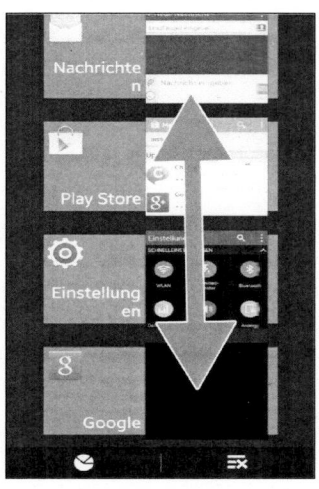  

❶ Die zuletzt genutzten Programme erhalten Sie nach Betätigen der ⬜-Taste unterhalb des Displays angezeigt. Rollen Sie mit einer Wischgeste durch die Programme und tippen Sie eines an, das Sie starten möchten.

❷ Ziehen Sie mit dem Finger einen Eintrag nach links oder rechts, um ihn aus der Liste zu entfernen. Wenn Sie alle Programme auf einmal schließen möchten, verwenden Sie die ⩵X-Schaltleiste.

Die Bedeutung der Schaltleisten am unteren Bildschirmrand:

- ☻: Aktiviert die Speicherverwaltung (❸), wo Sie mit *Beenden* jeweils gerade im Hintergrund laufende Programme stoppen können.

- ⩵X: Alle Anwendungen schließen.

Wie bereits erwähnt, bringt Sie ein kurzer Druck auf die ⬭-Taste wieder auf den Startbildschirm zurück, wenn Sie sich gerade in einer anderen Anwendung befinden.

Auf die Speicherverwaltung geht noch *Praxisbuch Teil 2*, Kapitel *28.2 Speicherverwaltung* ein.

3.12 Hauptmenü

 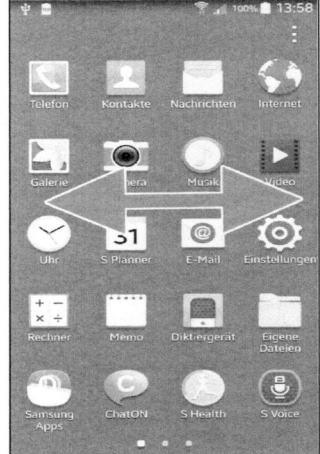 

❶ Es ist natürlich weder möglich, noch sinnvoll, alle auf dem Galaxy vorhandenen Anwendungen direkt im Startbildschirm einzublenden. Deshalb können Sie über die ⊞-Schaltleiste (Pfeil) auf das Hauptmenü umschalten.

❷ Mit einer Wischgeste auf dem Bildschirm wechseln Sie zwischen den Seiten.

❸ Funktionen im ⋮-Menü:

- *Bearbeiten*: Programmreihenfolge ändern; Programme deinstallieren.

- *Ordner erstellen:* Ordner im Hauptmenü anlegen, in die man Programme verschieben kann.

- *Anzeigen als*: Programmsymbole benutzerdefiniert (voreingestellt) oder alphabetisch sortiert anzeigen.

- *Heruntergeladene Apps*: Infos über aus dem Play Store installierte Programme anzeigen, beziehungsweise Programme wieder deinstallieren.

- *Apps deinstallieren/deaktivieren*: Vorinstallierte Programme, die Sie ohnehin über Verknüpfungen aus dem Startbildschirm aufrufen, oder nie benötigen, können Sie im Hauptmenü ausblenden. Das Hauptmenü wird dadurch übersichtlicher. Programme von Drittanbietern, die Sie nachträglich aus dem Play Store (siehe Kapitel *Praxisbuch Teil 2*, Kapitel *31.1 Play Store*) installiert haben, können Sie dagegen deinstallieren, also vom Gerät wieder entfernen.

- *Apps ausblenden*: »Versteckt« nicht benötigte Programme im Hauptmenü und macht dieses dadurch übersichtlicher.

- *Deaktivierte Apps anzeigen; Verborgene Apps anzeigen*: Listet die deaktivierten beziehungsweise ausgeblendeten Apps auf, mit der Möglichkeit, diese wieder im Hauptmenü anzuzeigen.

- *GALAXY Essentials*: Zeigt von Samsung empfohlene Software an, die Sie nachträglich auf Ihrem Handy installieren können (siehe *Praxisbuch Teil 2*, Kapitel *32.9 Galaxy Essentials*).

3.12.1 Hauptmenü bearbeiten

 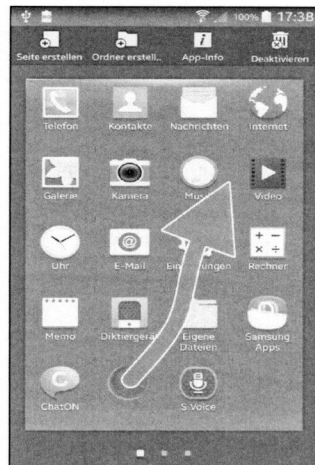 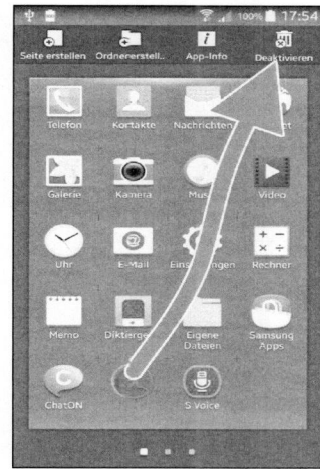

❶ Die Reihenfolge der Programme im Hauptmenü ändern Sie über ⋮/*Bearbeiten*.

❷ Tippen und halten Sie danach den Finger über einer Anwendung und ziehen Sie sie an die gewünschte Position. Lassen Sie den Finger dann los.

❸ Ziehen Sie das Programm auf eines der vier Symbole für weitere Funktionen:

- *Ordner erstellen*: Neuen Ordner erstellen.

- *Seite erstellen*: Neue Seite im Hauptmenü anlegen und dort das Programmsymbol hin verschieben.

- *App-Info*: Infos zum Programm, mit Möglichkeit, es zu deinstallieren.

- *Deinstallieren*: Programm nach Rückfrage deinstallieren (diese Schaltleiste erscheint nur bei den von Ihnen aus dem Play Store installierten Programmen).

- *Deaktivieren*: Diese Schaltleiste wird bei Programmen angeboten, die vom Hersteller aus vorinstalliert sind und sich deshalb nicht deinstallieren lassen.

> Auch das Verschieben auf eine andere Bildschirmseite im Hauptmenü ist möglich, indem Sie einfach das Programm bis an den Bildschirmrand ziehen.

3.12.1.a Ordner

Der Einsatz von Ordnern im Hauptmenü wird erst dann interessant, wenn Sie aus dem Play Store oder anderen Quellen (siehe *Praxisbuch Teil 2*, Kapitel *31 Programmverwaltung*) viele weitere Programme installiert haben. Sie können diese dann in Ordnern organisieren.

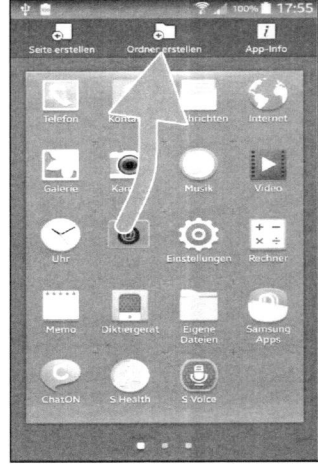  

❶ Ziehen Sie mit dem Finger ein Programmsymbol auf *Ordner erstellen*.

❷ Geben Sie den Ordnernamen ein und betätigen Sie *OK*. Über die **+**-Schaltleiste fügen Sie weitere Programme hinzu.

❸ Im Hauptmenü erscheint der Ordner, welcher das Programm enthält (Pfeil). Schließen Sie dann den Bearbeitungsbildschirm mit der ⮌-Taste.

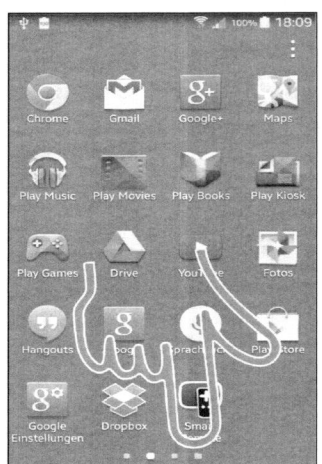 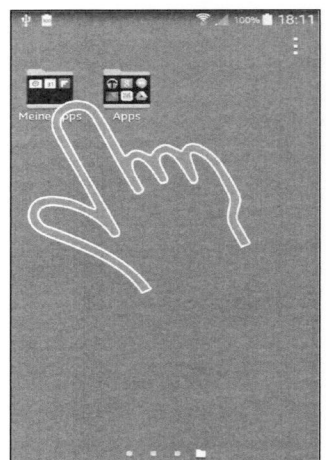 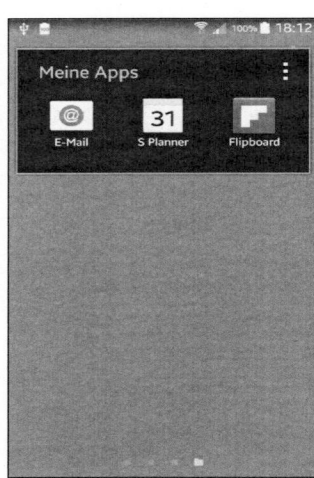

❶ Die neu angelegten Ordner finden Sie im Hauptmenü auf der ◼-Seite.

❷❸ Für den Start von Programmen aus dem Ordner heraus tippen Sie im Hauptmenü zuerst den Ordner an. Übrigens lässt sich der Ordnername von *Unbenannter Ordner* beliebig ändern, indem Sie den Namen kurz antippen.

> Im Gegensatz zu anderen Galaxy-Handys sind beim S5 alle Ordner auf einer eigenen Ordner-Seite im Hauptmenü untergebracht.

 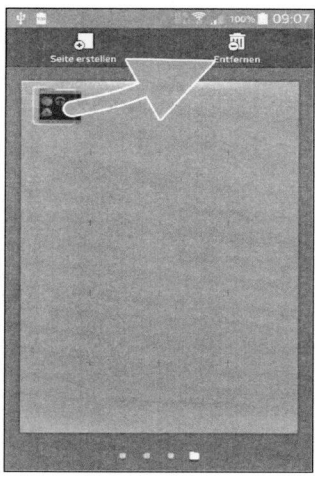

❶❷ Das Entfernen von einzelnen Programmen aus einem Ordner ist ziemlich umständlich, weshalb wir empfehlen, Ordner gegebenenfalls einfach zu löschen und dann einen neuen Ordner anzulegen. Aktivieren Sie dazu zunächst den Bearbeitungsmodus (⋮/*Bearbeiten*) und ziehen Sie dann den Ordner oben auf *Entfernen*.

3.12.2 Programme ausblenden

Viele der vorinstallierten Programme werden von Ihnen nicht benötigt, lassen sich aber nicht deinstallieren. Sie können sie aber im Hauptmenü ausblenden.

  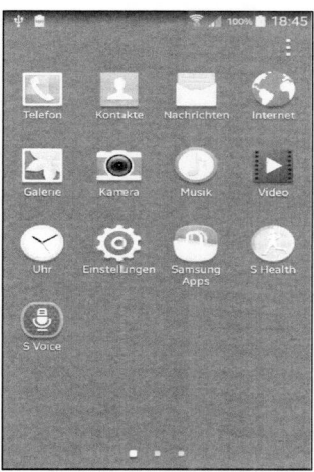

❶ Gehen Sie auf ⋮/*Apps ausblenden*.

❷ Haken Sie die nicht genutzten Programme ab und betätigen Sie *Fertig*.

❸ Die markierten Programme sind anschließend aus dem Hauptmenü verschwunden.

❶❷ ⋮/*Verborgene Apps anzeigen* ermöglicht es, auf umgekehrten Weg die Programme wieder im Hauptmenü einzublenden.

3.13 Google-Suche

 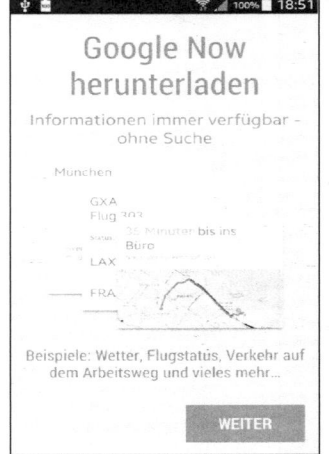 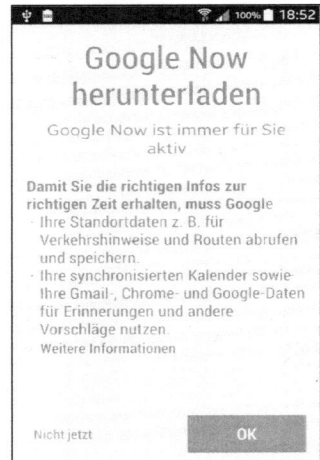

❶ Über die *Google*-Schaltleiste (Pfeil) rufen Sie die globale Suche auf, mit der Sie alle Anwendungen, Termine, Kontakte, usw. durchsuchen.

❷❸ Beim ersten Aufruf wird zunächst Werbung für die Google Now erscheinen, die Sie mit *Weiter*, beziehungsweise *Nicht jetzt* jeweils schließen (auf Google Now geht noch *Praxisbuch Teil 2*, Kapitel *30.9 Google Now* ein).

  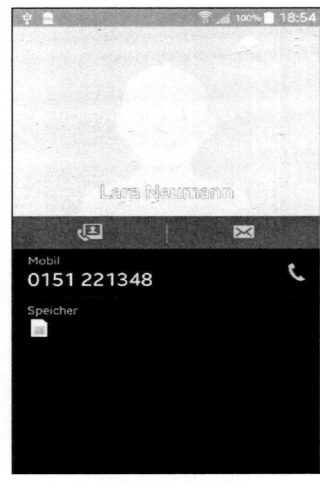

❶ Schon während der Eingabe werden passende Fundstellen, im Beispiel Wortvorschläge aus der

Google-Suchmaschine und Kontakteinträge aus dem Telefonbuch, aufgelistet.

❷❸ Tippen Sie eine Fundstelle an, um sie anzuzeigen.

> Fast alle Anwendungen auf dem Galaxy bringen ebenfalls eine eigene Suchfunktion mit.
>
> Die Suche können Sie alternativ noch einfacher in Google Now durchführen. Halten Sie dafür zwei Sekunden lang die ⬭-Taste unterhalb des Displays gedrückt. Siehe *Praxisbuch Teil 2*, Kapitel *30.9 Google Now*.

❶ Weitere Suchergebnisse erhalten Sie mit der *Auf dem Telefon suchen*-Schaltleiste.

❷ Rollen Sie dann mit dem Finger durch die Schaltleistenreihe am unteren Bildschirmrand und tippen Sie eine der Schaltleisten an.

❸ Beispiel für die Suchergebnisse nach Betätigen von *Bücher*.

 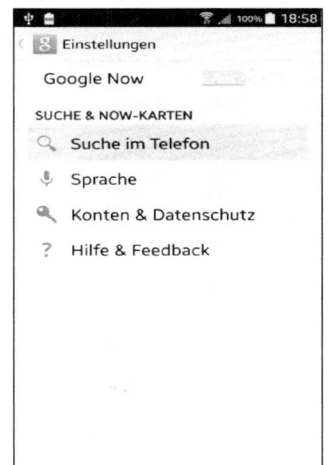 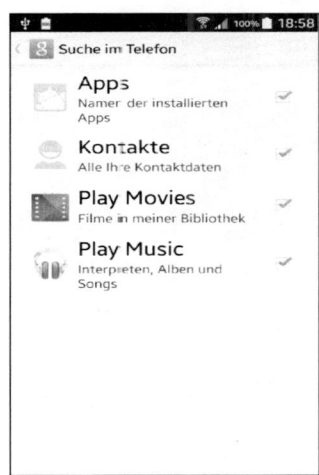

❶ Möchten Sie die durchsuchten Elemente einschränken, dann gehen Sie auf ⋮/*Einstellungen*.

❷ Rufen Sie *Suche im Telefon* auf.

❸ Stellen Sie über die Abhakkästchen ein, welche Elemente jeweils zu durchsuchen sind. Danach schließen Sie den Bildschirm mit der ⬑-Taste.

❶❷❸ Eine Besonderheit verbirgt sich hinter der ♀-Schaltleiste (Pfeil): Sie können dann einfach einen oder mehrere Begriffe sprechen, nach denen Google anschließend im Internet sucht.

> Beim ersten Aufruf der Spracherkennung erscheint ein Hinweis, dass Sie hierüber nicht nur nach Stichworten über Google suchen, sondern auch eine Sprachsteuerung durchführen können.
>
> Weitere Spracheingabefunktionen stellt *Praxisbuch Teil 2,* Kapitel *27 Sprachsteuerung* vor.
>
> Beachten Sie, dass die Sprachsteuerung eine Internetverbindung benötigt, da die Übersetzung Ihre gesprochenen Anweisungen auf Google-Servern erfolgt.

3.14 Medienlautstärke und Signaltöne

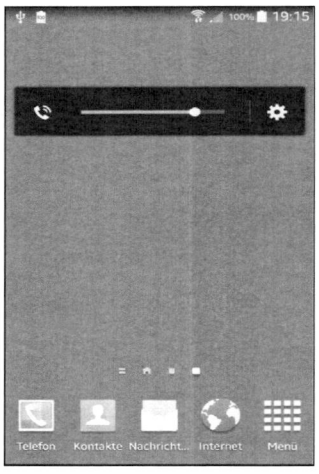 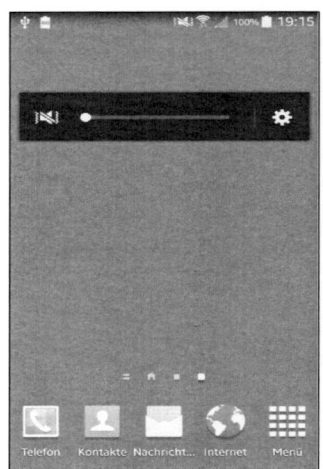 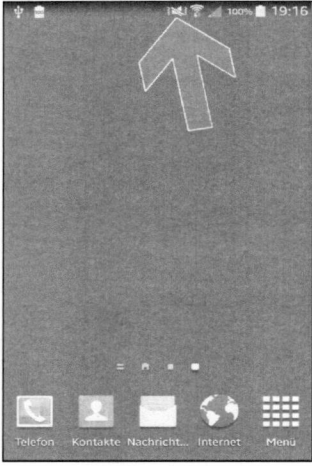

❶ Über die Lautstärketasten auf der Geräteseite beeinflussen Sie die Klingeltonlautstärke.

❷ Wenn Sie die Lautstärke gegen null reduzieren, schalten Sie das Gerät in den Vibrationsmodus (Lautsprecher ist deaktiviert).

❸ Ein Symbol (Pfeil) in der Titelleiste informiert über den aktiven Vibrationsmodus.

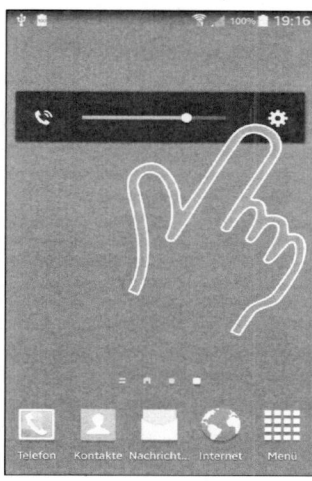 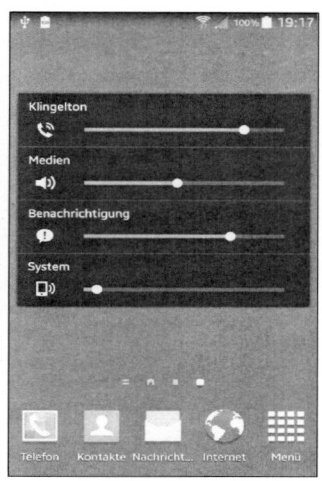

❶ Um die Lautstärke für MP3-Wiedergabe, Benachrichtigungstöne, usw. zu ändern, tippen Sie ✿ (Pfeil) an.

❷ Neben der Klingeltonlautstärke ändern Sie hiermit:

- *Medien*: Stellt die Lautstärke bei Multimedia-Anwendungen, beispielsweise von MP3-Player, Youtube-Player oder Spielen ein. Wenn gerade eine Multimedia-Anwendung läuft, können Sie dafür aber auch einfach die Lautstärketasten auf der Geräteseite verwenden (der Klingelton bleibt davon unbeeinflusst).

- *Benachrichtigung*: Signalton für empfangene SMS und E-Mails.

- *System*: Lautstärke der Systemmeldungen.

3.14.1 Signaltöne

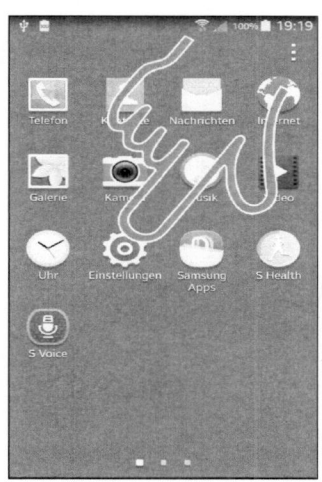 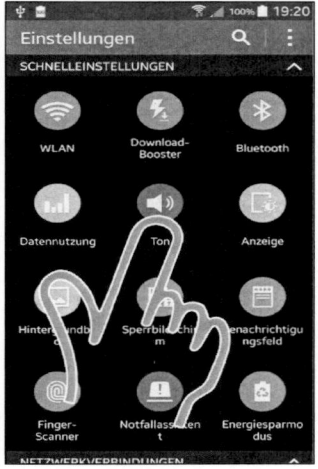 

❶ Rufen Sie im Hauptmenü *Einstellungen* auf.

❷❸ Gehen Sie auf *Ton*. Die Optionen:

- *Tonmodus:* Schaltet um zwischen *Ton* (Standardmodus), *Vibrieren* (Lautstärke ist dabei aus) und *Lautlos*.

- *Lautstärke*: Ändert die Lautstärke:
  - *Musik, Video, Spiele und andere Medien*: Stellt die Lautstärke bei Multimedia-Anwendungen, beispielsweise vom MP3-Player, Youtube-Player oder Spielen ein. Wenn gerade eine Multimedia-Anwendung läuft, können Sie dafür aber auch einfach die Lautstärketasten auf der rechten Geräteseite verwenden (der Klingelton bleibt davon unbeeinflusst).
  - *Klingelton*
  - *Benachrichtigungen*: Für empfangene SMS und E-Mails.
  - *System*: Steuert die Lautstärke der Systemmeldungen.

- *Vibrationsintensität*: Vibrationsintensität, wenn Sie den Vibrationsmodus aktiviert haben (zum Beispiel durch die Lautstärketasten, siehe vorheriges Kapitel *3.14 Medienlautstärke und Signaltöne*).

Unter *KLINGELTÖNE UND BENACHRICHTIGUNGEN*:

- *Klingeltöne*: Wählen Sie den gewünschten Klingelton aus. Es sind bereits eine Reihe an vordefinierten Klingeltönen vorhanden.

- *Vibrationen*: Vibration bei eingehenden Anrufen.

- *Benachrichtigungen*: Das Signal für eingegangene Nachrichten (SMS, E-Mail).

- *Beim Klingeln vibrieren*: Bei eingehenden Anrufen zusätzlich auch Vibrieren.

Unter *FEEDBACK*:

- *Tastentöne*: Aktiviert die Tastentöne in der Telefonoberfläche.

- *Berührungstöne*: Diese hört man beim Antippen des Bildschirms.

- *Ton für Sperrbildschirm*: Signalton beim Aktivieren/Deaktivieren der Displaysperre.

- *Haptisches Feedback*: Wenn Sie Schaltleisten betätigen vibriert das Gerät als Bestätigung.

Unter *SAMSUNG-TASTATUR*:

- *Ton beim Tippen; Vibrieren beim Tippen*: Akustisches und haptisches Feedback, wenn Sie über das Tastenfeld Eingaben vornehmen.

Unter *SAMSUNG-ANWENDUNGEN*:

- Sie konfigurieren unter *Anrufeinstellungen, Nachrichten, E-Mail* und *S-Planner* die Audioeinstellungen der betreffenden Anwendungen. Wir gehen darauf jeweils in den Kapiteln ein, welche die Programme beschreiben.

Unter *ERWEITERT:*

- *Musikeffekte*: Neben *SoundAlive* unterstützt das Galaxy *MusicFX*, welche den Klang (insbesondere bei Musikwiedergabe) verbessern sollen. In der Praxis hat die Einstellung aber keine große Bedeutung.

> Falls Sie eigene MP3-Songs als Klingel- und Benachrichtigungstöne verwenden möchten, beachten Sie bitte *Praxisbuch Teil 2,* Kapitel *34.1 Eigene Klingel- und Benachrichtigungstone.*

3.15 Betriebssystemupdate

Dieses Buch basiert auf der Android-Version 4.4. Ab und zu veröffentlicht Samsung Updates des Betriebssystems, die sich unkompliziert installieren lassen.

Bevor Sie auf das Vorliegen eines Updates prüfen, beziehungsweise dieses installieren können, müssen Sie erst eine WLAN-Verbindung einrichten, wie im Kapitel *8 Wireless LAN* beschrieben.

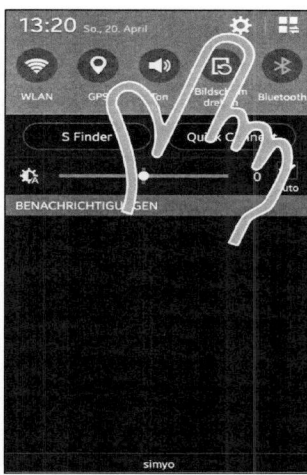 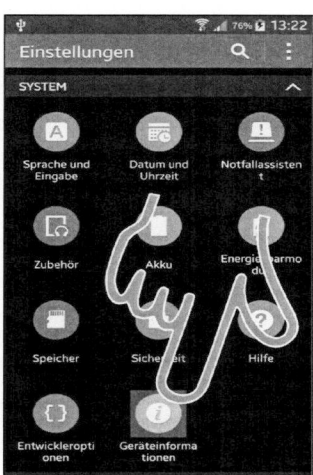 

❶ Welche Android-Betriebssystem-Version auf Ihrem Galaxy vorinstalliert ist, erfahren Sie in den Einstellungen. Gehen Sie dafür im Benachrichtigungsfeld auf ✿ für die *Einstellungen*.

❷❸ Rollen Sie mit einer Wischgeste durch den Bildschirm und rufen Sie unter *SYSTEM* die *Geräteinformationen* auf. In unserem Beispiel ist Version 4.4.2 vorinstalliert.

❶ Rufen Sie nun *Software-Update* auf, um das Vorliegen einer Betriebssystemaktualisierung zu prüfen.

❷ Gehen Sie auf *Jetzt aktualisieren*. Das Handy meldet, dass es nun registriert ist.

❸ Rufen Sie *Jetzt aktualisieren* neu auf, worauf bei Vorliegen eines Updates ein Hinweisdialog mit Fortschrittsanzeige erscheint. Warten Sie am besten, bis das Update heruntergeladen wurde.

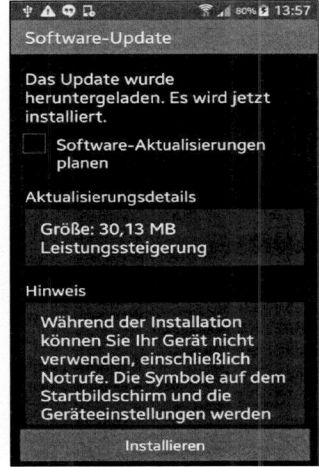 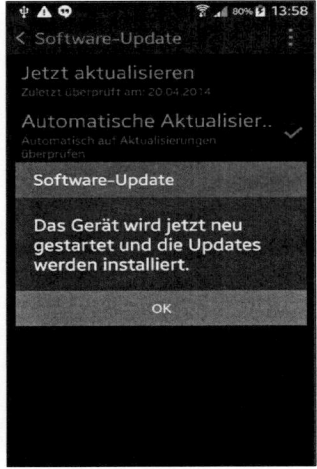

❶❷ Betätigen Sie *Installieren* und dann *OK*. Ihre Daten bleiben trotz des Updates erhalten und

Sie können dann wie gewohnt mit dem Handy weiterarbeiten.

Es gibt zwei Arten von Updates: Das hier vorgenommene **Betriebssystemupdate** wird in einen Permanentspeicher geschrieben und bleibt auch beim Zurücksetzen des Handys erhalten. **Programmupdates**, die das Galaxy ab und zu automatisch durchführt, löscht das Handy dagegen beim Zurücksetzen.

4. Telefonie

Die Bedienungsführung des Handys ist so aufgebaut, dass Sie mit wenig Aufwand einen Kontakt anrufen können.

❶ Die Telefonoberfläche starten Sie mit der *Telefon*-Schaltleiste am unteren Bildschirmrand.

❷❸ Über die Register am oberen Bildschirmrand (Pfeil) schalten Sie um zwischen:

- *Tastatur*: Die Telefonoberfläche.

- *Protokolle*: Auflistung aller ein- und ausgegangenen Anrufe. Siehe Kapitel *4.6 Anrufliste (Protokoll)*.

- *Favoriten*: »Favoriten« sind besonders wichtige Kontakte, mit denen man häufiger kommuniziert. Siehe auch Kapitel *4.2 Favoriten*.

- *Kontakte*: Startet das Telefonbuch.

4.1 Anruf durchführen

 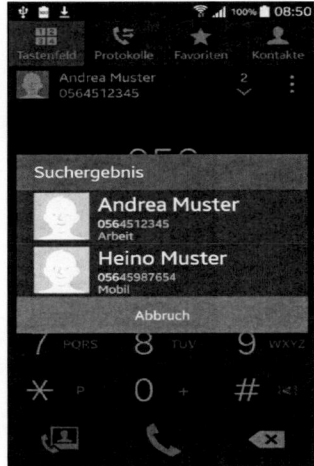 

❶❷ Geben Sie jetzt die anzurufende Nummer über das virtuelle Tastenfeld auf dem Display ein. Mit der ☎-Schaltleiste wählen Sie die Nummer an.

Sofern im Telefonbuch bereits Kontakte vorhanden sind, welche die eingegebene Rufnummer enthalten, erscheint der erste gefundene Kontakt unterhalb des Eingabefelds. Die Zahl rechts (Pfeil) gibt dann an, wieviele Kontakte gefunden wurden. Um alle Fundstellen anzuzeigen, tippen Sie auf die zugehörige Schaltleiste (Pfeil).

❸ Nach Antippen einer Fundstelle erscheint die zugehörige Rufnummer in der Telefonoberfläche.

Aus der Fundstellenanzeige gelangen Sie mit der ⤺-Taste wieder zur Telefonoberfläche zurück.

❶❷ Betätigen Sie die ☎-Schaltleiste, um die Anwahl zu starten.

Wenn Sie das Handy an Ihr Ohr halten, schaltet sich das Display automatisch aus, damit keine Fehleingaben entstehen können. Dafür zuständig ist ein Näherungssensor, welcher sich oben neben dem Lautsprecher befindet.

4.1.1 Anruf durch Geste

Sie können auch einen Kontakt mit einer Geste anrufen, wenn gerade dessen SMS in der Nachrichtenanwendung (❶), die Kontaktdetails im Telefonbuch (❷) oder die Details in der Anrufliste (❸) angezeigt werden. Die benötigte Geste ist sehr simpel: Nehmen Sie einfach das Handy und halten Sie es an den Kopf, worauf es vibriert und den Anruf durchführt.

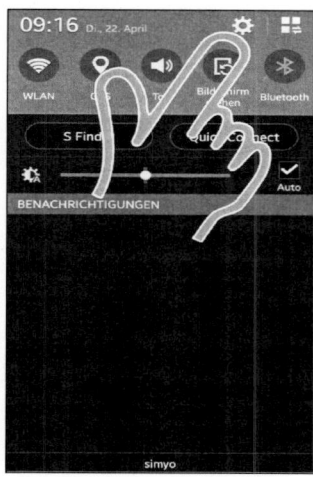 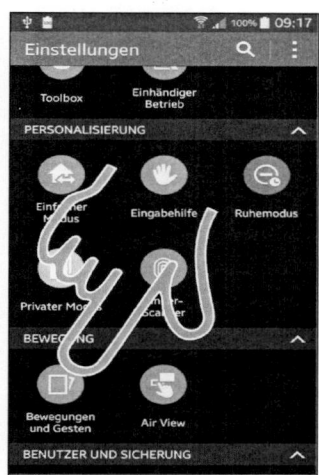 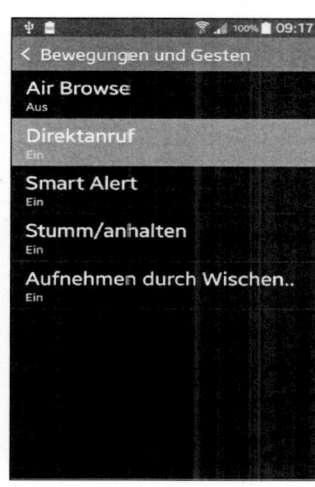

❶❷ Sie aktivieren/deaktivieren diese Funktion über die Einstellungen: Rufen Sie beispielsweise mit ✿ aus dem Benachrichtigungsfeld die *Einstellungen* auf und gehen Sie unter *BEWEGUNG* auf *Bewegungen und Gesten*.

❸ Über den Schalter im *Direktanruf*-Menü steuern Sie die Geste. Siehe auch Kapitel *17.6 Bewegungssteuerung*.

4.1.2 Suche

Auch eine direkte Namenssuche ist möglich. Tippen Sie dafür die Nummern ein, die den Buchstaben entsprechen (»2«=a, b, c; »3«=d, e, f; usw.). Betätigen Sie ⊠ unterhalb des Tastenfelds, um eine Fehleingabe zu löschen.

4.1.3 Letzte Rufnummer wählen

 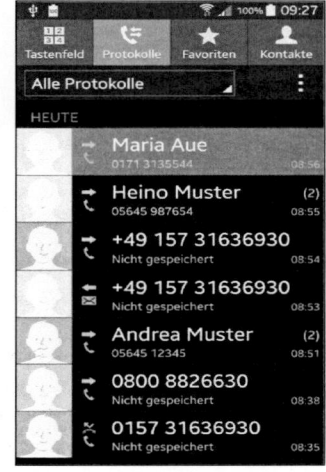 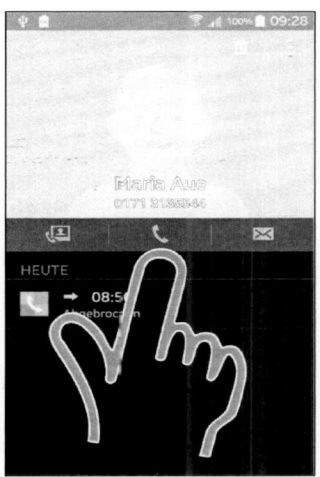

❶❷❸ Betätigen Sie die ☎-Schaltleiste oder aktivieren Sie das *Protokolle*-Register. Die zuletzt angewählte Rufnummer erscheint automatisch als Erste in der Liste. Tippen Sie sie an für die Detailansicht, worin Sie auch die Anwahl mit ℃ (Pfeil) durchführen können.

4.1.4 Funktionen während eines Gesprächs

❶❷ Während des Gesprächs zeigt das Handy die angewählte Rufnummer beziehungsweise den Kontakt an. Betätigen Sie die *Tastatur*-Schaltleiste (Pfeil), um das Tastenfeld zu aktivieren, was sinnvoll ist, wenn Sie DTMF (Tonwahl)-Töne benötigen, zum Beispiel für die Bedienung eines Anrufbeantworters oder einer Tonwahl-gesteuerten Service-Hotline.

  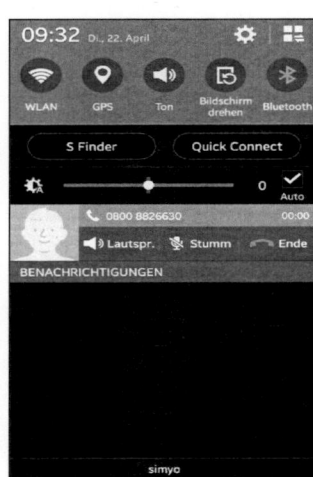

❶ Interessant ist die Möglichkeit jederzeit während eines aktiven Gesprächs eine andere Anwendung zu nutzen. Dazu betätigen Sie die ⬡-Taste für den Startbildschirm. Sie können dann, wie gewohnt, diverse Anwendungen auf dem Galaxy starten, während das Gespräch im Hintergrund läuft. Die grün gefärbte Titelleiste (Pfeil) weist auf die bestehende Gesprächsverbindung hin.

❷ In die Telefonoberfläche kehren Sie mit Antippen des Kontaktfotos (Pfeil) zurück.

❸ Alternativ steuern Sie den aktiven Anruf über das Benachrichtigungsfeld (siehe Kapitel *3.7.6 Titelleiste und Benachrichtigungsfeld*). Tippen Sie dort auf das Kontaktfoto, um den Anruf in der Telefonoberfläche anzuzeigen.

 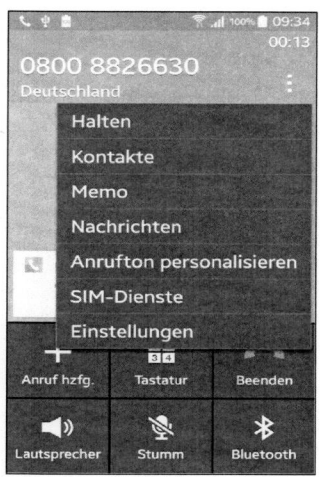

❶ Weitere Funktionen während eines Gesprächs:

- ❸ (oben rechts): Hörerlautstärke verstärken.

- *Letztes Gespräch*: Informiert über den Zeitpunkt des letzten Telefonats mit dem Gesprächsteilnehmer. Tippen Sie darauf, wenn Sie diesen Anruf halten und eine weitere Nummer anrufen möchten.

- *Anruf hzfg..*: Weiteren Kontakt oder Rufnummer anrufen, während der aktuelle Anruf gehalten wird. Später können Sie entweder zwischen den Gesprächsteilnehmern hin- und herschalten oder eine Telefonkonferenz abhalten. Diese Funktion ist nur mit Handy-Verträgen nutzbar, die das sogenannte »Anklopfen«-Feature unterstützen.

- *Tastatur*: Aktiviert das Tastenfeld, über das man DTMF-Töne erzeugt, beispielsweise zur Fernbedienung eines Anrufbeantworters.

- *Beenden*: Telefongespräch beenden.

- *Lautsprecher*: Aktiviert/Deaktiviert die Freisprecheinrichtung.

- *Stumm*: Deaktiviert/aktiviert das Mikrofon, wobei man weiter hört, was der Gesprächsteilnehmer von sich gibt.

- *Bluetooth*: Angeschlossenes Bluetooth-Headset aktivieren/deaktivieren (siehe *Praxisbuch Teil 2*, Kapitel *26.3 Bluetooth-Headset/Freisprecheinrichtung verwenden*).

❷ Über das ⋮-*Menü* erhalten Sie während eines Gesprächs folgende Funktionen:

- *Halten*: Der Gesprächsteilnehmer wird in eine Warteschleife des Netzbetreibers versetzt und hört dort eine Halte-Ansage.

- *Kontakte*: Telefonbuch aufrufen.

- *Memo*: Ruft die Memo-Anwendung auf, worin Sie dann Notizen erstellen.

- *Nachrichten*: SMS erstellen.

- *Anrufton personalisieren*: Passen Sie die Klingeltonlautstärke an Ihre Vorlieben an.

- *SIM-Dienste*: Fast alle Netzbetreiber bieten zusätzliche kostenpflichtige Informationsdienste, beispielsweise Wettervorhersagen, an. Wir raten von dessen Nutzung ab, da man alle Infos auch kostenlos über den Webbrowser des Galaxys im Internet abrufen kann.

- *Einstellungen*: Die Telefoneinstellungen beschreibt Kapitel *4.10 Anrufeinstellungen*.

4.1.4.a Hörerlautstärke

Während eines Gesprächs können Sie die Hörerlautstärke an Ihre Bedürfnisse anpassen. Drücken Sie einfach auf der linken Geräteseite die Tasten Lautstärke-hoch/runter.

4.1.5 Anruf aus dem Telefonbuch

❶ Zum Anwählen eines Kontakts direkt in der Kontaktauflistung des Telefonbuchs tippen Sie auf das vorangestellte Kontaktfoto (Pfeil).

❷ Es erscheint ein Popup mit den Funktionen:

- ⬛: Anwahl

- ⬛: Videotelefonat

- ⊚ : E-Mail senden (sofern E-Mail-Adresse im Kontakt vorhanden).

- ✕: Nachricht (SMS schreiben).

- Auf Kontaktfoto beziehungsweise Kontaktnamen tippen: Kontaktdaten anzeigen.

Das Telefonbuch beschreibt bereits Kapitel *5 Telefonbuch*.

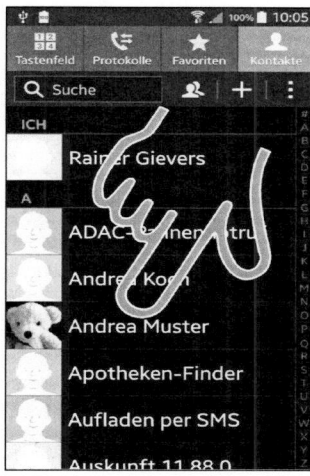 

❶❷ Alternativ tippen Sie auf den Kontaktnamen und erhalten dann die Kontaktdetails angezeigt. Tippen dort die anzuwählende Rufnummer an.

❶❷ Auch durch Ziehen des Fingers von links nach rechts auf einem Kontakt können Sie die Anwahl starten.

Angewählt wird in diesem Fall die »Standardnummer«, welche das nachfolgende Kapitel beschreibt.

4.1.6 Die Standardnummer

Wenn Sie eine Rufnummer, beziehungsweise einen Namen, in der Telefonoberfläche eingeben, zeigt das Samsung Galaxy immer die sogenannte »Standardnummer« bei den im Telefonbuch gefundenen Kontakten an. Andere Rufnummern werden dagegen nicht berücksichtigt.

 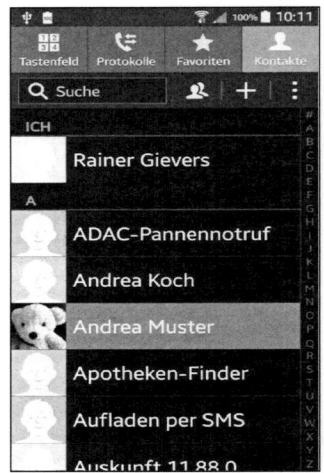 

❶ Beispiel: Der gefundene Kontakt *Andrea Muster* besitzt mehrere Rufnummern, es wird aber nur die Standardnummer angezeigt.

❷ So legen Sie im Telefonbuch (siehe Kapitel *5 Telefonbuch*) die Standardnummer fest: Gehen Sie dort auf den Kontakt, worauf die Kontaktdetails erscheinen.

❸ Die von den beiden Rufnummern als Standardnummer festgelegte ist mit einem ✓ markiert (Pfeil).

Das ✓ erscheint nur, wenn beim Kontakt bereits die Standardnummer eingestellt wurde.

 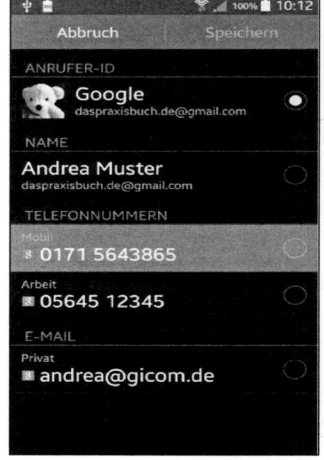 

❶ So legen Sie die Standardnummer fest: Aktivieren Sie das ⋮-*Menü* und gehen Sie auf *Als Standard markieren*.

❷❸ Aktivieren Sie die gewünschte Standardnummer und betätigen Sie *Fertig*.

Hinweis: Legen Sie im Telefonbuch einen Kontakt mit mehreren Rufnummern neu an, so wird Sie das Handy beim Speichern fragen, welche Rufnummer es als Standardnummer einstellen soll.

4.2 Favoriten

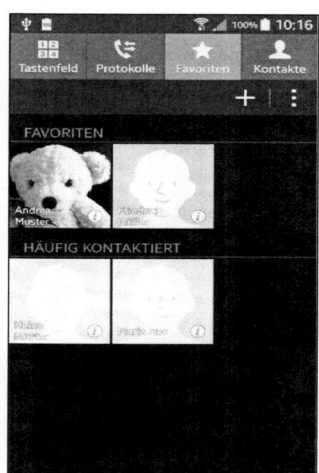

❶ Im *Favoriten*-Register der Telefonoberfläche finden Sie die sogenannten »Stern«-Kontakte. Dies sind Personen, die Sie mit einem ★ markiert haben.

❷ Unterhalb der Favoriten listet das Telefonbuch die häufig genutzten beziehungsweise angerufenen Kontakte auf. Tippen Sie einfach einen Kontakt an, den Sie anrufen möchten.

❶ So vergeben Sie einen ★: Tippen Sie kurz den Kontakt in der Auflistung für die Kontaktdetails an.

❷ Hier können Sie den Kontakt über Antippen des ★ als Favoriten markieren. Erneutes Antippen deaktiviert den Favoriten wieder.

4.3 Kurzwahlen

Wenn man bestimmte Rufnummern häufig anwählt, ist es umständlich, sie jeweils immer von Hand einzugeben oder in der Kontaktverwaltung zu suchen. Deshalb gibt es die Kurzwahlen, bei denen man eine der Zahlen von 2 bis 9 mit einer Rufnummer belegt. Man braucht zur Anwahl dann nur noch beispielsweise als Kurzwahl die »2« einzugeben.

4.3.1 Kurzwahl erstellen

  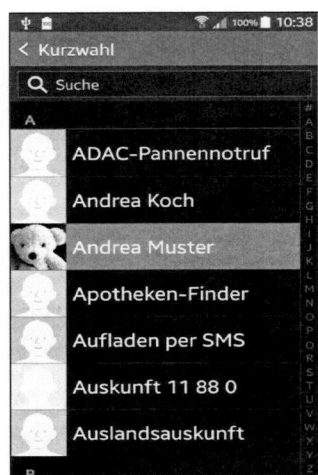

❶ Aktivieren Sie in der Telefonoberfläche ⋮/*Kurzwahl*.

❷ Betätigen Sie eine der Schaltleisten von 2 bis 9.

❸ Die Kontaktauflistung erscheint, in der Sie einen Kontakt auswählen.

Die Kurzwahl »1« ist bereits für die Mailbox, siehe Kapitel *4.4 Mobilbox abrufen*, reserviert.

 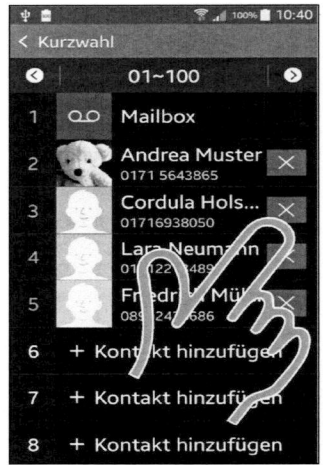

❶ Besitzt ein Kontakt mehrere Rufnummern, dann müssen Sie eine davon für die Kurzwahl auswählen.

❷ Zum Löschen einer Kurzwahl tippen Sie auf das dahinter angezeigte ✕ (Pfeil).

❶❷ So nutzen Sie die Kurzwahlen:

- Geben Sie die Kurzwahlnummer ein: Die zugehörige Kurzwahl erscheint unter dem Eingabebereich. Betätigen der ☎-Schaltleiste führt die Anwahl durch.

- Drücken und halten Sie die Kurzwahlnummer, worauf sofort die Anwahl startet.

4.4 Mobilbox abrufen

Die Mobilnetzbetreiber bieten jedem Kunden eine »Mailbox« an, in der Anrufer wie auf einem Anrufbeantworter ihre Nachrichten hinterlassen können. Zum Abruf der Nachrichten wählen Sie entweder auf der Telefonoberfläche die Mailboxnummer, oder Sie nutzen die vom Handy angebotene Abruffunktion.

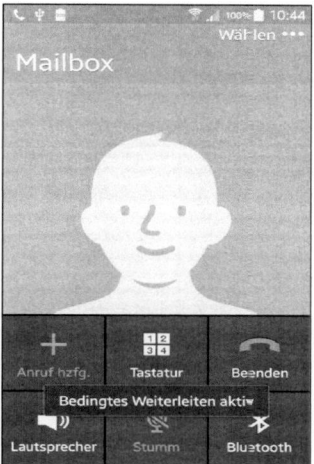

Zum Abruf der Mailbox tippen und halten Sie die »1«-Taste auf dem Telefontastenfeld, bis die Anwahl erfolgt.

> Die Mailbox ist auf der Kurzwahl »1« vordefiniert. Normalerweise wird die Mailbox-Rufnummer korrekt eingerichtet, wenn Sie eine neue SIM-Karte einlegen und die automatisch erscheinende Konfigurationsaufforderung bestätigen. Falls Sie dennoch eine andere Mailboxrufnummer eintragen möchten, lesen Sie bitte im Kapitel *4.10.13 Mailboxeinstellungen* weiter.

4.5 Anruf annehmen

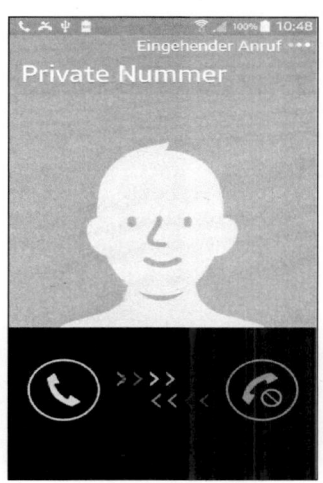

Wenn ein Anruf eingeht, gibt es drei mögliche Anzeigen:

- Rufnummer ist nicht in der Kontaktverwaltung vorhanden: Das Handy zeigt nur die Rufnummer an (❶).

- Rufnummer ist im Telefonbuch vorhanden: Das Handy zeigt den Kontaktnamen und die Rufnummer an (❷).

- Rufnummernübermittlung ist beim Anrufer deaktiviert: Das Handy meldet »*Private Nummer*« (❸).

 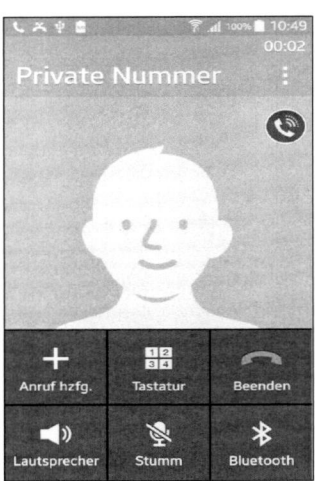

❶❷ Zum Annehmen eines Gesprächs ziehen Sie die grüne ☎-Schaltleiste mit angedrücktem Finger in beliebige Richtung. Während eines Gesprächs stehen die gleichen Funktionen zur Verfügung, die bereits im Kapitel *4.1.4 Funktionen während eines Gesprächs* vorgestellt wurden.

 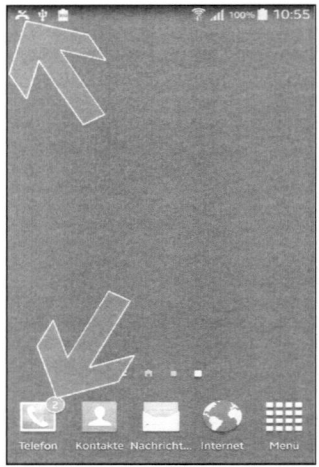

❶ Umgekehrt ziehen Sie die rote ☎-Schaltleiste von rechts nach links, um einen Anruf zu blocken. Der geblockte Anruf landet trotzdem in der Anrufverlauf-Liste, sodass sie ihn später zurückrufen können. Siehe auch Kapitel *4.6 Anrufliste*.

❷ Wenn Sie mal einen Anruf verpasst haben, erscheint oben in der Titelleiste ein ☎-Symbol (Pfeil). Dieses ist solange dort sichtbar, bis Sie die Anrufliste aufrufen. Eine Zahl beim *Telefon*-Schaltleiste informiert zudem über die Anzahl der verpassten Anrufe.

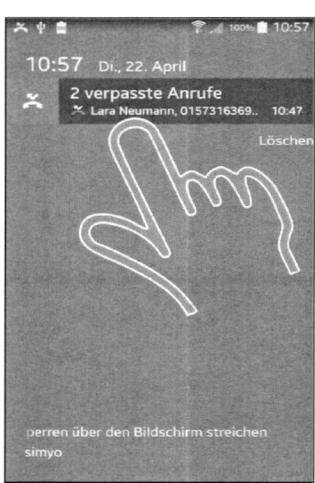 

❶❷ Ist das Display ausgeschaltet, beziehungsweise die Displaysperre aktiv, weist das Handy ebenfalls auf den verpassten Anruf hin. Zur Anzeige des Anrufprotokolls tippen Sie kurz darauf, anschließend führen Sie unten im Eingabefeld eine Wischgeste in beliebiger Richtung durch.

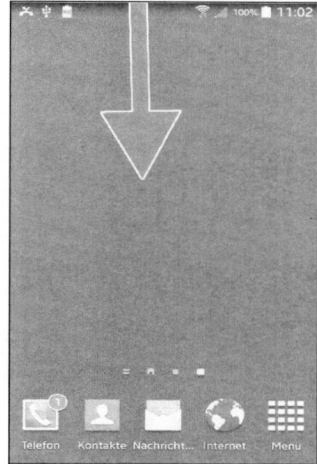  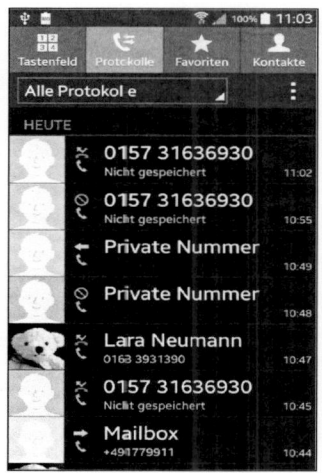

❶❷❸ Weitere Infos zum verpassten Anruf erhalten Sie, indem Sie das Benachrichtigungsfeld öffnen (Siehe *3.7.6 Titelleiste und Benachrichtigungsfeld*). Tippen Sie den Listeneintrag an, um die Anrufliste anzuzeigen.

Einen Anruf, den Sie nicht entgegennehmen, beziehungsweise blocken, erscheint trotzdem in der Anrufverlauf-Liste, die Kapitel *4.6 Anrufliste* beschreibt.

Betätigen der Lautstärke-leiser-Taste auf der linken Geräteseite schaltet einen eingehenden Anruf stumm.

4.5.1 Anruf durch Umdrehen leise schalten

Wenn Sie einen Anruf nicht entgegen nehmen möchten, können Sie den Klingelton durch Umdrehen des Handys ausschalten. Legen Sie dazu das Handy mit dem Display zuerst auf einen Tisch. Dabei müssen Sie keine Angst vor Displaykratzern haben, denn moderne Handys sind mit einem kratzfesten Displayglas ausgestattet.

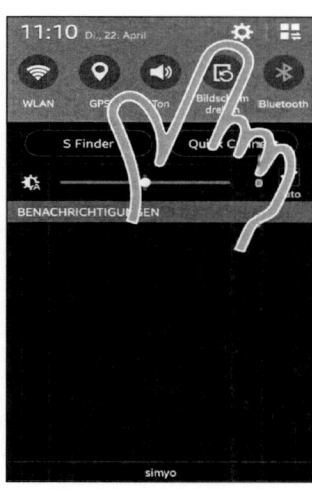 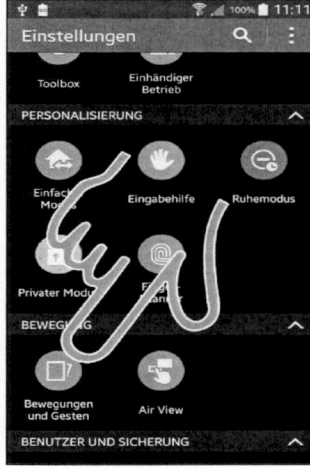

❶ Sie steuern diese Funktion in den Einstellungen: Aktivieren Sie das Benachrichtigungsfeld und gehen Sie auf ✿.

❷ Rufen Sie *Bewegungen und Gesten* auf.

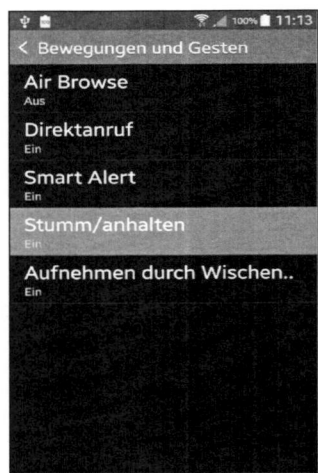 

❶ Gehen Sie auf *Stumm/Anhalten*.

❷ Aktivieren Sie *Gerät umdrehen* (falls das Menü ausgeblendet ist, müssen Sie erst oben rechts den Schalter aktivieren). Sie können nun den Bildschirm mit der ⤸-Taste verlassen.

4.5.2 Anruf mit Mitteilung beantworten

Nicht immer ist es möglich, einen eingehenden Anrufer sofort entgegenzunehmen. Für solche Fälle bietet das Handy die Option, dem Anrufer eine SMS zu schicken.

 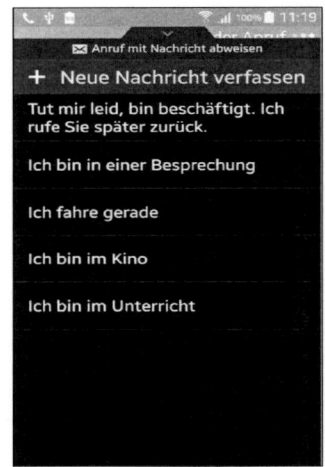

❶ Ziehen Sie den Schieber am unteren Bildschirmrand nach oben.

❷ Es sind bereits einige Texte vorgegeben. Betätigen Sie die *Senden*-Schaltleiste bei dem zu sendenden Text. Der Anruf wird nun geblockt und die SMS verschickt.

Falls Sie den Inhalt der SMS selbst eingeben möchten, betätigen Sie *Neue Nachricht verfassen*, worauf die Nachrichten-Anwendung startet und eine neue SMS an den Anrufer erstellt.

❶❷❸ Die vorgegebenen Textvorlagen lassen sich editieren. Gehen Sie dafür in der Telefon-oberfläche auf ⋮/*Einstellungen/Anruf ablehnen/Nachrichten zum Ablehnen.*

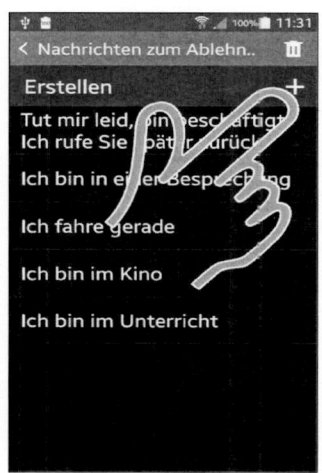  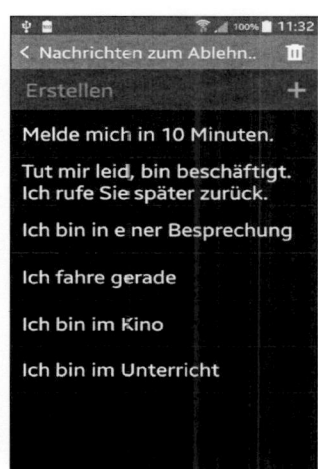

❶ Tippen Sie ✚ an.

❷❸ Erfassen Sie einen Text, der dann in der Auflistung erscheint. Es bietet sich an, weitere Texte für verschiedenste Situationen anzulegen.

Falls Ihnen ein Text nicht mehr gefällt, tippen Sie ihn einfach in der Auflistung an, worauf er im Editor angezeigt wird. Sie können maximal sechs verschiedene Texte erstellen.

4.5.3 Klingelton und Klingeltonlautstärke

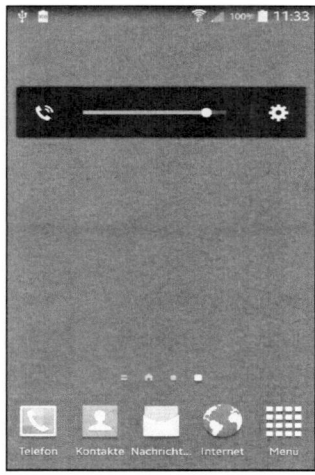 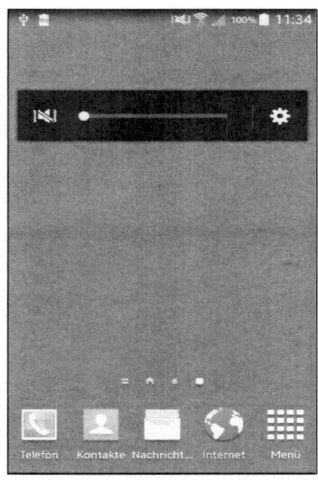

❶ Die Klingeltonlautstärke ändern Sie ganz einfach über die Lautstärkentasten auf der linken Geräteseite.

❷ Wenn Sie bereits die niedrigste Lautstärke eingestellt hatten und trotzdem weiter die Lautstärke-runter-Taste drücken, schaltet das Handy auf Vibration (eingehende Anrufe merken Sie dann am Vibrieren des Geräts).

> Ein Symbol informiert in der Titelleiste über den deaktivierten Klingelton.

 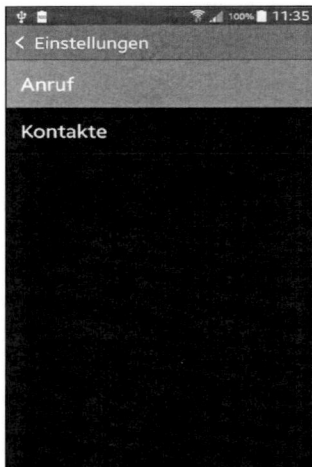 

❶❷❸ Zum Ändern des verwendeten Klingeltons rufen Sie ⋮/*Einstellungen/Anruf/Klingel- und Tastentöne* auf.

 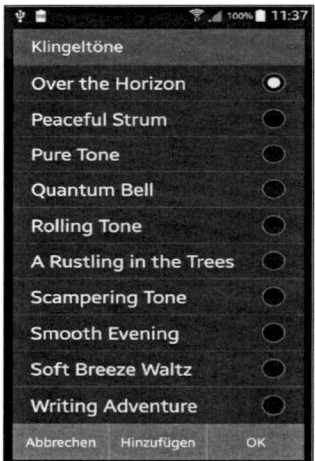

❶ In diesem Bildschirm richten Sie ein:

- *Klingeltöne* (❷): Wählen Sie den gewünschten Klingelton aus. Es ist bereits eine Reihe an vordefinierten Klingeltönen vorhanden.

- *Vibrationen; Beim Klingeln vibrieren*: Das Handy kann bei eingehenden Anrufen vibrieren. Stellen Sie in *Vibrationen* das Vibrationsmuster ein, anschließend aktivieren Sie *Beim Klingeln vibrieren.*

- *Tastentöne*: Betätigen des Handy-Tastenfelds wird jeweils mit einem Ton quittiert.

> Falls Sie eigene MP3-Songs als Klingel- und Benachrichtigungstöne verwenden möchten, beachten Sie bitte *Praxisbuch Teil 2,* Kapitel *34.1 Eigene Klingel- und Benachrichtigungstöne.*
>
> Sie können auch jedem Kontakt einen eigenen Klingelton zuweisen, der dann statt dem Standard-Klingelton vom Handy verwendet wird. Siehe dazu Kapitel *5.6 Kontaktfoto und Klingelton.*

4.6 Anrufliste (Protokoll)

In der Anrufliste legt das Handy alle ein- und ausgegangenen Anrufe, auch die nicht entgegengenommenen, ab.

4.6.1 Anrufliste in der Telefonoberfläche

❶❷ Die Anrufliste zeigt die zuletzt ein- und ausgegangenen, sowie verpassten Gespräche an. Sie aktivieren sie über das *Protokolle*-Register (Pfeil) in der Telefonoberfläche.

4.6.2 Anzeige verpasster Anrufe

❶ Über verpasste oder von Ihnen geblockte Anrufe informiert ein ✘-Symbol oben in der Titelleiste (Pfeil). Das Symbol bleibt solange sichtbar, bis Sie die Anrufliste aktivieren.

❷ Weitere Infos über den verpassten Anrufer erhalten Sie, indem Sie das Benachrichtigungsfeld öffnen (siehe Kapitel *3.7.6 Titelleiste und Benachrichtigungsfeld*).

❶❷ Tippen Sie den Listeneintrag an, um die Anrufliste anzuzeigen.

Ein kleines Symbol informiert bei jedem Listeneintrag, welche Aktion stattgefunden hat:

➡   Eingehender Anruf, der angenommen wurde.
✗   Eingehender Anruf, der nicht angenommen wurde.
⬅   Ausgehender Anruf.
⊘   Von Ihnen geblockter Anruf.

4.6.3 Funktionen in der Anrufliste

❶❷ Wählen Sie einen Eintrag aus. Das Galaxy zeigt nun alle Anrufe mit der gleichen Rufnummer an. Die Schaltleisten:

- ➕ (oben rechts): Einen neuen Kontakt mit der Rufnummer im Telefonbuch erstellen.

- 🗑 (oben rechts): Rufnummer aus Anrufprotokoll entfernen.

- 📷: Videotelefonat führen. Wegen der damit verbundenen hohen Kosten gehen wir in diesem Buch nicht näher darauf ein.

- ☎: Anruf durchführen (Pfeil).

- ✉: SMS senden.

❸ Das ⁝-*Menü:*

- *In Wählfeld kopieren:* Anschließened können Sie die Nummer anrufen.

- *Nummer senden*: Rufnummer in einer SMS verschicken.

- *Zur Sperrliste hinzufügen*: Die Sperrliste verwaltet unerwünschte Anrufer, mit denen Sie nie sprechen möchten. Siehe dazu Kapitel *4.8 Unerwünschte Anrufer blockieren (Sperrliste).*

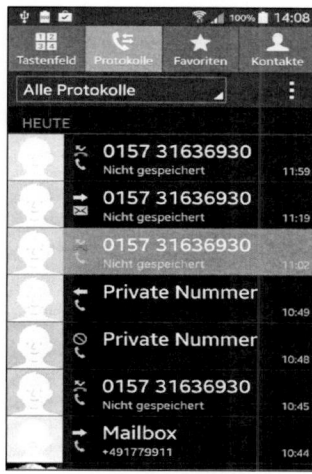 

❶❷ Tippen und halten Sie den Finger über einem Listeneintrag, worauf der Markierungsmodus aktiviert wird. Sie können dann weitere Listeneinträge durch Antippen markieren und mit 🗑 am oberen Bildschirmrand die markierten Einträge aus dem Anrufprotokoll löschen.

 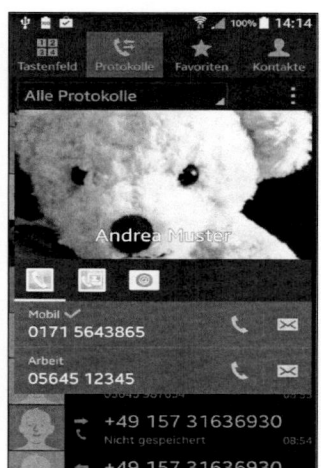 

❶❷ Sofern sich ein Kontakt im Telefonbuch (siehe Kapitel *5 Telefonbuch*) befindet, öffnet Antippen des Kontaktfotos (Pfeil) ein Popup mit weiteren Funktionen für Telefonie, Videotelefonie, Kontaktdetailanzeige und Nachricht senden.

❸ Haben Sie dagegen das »Kontaktfoto« einer noch nicht im Telefonbuch vorhandenen Rufnummer angetippt, so sind zwei Schaltleisten verfügbar: Mit *Neuer Kontakt* beziehungsweise *Vorhandene aktualisieren* (Pfeil) übernehmen Sie die Rufnummer ins Telefonbuch.

4.6.4 Weitere Anzeigen

❶❷ Über das Auswahlprotokoll am oberen Bildschirmrand (Pfeil) schränken Sie die angezeigten Einträge auf unbeantwortete, gewählte, empfangene oder abgelehnte Anrufe ein. Da im Protokoll auch gesendete/empfangene SMS auftauchen, können Sie die Auflistung auch beispielsweise mit *Alle Nachrichten* darauf beschränken.

❶❷ ⋮/*Anrufdauer* informiert Sie über die Dauer der ein- und ausgegangenen Sprach- und Videoanrufe.

4.6.5 Verpasste Anrufe während der Displaysperre

❶❷ Während der Displaysperre weist das Galaxy auf verpasste Anrufe hin. Tippen Sie auf den Hinweiskasten, anschließend entsperren Sie mit der gewohnten Wischgeste, worauf Sie im Anrufprotokoll landen.

4.7 Flugmodus (Offline-Modus)

In manchen Umgebungen, zum Beispiel Flugzeugen und Krankenhäusern, ist der Einsatz eines Handys untersagt. Für diesen Fall können Sie die Telefon-Funktionalität deaktivieren. Im Flugmodus sind neben dem Telefon auch WLAN und Bluetooth deaktiviert.

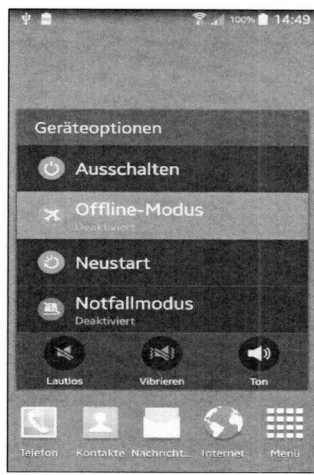 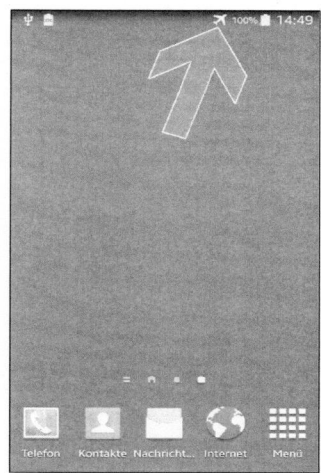 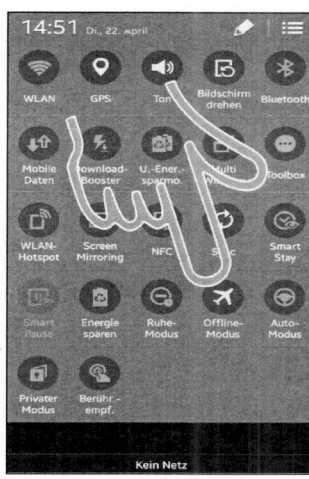

❶ Drücken Sie für einige Sekunden den Ein-/Ausschalter (auf der rechten Geräteseite), bis das *Telefonoptionen*-Menü erscheint und gehen Sie auf *Offline-Modus*. Bestätigen Sie die folgende Sicherheitsabfrage mit *OK*.

❷ Ein ✈-Symbol macht auf den aktiven Flugzeugmodus in der Titelleiste aufmerksam (Pfeil). Rufen Sie das Telefonoptionen-Menü erneut auf und gehen Sie erneut auf *Offline-Modus*, um den Flugzeugmodus zu deaktivieren.

❸ Alternativ steuern Sie den Flugzeugmodus über die ✈-Schaltleiste im Benachrichtigungsfeld (siehe Kapitel *3.7.7 Schaltleisten im Benachrichtigungsfeld*).

> Für den Netzbetreiber erscheint der Flugzeugmodus technisch so, als ob Sie Ihr Handy ausgeschaltet haben.

4.8 Unerwünschte Anrufer blockieren (Sperrliste)

Wer kennt es nicht? Immer wieder stören gewisse Leute mit ihren Anrufen... Damit Sie dauerhafte Ruhe finden, unterstützt das Galaxy eine Anrufer-Sperrliste (»Blacklist«).

 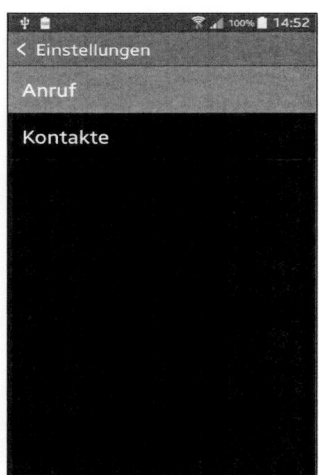 

❶❷❸ Gehen Sie in der Telefonoberfläche auf ⫶/*Einstellungen/Anruf/Anruf ablehnen*.

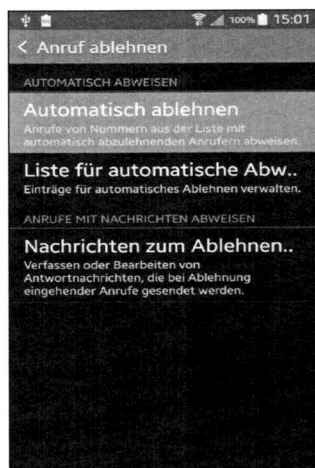 

❶❷ Gehen Sie auf *Automatisch ablehnen* und kontrollieren Sie, ob *Liste* aktiv ist. Die Option *Alle eingehenden Anrufe* würde das Galaxy dagegen alle Anrufe blockieren, was wir ja nicht wollen.

❶ Tippen Sie nun auf *Liste für automatische Abweisung*.

❷ Vorgegeben ist bereits der nicht aktivierte Eintrag *Unbekannt*. Wenn Sie diesen aktivieren, blockt das Handy künftig Anrufer, die ihre Rufnummern unterdrücken. Betätigen Sie nun *Erstellen*.

❶ Geben Sie nun die zu blockierende Nummer ein und betätigen Sie *Speichern*. Alternativ lassen sich auch mit der ⬛-Schaltleiste Nummern aus der Anrufliste (*Protokolle*) oder dem Telefonbuch (*Kontakte*) entnehmen.

❷ Die geblockten Rufnummern listet das Galaxy auf. Falls Sie nur mal temporär eine Rufnummer nicht blocken möchten, dann deaktivieren Sie das jeweilige Abhakkästchen hinter dem
Eintrag. Ruft jemand aus der Sperrliste an, so erhält er nur ein »Besetzt«. Auf dem Galaxy erhalten Sie dagegen keinerlei Hinweis auf den geblockten Anrufer.

❶❷ Das Entfernen von Rufnummern aus der Liste erfolgt mit 🗑 (Pfeil).

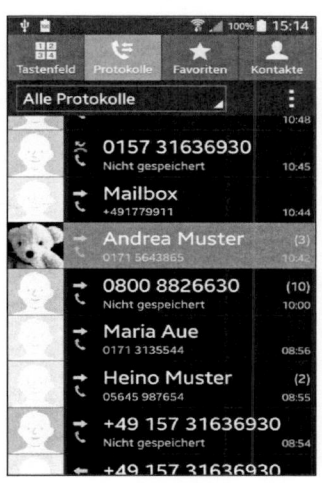  

❶ Auch in der Anrufliste (siehe Kapitel *4.6 Anrufliste (Protokoll)*) lassen sich Anrufer in die
Sperrliste übernehmen: Tippen Sie dort kurz einen Eintrag an, worauf die Anrufdetails angezeigt
werden.

❷ Rufen Sie ⋮/*Zur Sperrliste hinzufügen* auf.

❸ Umgekehrt entfernen Sie einen gesperrten Anrufer auch wieder über ⋮/*Aus Sperrliste entfernen*.

In der Anrufliste erkennen Sie automatisch durch die Blacklist geblockte Anrufe am 🔍-Symbol (Pfeil).

❶ Das Galaxy kann auch bestimmte Nummernkombinationen sperren. Möchten Sie beispielsweise keine Anrufe mit der Vorwahl »0163« entgegen nehmen, dann geben Sie die zu sperrende Vorwahl und betätigen dann *Passende Kriterien*.

❷ Stellen Sie *Beginnt mit* ein.

❸ Betätigen Sie *Speichern*.

Welches zusätzliche Filterkriterium aktiv ist, zeigt die Blacklist unterhalb jeden Eintrags an (Pfeil).

4.9 Internettelefonie

Die Gesprächskosten im Handybereich sind in den letzten Jahren nur langsam gesunken. Vieltelefonierer können derzeit nur Geld sparen, wenn sie ihre Telefoniegewohnheiten genau kontrollieren und dann versuchen, passende Verträge zu finden. Zwar haben inzwischen alle Mobilfunkanbieter Flatrates und Sonderkonditionen im Programm, diese haben aber meistens irgendwo einen Haken: Häufig genug sind dann nur Telefonate im gleichen Mobilnetz oder nur ins Festnetz kostenlos. Abhilfe für diese Probleme schafft die Internettelefonie, bei der man nicht mehr über den Sprachkanal des Mobilfunknetzes telefoniert, sondern, wie der Name schon sagt, über die Internetverbindung.

Weil heute Internetflatrates bei vielen Mobilfunkverträgen zum Standard gehören und die Anbieter der Internettelefonie eine bereits vorhandene Infrastruktur nutzen (also keine teuren Kabel legen oder Mobilfunkantennen aufstellen müssen), ist Internettelefonie sehr preiswert.

In der Internettelefonie existieren zahlreiche Standards, wovon »SIP« (Session Initiation Protocol) wohl das gebräuchlichste ist. Wir wollen aber an dieser Stelle nicht zu tief in Materie einsteigen (bei Interesse ist *de.wikipedia.org/wiki/Session_Initiation_Protocol* ein guter Einstiegspunkt). Zahlreiche SIP-Anbieter sind inzwischen im Markt aktiv, beispielsweise die von uns für dieses Buch genutzten SIP Gate (*www.sipgate.de*) und Blue SIP (*www.bluesip.net*). Beide Anbieter haben auch kostenlose SIP-Konten im Angebot, für die erst Kosten anfallen, wenn man ins Festnetz telefoniert. Wir empfehlen, dass Sie die Telefonkosten und Leistungen der verschiedenen SIP-Anbieter genau vergleichen. Wie bereits erwähnt, erhalten Sie bei der Anlage Ihres SIP-Kontos automatisch auch eine Festnetzrufnummer, meist in Ihrem Ortsnetz. Dem Angerufenem erscheint es dann so, also ob Sie von zuhause anrufen, obwohl Sie sich ganz woanders aufhalten...

Eine Alternative zu SIP ist Skype, für die es eine gleichnamige Software im Google Play Store (siehe *Praxisbuch Teil 2,* Kapitel *31.1 Google Play Store*) gibt. Skype hat allerdings den Nachteil, dass man selbst zwar Festnetznummern anrufen kann, dafür aber nur von Leuten anrufbar ist, die selbst bei Skype angemeldet sind und die Skype-eigene Software nutzen.

Die Telefonieanwendung des Galaxy ist bereits für SIP vorbereitet. Sie müssen also nur die Anmeldedaten Ihres SIP-Anbieters eingeben und können sofort loslegen!

> Telefonieren ist auch über die Android-App möglich, welche SIP Gate im Google Play Store (siehe *Praxisbuch Teil 2,* Kapitel *31.1 Play Store*) zum Download anbietet.

4.9.1 SIP-Einrichtung

❶❷❸ Gehen Sie in der Telefonoberfläche auf ⋮/*Einstellungen/Anruf/Konten.*

 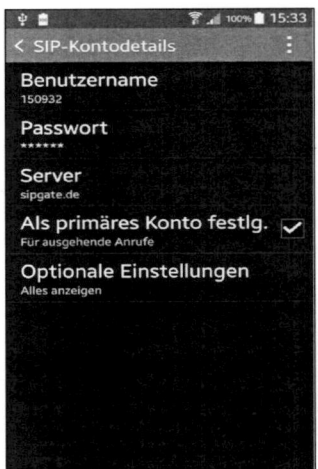

❶ Betätigen Sie *Konto hinzufügen* (Pfeil).

❷ Geben Sie die Kontodaten ein, welche Sie unter *Einstellungen* auf der SIP Gate-Website erfahren, nachdem Sie sich dort eingeloggt haben. Verlassen Sie dann den Bildschirm mit ⟵-Taste.

  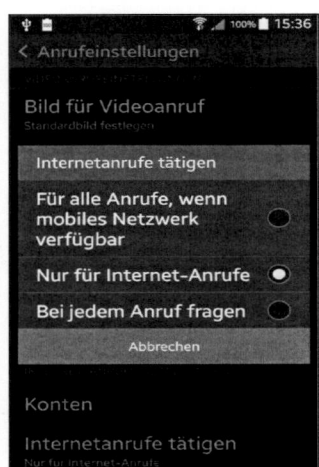

❶ Falls Sie auch Anrufe über die vom SIP-Anbieter vergebene Rufnummer entgegen nehmen möchten, aktivieren Sie *Internetanrufe erhalten*. Beachten Sie aber, dass Sie durch den damit verbundenen permanenten Bereitschaftsmodus die Akkubetriebsdauer erheblich reduzieren. Auch diesen Bildschirm beenden Sie mit ⟵-Taste.

❷❸ *Internetanrufe tätigen* legt fest:

- *Für alle Anrufe, wenn mobiles Netzwerk verfügbar*: Verwendet immer Internettelefonie für ausgehende Anrufe.

- *Nur für Internet-Anrufe*: Internettelefonie ausschließlich dann verwenden, wenn die Rufnummer eine SIP-Teilnehmerkennung (Format xxxx@xxx.xx) ist.

- *Bei jedem Anruf fragen*: Fragt vor jedem Anruf nach, ob er über das Internet oder normal erfolgen soll.

4.9.2 SIP in der Praxis

❶ Sofern Sie, wie im Kapitel *4.9.1 SIP-Einrichtung* erläutert, eingehende Anrufe erlauben, erkennen Sie über Ihre SIP-Rufnummer eingehende Anrufe am Format *xxxx@sipgate.de*.

❷ Wählen Sie dagegen eine Nummer oder einen Kontakt an, fragt Sie das Handy (je nach Voreinstellung), ob Sie eine Mobilfunksprachverbindung oder eine Internetverbindung aufbauen möchten.

4.10 Anrufeinstellungen

In den Anrufeinstellungen finden Sie viele Funktionen, die meist nur selten benötigt werden, trotzdem aber sehr nützlich sein können.

❶❷ Aktivieren Sie das ⋮-*Menü* und gehen Sie auf *Einstellungen* und dann *Anruf.*

4.10.1 Anruf ablehnen

◆ *Einstellungen/Anruf/Anruf ablehnen*

❶❷ Hiermit blockieren Sie unerwünschte Anrufer. Siehe Kapitel *4.8 Unerwünschte Anrufer blockieren (Sperrliste)*.

4.10.2 Anruf beantworten und beenden

◆ *Einstellungen/Anruf/Anruf beantworten und beenden*

❶❷ Konfigurieren Sie unter *Anruf beantworten und beenden*:

- *Drücken der Home-Taste*: Anrufe nehmen Sie zusätzlich über die ⊂⎯⊃-Taste unterhalb des Displays entgegen.

- *Sprachsteuerung*: Anrufe werden durch einen Sprachbefehl angenommen oder geblockt.

- *Hand über das Gerät bewegen:* Diese Funktion lässt sich am besten einsetzen, wenn das Handy auf einem Tisch liegt. Geht ein Anruf ein, so »wischen« Sie in der Luft mit der Hand über das Display, ohne das Display zu berühren, worauf der Anruf angenommen und die Freisprecheinrichtung aktiviert wird. Die benötigte Wischgeste erfordert einiges an Erfahrung.

- *Drücken der Ein/Aus-Taste*: Betätigen Sie den Ein-/Ausschalter, um Anrufe zu beenden.

4.10.3 Anrufbenachrichtigungs-Popup

◆ *Einstellungen/Anruf/Anrufbenachr.-Pop-ups*

❶❷ *Anrufbenachr.-Pop-ups* steuert die Anzeige von eingehenden Anrufen, wenn Sie gerade ein anderes Programm als die Telefonoberfläche nutzen. Statt des sonst üblichen Anrufbildschirms erscheint dann ein Popup.

4.10.4 Status-Pop-ups im Gespräch

◆ *Einstellungen/Anruf/Status Pop-ups im Gespr.*

 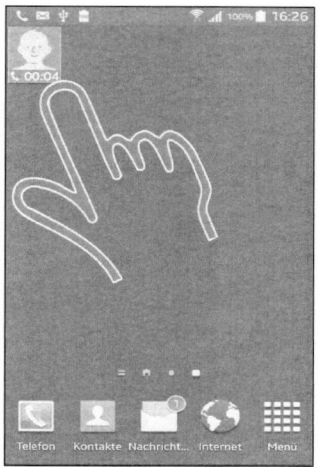

❶❷ Die Funktion von *Status Pop-ups im Gespr.*: Verlassen Sie die Telefonoberfläche mit der ⬭-Taste, während gerade ein Gespräch aktiv ist, so erscheint ein kleines Popup. Tippen Sie es an, um in die Telefonoberfläche zurückzukehren.

4.10.5 Anruferinfo anzeigen

◆ *Einstellungen/Anruf/Anruferinfo anzeigen*

❶ Standardmäßig zeigt die Telefonoberfläche während eines Gesprächs den zuletzt mit ihm durchgeführten Anruf beziehungsweise gesendete SMS an (❷, Pfeil). Deaktivieren Sie *Anruferinfo anzeigen*, um das Popup abzuschalten.

4.10.6 Anrufsignale

◆ *Einstellungen/Anruf/Anrufsignale*

❶❷ Sie können im *Anrufsignale*-Menü einstellen:

Unter *VIBRATIONEN BEI ANRUFEN:*

- *Beim Annehmen vibrieren*: Sobald der Angerufene abnimmt, vibriert das Handy.

- *Vibration bei Anrufende*: Vibration, wenn Gesprächspartner auflegt.

Unter *RUFSTATUSTÖNE:*

- *Verbindungston*: Piepton, der nach erfolgreicher Anwahl zu hören ist.

- *Minutenton*: Der Minutenton unterstützt Anwender, die auf ihre Telefonkosten achten, durch einen Signalton im 60-Sekunden-Takt.

- *Anrufendeton*: Ertönt zum Gesprächsende.

Unter *SIGNALTÖNE BEIM ANRUF:*

- *Während Anrufen benachrichtigen*: Wecker (siehe *Praxisbuch Teil 2, Kapitel 30.3.1 Alarm*) und Kalenderterminerinnerungen sind auch während des Gesprächs aktiv.

4.10.7 Zubehöreinstellungen

◆ *Einstellungen/Anruf/Anrufzubehör*

Diese Einstellungen sind nur für Nutzer des mitgelieferten Kabelheadsets beziehungsweise Blue-tooth-Headsets interessant.

 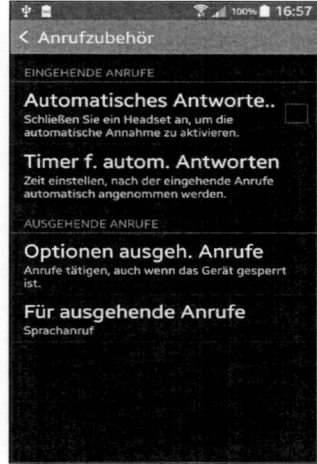 

❶❷ Das *Anrufzubehör*-Menü:

Unter *EINGEHENDE ANRUFE*:

- *Automatisches Antworten*: Eingehende Anrufe automatisch annehmen (interessant, wenn Sie Anrufer immer annehmen müssen).

- *Timer f. autom. Antworten* (❸): Zeitspanne, bis das Handy einen Anruf entgegen nimmt.

Unter *AUSGEHENDE ANRUFE*:

- *Optionen ausgeh. Anrufe*: Sofern das Bluetooth-Headset auch selbst Nummern wählen kann, beispielsweise über Sprachsteuerung, ist der Anruf auch bei aktiver Displaysperre möglich.

- *Für ausgehende Anrufe*: Stellt ein, ob Anrufe über das Bluetooth-Headset als »normaler« Anruf oder über Videotelefonie erfolgen sollen.

Voreingestellt sind Weiterleitungen auf die eigene Mailbox (eigene Rufnummer).

4.10.8 Zusätzliche Einstellungen

◆ *Einstellungen/Anruf/Zusätzliche Einstellungen*

❶❷ Verwenden Sie die *Zusätzlichen Einstellungen* für weitergehende Einstellungen:

- *Anrufer-ID*: stellt ein, ob von Ihnen Angerufene Ihre Rufnummer sehen (»Rufnummern-übermittlung«). Zur Auswahl stehen *Netzwerkstandard* (vorgegebene Einstellung des Mobilnetzbetreibers), *Nummer verbergen* (Rufnummer unterdrücken) und *Nummer anzeigen*.

- *Rufumleitung*: Weiterleitung von eingehenden Anrufen auf einen anderen Anschluss.

- *Automatischer Ländercode*: Befinden Sie sich im Ausland, so müssen Sie eine Länder-vorwahl für Anrufe nach Deutschland eingeben. *Automatischer Ländercode* erspart Ihnen diese Mühe.

- *Anrufsperre*: Ermöglicht es, nur bestimmte ausgehende Anrufe, zum Beispiel inter-nationale Anrufe zu erlauben. Sie benötigen dafür vom Netzbetreiber ein Kennwort. In diesem Buch wird deshalb nicht weiter darauf eingegangen.

- *Anklopfen*: Damit Sie während eines Gesprächs über einen weiteren eingehenden Ruf informiert werden, gibt es das Anklopfen-Merkmal: Geht, während Sie gerade ein Ge-spräch führen, ein weiterer Anruf ein, erscheint ein Hinweisdialog. Viele Handyverträge unterstützen leider kein Anklopfen.

- *Automatische Wahlwiederholung*: Bricht die Verbindung ab, oder ist beim Angerufenen besetzt, so führt das Handy automatisch eine erneute Anwahl durch.

- Verwenden Sie die *Feste Rufnummern,* um nur Anrufe auf bestimmten Rufnummern zu gestatten.

4.10.8.a Rufumleitung

◆ *Einstellungen/Anruf/Zusätzliche Einstellungen/Rufumleitung*

Meistens nutzt man die Rufumleitung, um eingehende Anrufe auf die Mobilbox des Netz-betreibers umzuleiten. Sie können natürlich beispielsweise auch Ihre Festnetznummer eingeben. Beachten Sie aber, dass der Anrufer nur die Kosten für den Anruf zu Ihrer Mobilnetznummer, Sie dagegen die Weiterleitung bezahlen müssen. Weiterleitungen auf die Mailbox sind dagegen für Sie kostenlos.

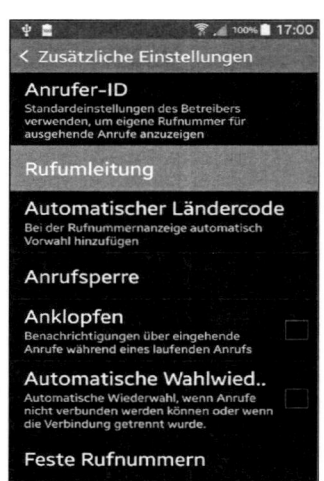 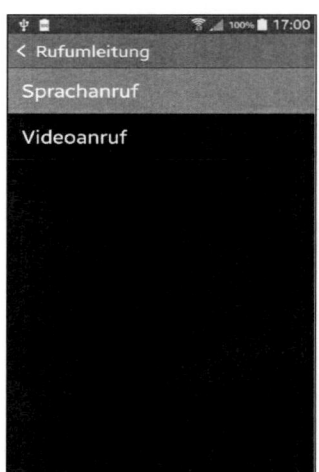

❶❷ Gehen Sie auf *Rufumleitung/Sprachanruf.*

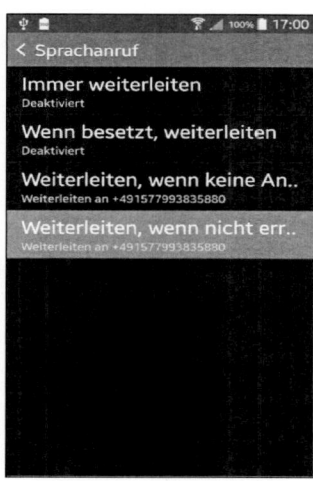 

❶ Dort finden Sie die Optionen:

- *Immer weiterleiten*: Leitet alle eingehenden Anrufe sofort an eine weitere Rufnummer weiter.

- *Wenn besetzt, weiterleiten*: Telefonieren Sie gerade, wird der eingehende Anruf weitergeleitet.

- *Weiterleiten, wenn keine Antwort*: Nach einer vom Netzbetreiber vorgegebenen Zeitspanne werden eingehende Anrufe weitergeleitet.

- *Weiterleiten, wenn nicht erreichbar*: Befinden Sie sich gerade in einem Funkloch oder haben Sie das Handy nicht eingeschaltet, wird der eingehende Anruf weitergeleitet.

❷ Tippen Sie einen Listeneintrag an, um die Weiterleitungsnummer einzugeben, beziehungsweise zu deaktivieren oder aktivieren.

> Voreingestellt sind Weiterleitungen auf die eigene Mailbox (eigene Rufnummer).

4.10.8.b Ländervorwahl im Ausland

◆ *Einstellungen/Anruf/Zusätzliche Einstellungen/Automatischer Ländercode*

Auf dem Galaxy sorgt die Ländercode-Funktion dafür, dass in der Telefonoberfläche immer die Ländervorwahl vorgegeben wird. Dies ist dann nützlich, wenn Sie sich im Ausland befinden und nach Deutschland telefonieren.

❶ Damit Anrufe nach Deutschland funktionieren, sollten Sie die Option *Automatischer Ländercode* aktivieren.

❷ Danach geben Sie Ihren Ländercode, im Fall von Deutschland »+49« ein (für das »+«-Zeichen drücken und halten Sie »0«-Taste).

4.10.8.c Automatische Wahlwiederholung

◆ *Einstellungen/Anruf/Zusätzliche Einstellungen/Automatische Wahlwiederholung*

❶❷ Nach Aktivierung von *Automatische Wahlwiederholung* erscheint bei einer erfolglosen Anwahl ein Hinweis (Pfeil) und das Handy wählt die Nummer nach einigen Sekunden automatisch erneut an – so lange bis entweder der Angerufene abnimmt oder Sie auf der Telefonoberfläche *Beenden* betätigen.

4.10.8.d Feste Rufnummern

◆ *Einstellungen/Anruf/Zusätzliche Einstellungen/Feste Rufnummern*

Wenn ein Handy an Kinder oder andere Personen abgegeben wird, die zu Unfug neigen, kann es sinnvoll sein, die anrufbaren Nummern zu beschränken. Dafür ist die Funktion »feste Rufnummern« gedacht. Die festen Rufnummern werden nicht im Telefon, sondern auf der SIM-Karte gespeichert, sodass die Rufnummernsperre auch, wenn man die SIM-Karte in ein anderes Handy einlegt, aktiv bleibt.

Die Funktion der »festen Rufnummern« kann nur mit der PIN2, die Sie bei Vertragsabschluss von Ihrem Mobilnetzbetreiber erhalten haben, freigeschaltet werden. Einige Anbieter geben keine PIN2 weiter, weshalb deren Kunden die festen Rufnummern nicht nutzen können.

Auf Handys anderer Hersteller heißt die Funktion statt »feste Rufnummern« auch »beschränkte Rufnummern« oder ähnlich.

❶ Gehen Sie zuerst in das Menü *Zusätzliche Einstellungen/Feste Rufnummern.*

❷ Zunächst soll die Rufnummernbeschränkung eingeschaltet werden: Gehen Sie dafür auf *FDN aktivieren*.

❸ Geben Sie Ihre PIN2 ein und bestätigen Sie mit *OK*.

 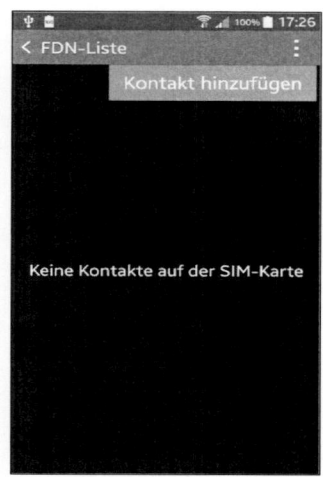 

❶ Nun sind die beschränkten Rufnummern zu erfassen, wozu Sie auf *FDN-Liste* gehen.

❷ Der folgende Bildschirm meldet sich mit *Keine Kontakte auf Ihrer SIM-Karte*. Gehen Sie in ⋮ /*Kontakt hinzufügen*.

❸ Geben Sie Namen, Rufnummer und PIN2 ein und schließen Sie mit *Speichern* ab.

❶ Die beschränkte Rufnummer erscheint in der Auflistung. Über ⋮/*Kontakt hinzufügen* dürfen Sie nun noch weitere Nummern eingeben.

❷ Zum Entfernen einer Nummer aus der Liste tippen Sie diese einfach an und gehen auf ⋮ /*Kontakt löschen*.

  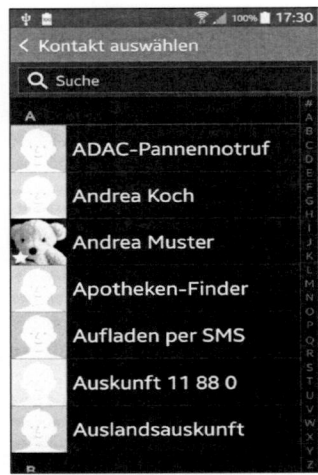

❶ Versuchen Sie, während die Rufnummernbeschränkung aktiv ist, eine andere Nummer als die zuvor in die Liste eingetragenen, anzurufen, bricht das Handy den Anwahlvorgang ab und bringt einen Warnhinweis.

❷❸ Eine Datenübernahme aus dem Telefonbuch ist ebenfalls möglich, indem Sie im Editor auf **⋮** /*Aus Kontakten importieren* gehen. Wählen Sie dann im folgenden Dialog *Kontakte*.

> Damit Sie schnellen Zugriff auf die festen Rufnummern haben, sollten Sie diese als Kurzwahl (siehe Kapitel *4.3 Kurzwahlen*) anlegen.

4.10.9 Klingel- und Tastentöne

◆ *Einstellungen/Anruf/Klingel- und Tastentöne*

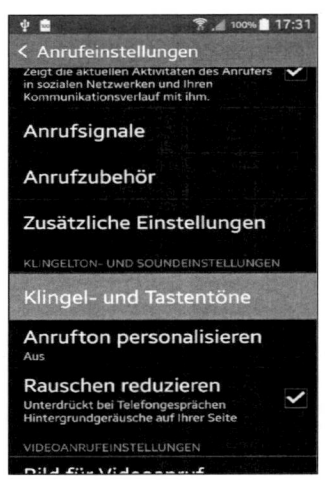  

❶❷ Sie stellen hier ein:

- *Klingeltöne*: Der Klingelton bei eingehenden Anrufen.

- *Vibrationen* (❸): Das Galaxy vibriert bei eingehenden Anrufen. Sie können eines der vorgegebenen Vibrationsmuster nutzen oder über *Einstell* Ihre eigene Vibration festlegen.

- *Beim Klingeln vibrieren*: Die oben unter *Vibrationen* eingestellte Vibration erfolgt erst, wenn Sie *Beim Klingeln vibrieren* aktivieren.

- *Tastentöne*: Akustisches Feedback des Tastenfelds in der Telefonoberfläche.

4.10.10 Gesprächston an den Benutzer anpassen

◆ *Einstellungen/Anruf/Anrufton personalisieren*

Während bis vor ca. 5 Jahren noch Lautsprechertechnik in den Handys verbaut wurde, die meist einen blechernen Klang hatte, ist die Elektronik in modernen Handys inzwischen für die Medienwiedergabe optimiert. Beim Galaxy geht es sogar soweit, dass Sie als Nutzer eines kabelgebundenen Headsets selbst die Wiedergabe optimal an Ihr Hörvermögen anpassen können.

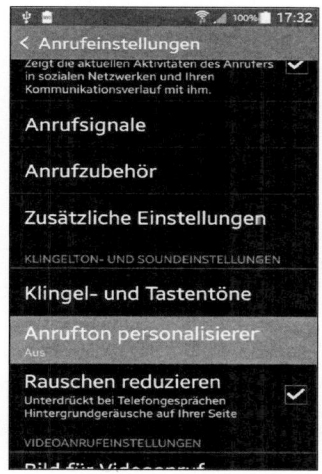 

❶ Gehen Sie auf *Anrufton personalisieren*.

❷ Zur Auswahl stehen:

- *Adapt Sound*: Passt die Audiowiedergabe anhand einer Hörprobe an Ihre individuellen Ansprüche an.

- *Leiser Sound, Klarer Sound*: Eine grobe Equalizer-Einstellung.

- *Aus*: Keine Frequenzanpassung (Standard).

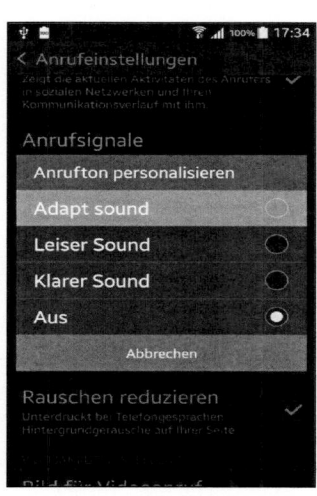 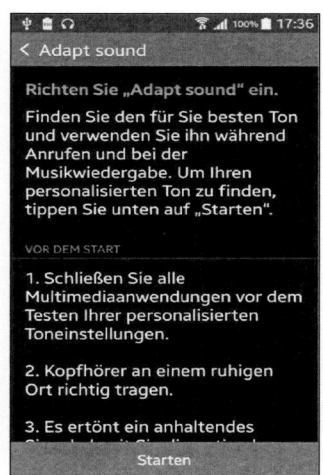 

❶ Eine genauere Einstellung führen Sie über *Adapt Sound* durch. Vergessen Sie nicht, spätestens jetzt das mitgelieferte Kabel-Headset am Galaxy anzuschließen.

❷ Folgen Sie den Bildschirmanweisungen, das heißt, beenden Sie zuvor die Medienwiedergabe in anderen Anwendungen. Betätigen Sie dann *Starten*.

❸ Das Handy einen Hörttest durch, wobei Sie immer mit *Ja* oder *Nein* antworten.

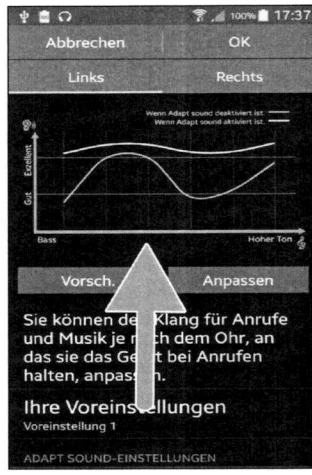 

❶❷ In der Übersicht führen Sie eine Wischgeste für die weiteren Optionen durch: Stellen Sie nun ein, in welchen Fällen die Frequenzoptimierung zum Einsatz kommt. Schließen Sie mit *OK*, worauf Sie das bevorzugte Ohr einstellen müssen.

4.10.11 Rauschen reduzieren

◆ *Einstellungen/Anruf/Rauschen reduzieren*

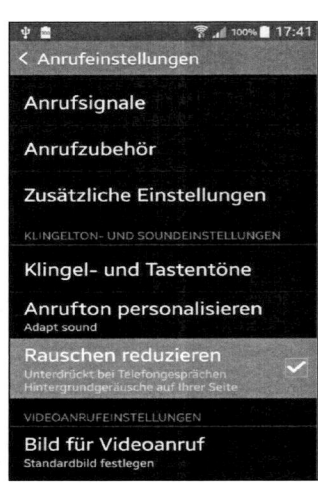

Auch in vergleichsweise ruhigen Umgebungen kommt es während des Telefongesprächs dennoch zu einem Hintergrundrauschen. Das Galaxy verfügt deshalb über ein zweites Mikrofon, das die Umgebungsgeräusche aufzeichnet und dann aus Ihrem Gespräch herausrechnet. Diese Rauschunterdrückung ist allerdings nur möglich, wenn Sie kein Headset angeschlossen haben.

4.10.12 Videoanrufeinstellungen

◆ *Einstellungen/Anruf/Bild für Videoanruf*

Auf die Videotelefonie geht dieses Buch aus verschiedenen Gründen nicht ein; zum einen berechnen die Netzbetreiber dafür horrende Telefonkosten, zum anderen müssen nicht nur beide Handys Videotelefonie unterstützen, sondern auch im UMTS-Netz eingebucht sein. Vielerorts sind die Mobilfunknetze aber nur mit GSM für Telefonie ausgerüstet. Falls Sie dennoch während eines Telefonats ein Livevideo von sich übertragen möchten, empfehlen wir Internet-Chatprogramme aus dem Google Play Store. (siehe Kapitel *Praxisbuch Teil 2*, Kapitel *31.1 Play Store*). Suchen Sie im Play Store einfach nach »Video-Chat«. Alternativ nutzen Sie *Hangouts* in Google+ (siehe Kapitel *15.2 Google+*)

4.10.13 Mailboxeinstellungen

Jeder Mobilnetzbetreiber bietet eine Mailbox mit Anrufbeantworterfunktion für seine Kunden an. Um die Mailbox anzurufen, müssen Sie je nach Netzbetreiber eine andere Nummer anrufen. Beim Samsung Galaxy (und fast allen anderen Handys) ist die Kurzwahl »1« bereits auf die Mailbox eingestellt.

Sofern Sie eine Mailbox nicht benötigen, oder wenn deren Abruf Geld kostet, können Sie sie auch deaktivieren, was meist über das Sprachmenü in der Mailbox möglich ist. Beachten Sie auch unsere Hinweise im Kapitel *Praxisbuch Teil 2*, Kapitel *34.2 Kostenfalle Mailbox im Ausland*.

Die Mailboxnummer stellt das Handy normalerweise automatisch nach dem ersten Einschalten korrekt ein, weshalb Sie wahrscheinlich nie irgendwelche Einstellungen daran vorn

---

4.10.13.a Mailbox

◆ *Einstellungen/Anruf/Mailbox*

❶❷ Das *Mailbox*-Menü ist von Samsung nicht dokumentiert.

4.10.13.b Mailbox-Nummer

◆ *Einstellungen/Anruf/Mailboxeinstellungen*

❶❷❸ Gehen Sie auf *Mailboxeinstellungen/Mobilbox-Nummer* und geben Sie die Rufnummer ein.

4.10.13.c Vibrieren und Hinweiston

◆ *Einstellungen/Anruf/Ton*
◆ *Einstellungen/Anruf/Vibrieren*

❶❷ Über neu vorhandene Mailboxaufnahmen weist das Handy über einen Hinweiston beziehungsweise Vibration hin, welche Sie hier einstellen.

4.10.14 Internet-Telefonie

◆ *Anrufeinstellungen/Konten*
◆ *Anrufeinstellungen/Internetanrufe tätigen*

❶❷ Auf die Internet-Telefonie geht Kapitel *4.9 Internettelefonie* ein.

5. Telefonbuch

Das Telefonbuch speichert, wie der Name schon sagt, alle Kontakte und deren Rufnummern, E-Mail-Adressen und Adressen. Andere Anwendungen, beispielsweise die Nachrichten-Anwendung und die Telefonoberfläche, greifen auf diese Daten zurück.

Das Galaxy zeigt auch SIM-Kontakte (auf der SIM-Karte gespeicherte Rufnummern) im Telefonbuch an. Wir raten allerdings dazu, auf die Telefonkontakte (im Gerätespeicher abgelegte Kontakte) umzusteigen, denn diese bringen zahlreiche Vorteile mit sich. So dürfen Telefonkontakte im Gegensatz zu SIM-Kontakten viele Datenfelder (mehrere Rufnummern, Adresse, Kontaktfoto, Klingelton, usw.) enthalten und man kann ihnen ein Kontaktfoto zuweisen.

Vor der ersten Nutzung des Telefonbuchs sollten Sie das eigene Google-Konto auf dem Galaxy einrichten (siehe Kapitel *15.1 Das Google-Konto*). Ihre angelegten Kontakte werden dann nämlich im Google-Konto gesichert und lassen sich nach einem Zurücksetzen beziehungsweise Datenverlust jederzeit wieder herstellen.

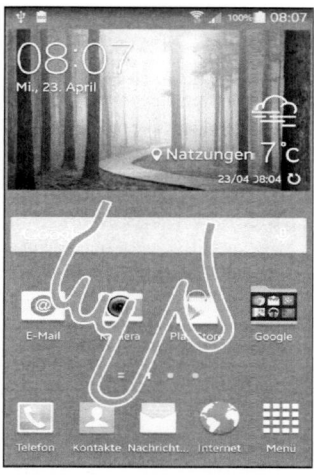 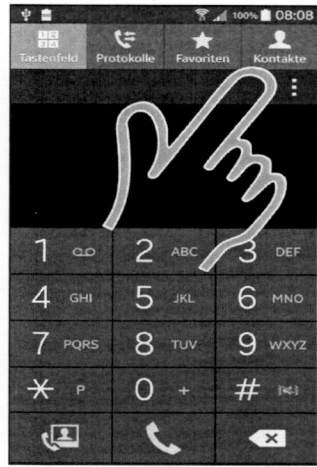

❶ So gelangen Sie ins Telefonbuch: Betätigen Sie im Startbildschirm die *Kontakte*-Schaltleiste.

❷ Alternativ aktivieren Sie in der Telefonoberfläche das *Kontakte*-Register (Pfeil).

❶❷ Im Telefonbuch werden Kontakte der SIM-Karte zusammen mit den Telefonkontakten (im Speicher des Galaxy abgelegte Kontakte) alphabetisch aufgelistet. Tippen Sie einen Kontakt für die Kontaktdetails an, worauf das ▄-Symbol (Pfeil) auf den SIM-Kontakt hinweist.

❸ Durch Antippen des entsprechenden Registers (Pfeil) schalten Sie zwischen verschiedenen Bildschirmen um:

- *Tastenfeld*: Die Telefonoberfläche beschreibt Kapitel *4 Telefonie*.

- *Protokolle*: Liste der Ein- und ausgegangenen Anrufe und SMS (nur sichtbar, wenn Sie das *Telefon*-Register aktivieren. Siehe Kapitel *4.6 Anrufliste (Protokoll)*.

- *Favoriten*: Favoriten sind Kontakte, mit denen man häufiger zu tun hat. Siehe Kapitel *4.2 Favoriten*.

Bei Kontakten, denen ein Foto zugewiesen wurde (siehe *5.6 Kontaktfoto und Klingelton*), erscheint dieses auch in der Auflistung statt dem ♟-Symbol.

5.1 Kontakterfassung

Im Folgenden wird beschrieben, wie Sie Rufnummern im Telefonbuch speichern. Falls Sie dagegen Rufnummern auf der SIM-Karte ablegen möchten, lesen Sie bitte im Kapitel *5.5.1 SIM-Kontakte erstellen und bearbeiten* weiter.

5.1.1 Kontakt im Telefonbuch eingeben

❶ Neue Kontakte werden über + (Pfeil) angelegt.

❷ Beim ersten Mal erscheint eventuell eine Abfrage, worin der Kontakt gespeichert werden soll (*Telefon*, *SIM-Karte* oder *Google*). Wählen Sie dann auf jeden Fall *Google*. Den folgenden Warnhinweis zum Samsung-Konto schließen Sie mit *OK*.

❸ Füllen Sie nun die Eingabefelder aus. Sofern Sie mehrteilige Namen erfassen müssen (»Jasmina Maria Müller« oder »Max Graf von Strach und Witz«), tippen Sie die ⌄-Schaltleiste (Pfeil) an. Sie können nun den mehrteiligen Namen eingeben.

❶ Bevor Sie eine Rufnummer eingeben, tippen Sie auf den Rufnummerntyp (Pfeil).

❷ Stellen Sie die Art der Rufnummer ein, zum Beispiel *Privat*.

❸ Danach geben Sie die Nummer ein. Um das automatisch aufklappende Tastenfeld wieder zu schließen, betätigen Sie die ⤺-Schaltleiste.

Betätigen Sie *Speichern*, was den Kontakt ins Telefonbuch übernimmt.

5.1.2 Weitere Eingabefelder

❶ Weitere Felder:

- *E-Mail:* E-Mail-Adresse des Kontakts.

- *Gruppen*: Weist den Kontakt einer Gruppe zu. Siehe Kapitel *5.9 Gruppen*.

- *Klingelton*: Über das *Klingelton*-Feld weisen Sie dem Kontakt einen speziellen Klingelton zu, der statt dem Standard-Klingelton ertönt, wenn der Kontakt anruft. Siehe auch Kapitel *5.6 Kontaktfoto und Klingelton*.

❷❸ Sofern die vorhandenen Eingabefelder nicht ausreichen, betätigen Sie einfach die jeweilige ✚-Schaltleiste (Pfeil). Daraufhin erscheint ein neues Feld. Die »-«-Schaltleiste entfernt das Feld wieder.

❶❷ Über *Weiteres Feld hzfg* erstellen Sie weitere Eingabefelder, beispielsweise mit der Kontaktadresse. Interessant ist davon insbesondere *Nachrichtenton*, mit dem Sie ein Audiosignal für eingehende SMS und E-Mails des Kontakts festlegen.

5.1.3 Kontakt aus Telefonoberfläche übernehmen

❶ Sie können in der Telefonoberfläche eine von Ihnen eingegebene Rufnummer über die *Zu Kontakten hinzufügen*-Schaltleiste (Pfeil) ins Telefonbuch übernehmen.

❷ Wenn Sie ein Telefonat mit jemandem geführt haben, der sich noch nicht in Ihrem Telefonbuch befindet, erscheint zudem automatisch nach Gesprächsende eine Abfrage. Betätigen Sie dann *Neuer Kontakt*, beziehungsweise *Vorhandene aktualisieren* (Rufnummer einem bereits vorhandenen Kontakt zuweisen).

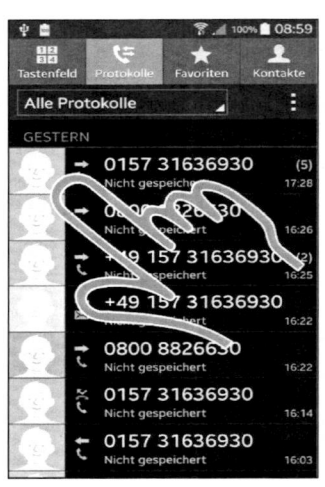 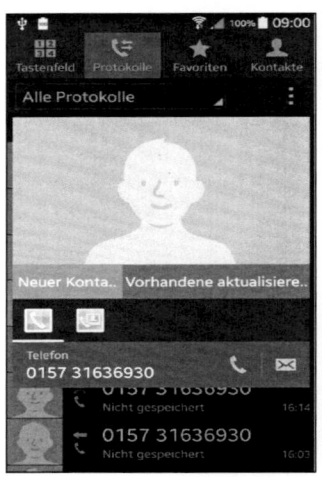

❶ Über die Anrufliste (siehe Kapitel *4.6 Anrufliste (Protokoll)*) der Telefonoberfläche ist es ebenfalls möglich, Rufnummern in die Kontaktverwaltung zu übernehmen. Tippen Sie dafür auf das Kontaktfoto.

❷ Wählen Sie dann aus, ob Sie mit der Rufnummer einen neuen Kontakt erstellen oder die Nummer einem vorhandenen Kontakt zuweisen möchten.

5.1.4 Visitenkarten

Der Austausch von Visitenkarten gehört heute im Geschäftsleben immer noch zum guten Ton, auch wenn es inzwischen einfachere Möglichkeiten des (elektronischen) Kontaktdatenaustauschs gibt. Mit Ihrem Galaxy ist es aber kein Problem, eine Papier-Visitenkarte ins Telefonbuch zu übernehmen.

❶ Suchen Sie zunächst einen gut ausgeleuchteten Raum, wo Sie die zu übernehmende Visitenkarte auf einen Tisch legen. Rufen Sie dann ⁝/*Visitenkarten* auf.

❷ Betätigen Sie **+** (Pfeil).

❸ Sie müssen nun das Handy waagerecht auf die Visitenkamera halten, während die Kamera automatisch ein Foto erstellt.

❶❷ Anschließend korrigieren Sie die falsch übernommenen Daten und betätigen *Speichern*.

  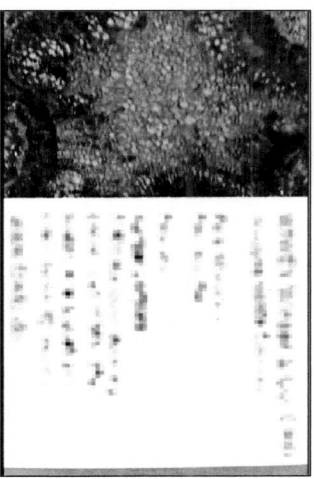

❶ Die eingelesenen Visitenkarten erscheinen als ganz normale Kontakte in der Kontaktauflistung.

❷❸ Alternativ finden Sie die Visitenkarten unter ⁝/*Visitenkarten*. Tippen Sie eine Visitenkarte für die vergrößerte Ansicht an.

5.2 Kontakt bearbeiten

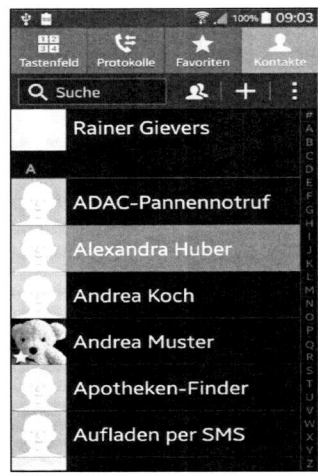  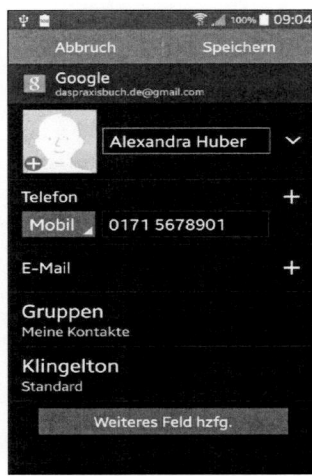

❶ Tippen Sie kurz einen Kontakt für die Kontaktdetails an.

❷❸ Bearbeiten Sie den Kontakt mit ✎. Alternativ entfernen Sie ihn über ⋮/*Löschen*.

5.3 Listen- und Detailanzeige

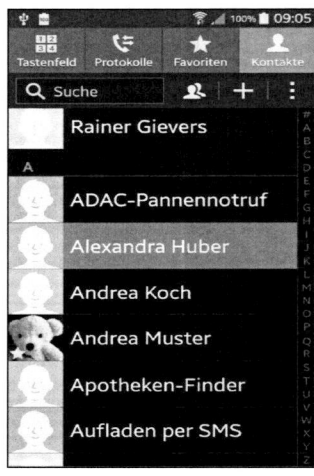 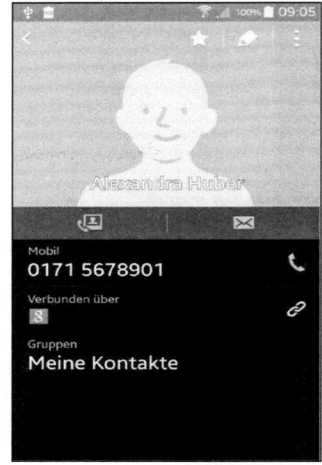

❶ Die Kontakte werden standardmäßig in einer alphabetisch sortierten Liste, nach Namen sortiert, angezeigt. Tippen Sie einen Eintrag an.

❷ Es erscheinen nun die Kontaktdetails.

5.4 Verknüpfungen

Eine Besonderheit des Telefonbuchs ist, dass man mehrere Kontakte miteinander »verknüpfen« kann. Wenn Sie beispielsweise einen Freund haben, der in einer Firma arbeitet, so haben Sie vielleicht zwei Kontakteinträge, einmal mit seiner Privat- und einmal mit seiner Bürorufnummer und Adresse angelegt. Auf dem Galaxy können Sie nun diese zwei Kontakteinträge in einem Kontakt zusammenführen (»verknüpfen«). Dieses Beispiel ist zugegebenermaßen etwas gestellt, soll aber die grundsätzliche Vorgehensweise zeigen.

Sinn macht das »Verknüpfen« erst mit der Option, Kontakte vom eigenen Facebook- und Google-Konto in das Galaxy zu importieren. Wir gehen darauf noch im Kapitel *15.4 Soziale Netzwerke und das Telefonbuch* genauer ein. Es soll hier der Hinweis reichen, dass man zwei oder mehrere Kontakte zu einem Kontakteintrag zusammenführen kann.

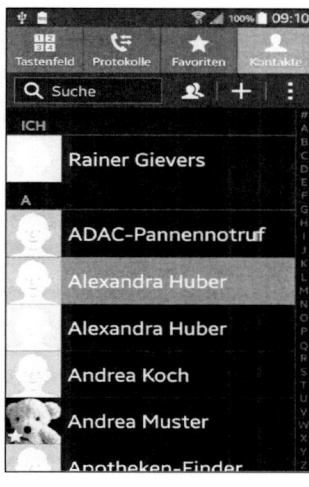 

❶ Beispiel: Sie haben zweimal den Kontakt *Alexandra Huber* im Telefonbuch, möchten diesen aber zu einem Kontakt zusammenführen. Tippen Sie kurz einen der beiden Einträge an.

❷ In den Kontaktdetails betätigen Sie 🔗 (Pfeil).

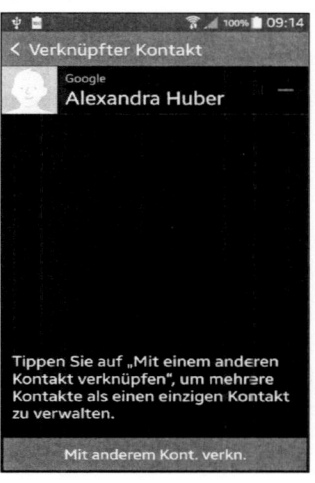  

❶ Betätigen Sie *Mit anderem Kont. verkn.*

❷ Haken Sie einen oder mehrere Kontakteinträge ab und schließen Sie den Bildschirm mit *Fertig*.

❸ Verlassen Sie den folgenden Bildschirm mit der ⬅-Taste.

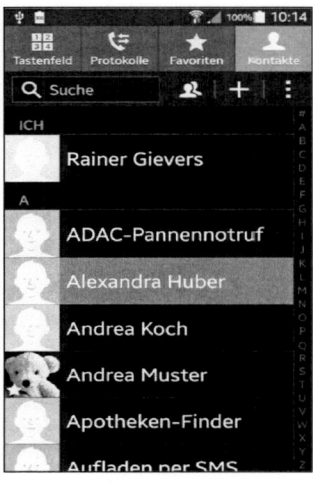 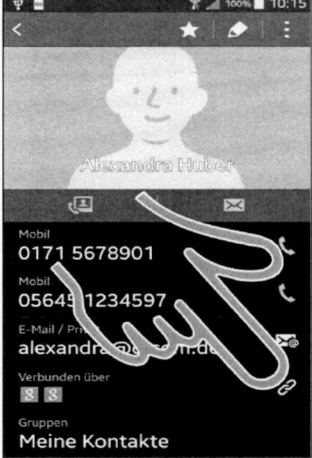 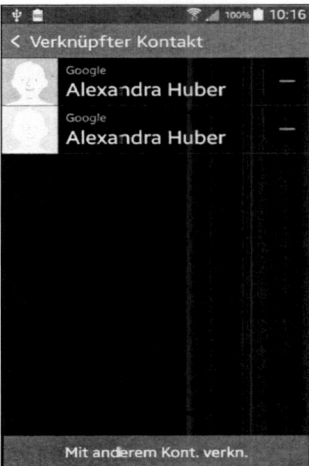

❶ Tippen Sie einen Eintrag kurz an, zu dem Sie Verknüpfungen erstellt haben.

❷ Sie befinden sich in den Kontaktdetails, wo nun unter »*Verbunden über*« mehrere Symbole erscheinen. Außerdem werden die Telefonnummern aller verknüpften Kontakte anzeigt. Betätigen Sie ✄ (Pfeil).

❸ Das Antippen einer »-«-Schaltleiste löst die Verknüpfung auf. Alternativ fügen Sie über *Mit anderem Kont. verkn.* weitere Verknüpfungen hinzu.

 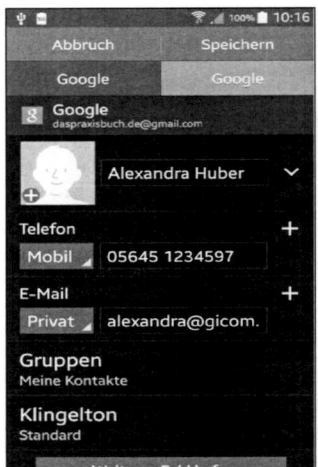

❶❷ Wenn Sie später einen Kontakteintrag mit enthaltenen Verknüpfungen bearbeiten, wechseln Sie mit den Registern am oberen Bildschirmrand zwischen den verknüpften Kontakten.

5.5 Die SIM-Karte

Das Telefonbuch blendet auf Wunsch die Telefonnummern auf der SIM-Karte (»SIM-Kontakte« ein. Beachten Sie, dass Sie bei den SIM-Kontakten auf Komfortfunktionen darunter die Option, ein Kontaktfoto zuzuweisen, verzichten müssen.

Früher sprach für die SIM-Kontakte, dass man die SIM-Karte einfach aus dem Handy nahm, in ein anderes Handy einsteckte und dann sofort wieder die SIM-Kontakte im Telefonbuch hatte. Dies hat sich inzwischen geändert, denn die modernen Micro-SIM-Karten sind nicht für häufigen Handywechsel ausgelegt. Android-Handys wie das Galaxy speichern die Telefonbuchkontakte im Google-Konto auf einem Internetserver ab; die Kontakte werden dann automatisch auf ein anderes Android-Handy übernommen, sobald man sich dort mit dem gleichen Google-Konto anmeldet (siehe dazu auch Kapitel *15.1 Das Google-Konto*).

5.5.1 SIM-Kontakte erstellen und bearbeiten

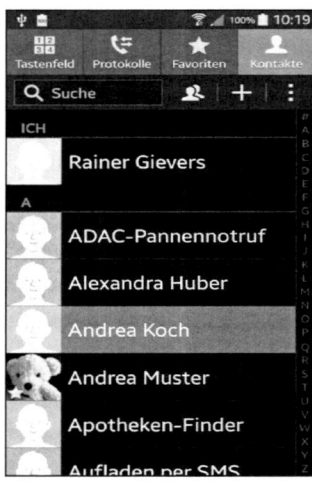  

❶ Sie finden die SIM-Nummern in der Kontaktverwaltung und Telefonoberfläche zwischen den »normalen« Telefonkontakten.

❷ Erst in den Kontaktdetails, die nach dem Antippen des SIM-Kontakts erscheinen, weist ein ▰-

Symbol auf den SIM-Kontakt hin. Es lassen sich sich nur Rufnummer und Name bearbeiten. Betätigen Sie dafür ♠.

5.6 Kontaktfoto und Klingelton

Jedem Kontakt können Sie ein Kontaktfoto und einen Klingelton zuordnen, welche bei eingehenden Anrufen angezeigt, beziehungsweise abgespielt, werden.

  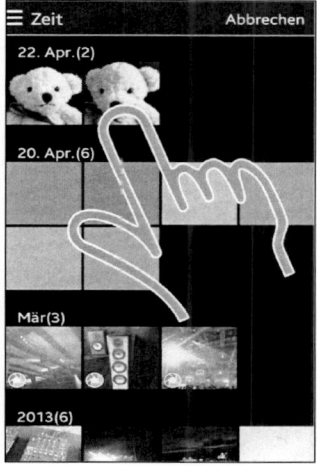

❶ Um ein Kontaktfoto zuzuweisen, tippen Sie im Bearbeitungsbildschirm auf die Silhouette (Pfeil).

❷ Zur Auswahl stehen nun *Bild* (Verwenden eines bereits auf Speicherkarte vorhandenen Fotos), *Getaggte Bilder* (Fotos, die in der Galerie-Anwendung mit einer Markierung versehen wurden) oder *Foto aufnehmen*. Gehen Sie auf *Bild*.

❸ In der Fotoauflistung tippen Sie ein Foto an.

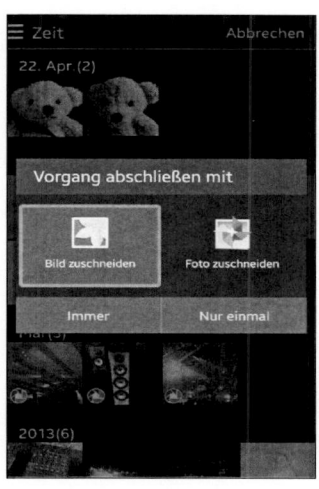  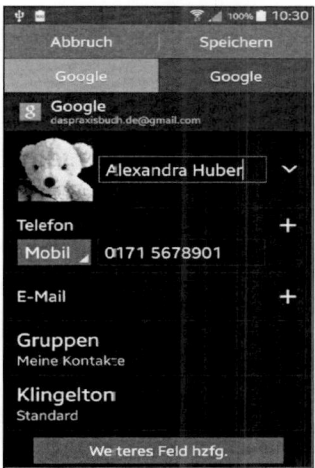

❶ Wählen Sie die vorgegebene Auswahl *Bild zuschneiden* und betätigen Sie *Nur einmal.*

❷ Mit dem Finger können Sie nun den Bildausschnitt verschieben, oder falls nötig, den Bildausschnitt vergrößern. Für letzteres halten Sie den Finger auf die orangefarbige Umrandung und ziehen dann nach außen oder innen. Schließen Sie den Bildschirm mit *Speichern*.

❸ Das Kontaktfoto erscheint im Bearbeitungsbildschirm, den Sie mit *Speichern* schließen.

❶❷ Auch in den Kontaktdetails und der Kontaktauflistung erscheint das Kontaktfoto.

> Sie können ein Kontaktfoto auch mit der Galerie-Anwendung erstellen. Siehe *Praxisbuch Teil 2*, Kapitel *20.3.1 Einzelnes Bild bearbeiten*.

 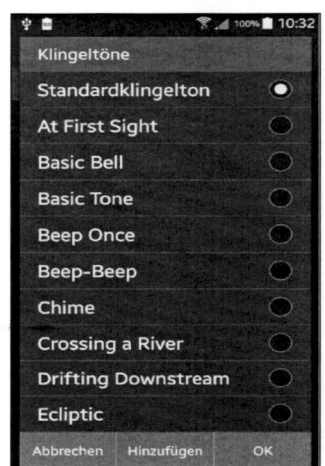

❶ Über das *Klingelton*-Feld weisen Sie dem Kontakt einen speziellen Klingelton zu.

❷❸ Zur Auswahl stehen dann diverse Klingeltöne. Verwenden Sie *Standardklingelton* um den für alle Anrufe verwendete Klingelton einzustellen (deaktiviert den kontaktabhängigen Klingelton).

> Wie Sie eigene MP3-Songs als Klingeltöne auf dem Galaxy einrichten, erfahren Sie im Kapitel *3.14.1 Signaltöne*.
>
> Der kontaktabhängige Klingelton funktioniert natürlich nur, wenn der Anrufer seine Rufnummer nicht unterdrückt.

Geht ein Anruf ein, wird neben dem Kontaktfoto der zugehörige Klingelton abgespielt.

5.7 Suchen

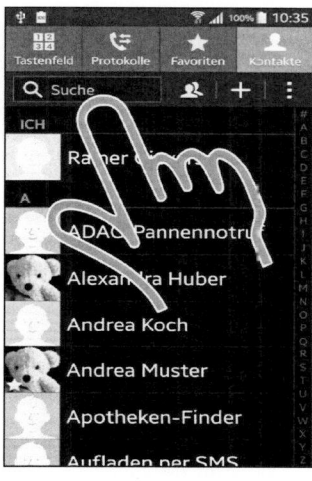

❶ Es ist nicht unbedingt notwendig, umständlich durch Halten und Ziehen des Fingers in der Kontaktauflistung zu blättern. Tippen Sie oben ins Suchfeld und geben Sie den gesuchten Namen ein. Betätigen Sie dann 🔍 im Tastenfeld.

❷ Zu den eingegebenen Buchstaben, beziehungsweise Namen, zeigt das Handy die passenden Kontakte an. Dabei werden Nach- und Vorname der Kontakte durchsucht. Tippen Sie eine der Fundstellen an, um dessen Details anzuzeigen. Die Suche beenden Sie mit der ✕-Schaltleiste neben dem Suchfeld.

❶❷ Für ein schnelles Blättern sorgt die Buchstabenleiste rechts. Halten Sie dort den Finger angedrückt und ziehen Sie nun nach oben oder unten. In der Bildschirmmitte zeigt das Telefonbuch währenddessen den Anfangsbuchstaben an, zu dem Sie nach Loslassen des Fingers springen.

❸ Eine Feinauswahl mit zwei Anfangsbuchstaben erfolgt, wenn Sie den angedrückten Finger von der ABC-Leiste nach links ziehen. Wählen Sie dann einen der Buchstaben aus.

5.8 Eigene Kontaktkarte

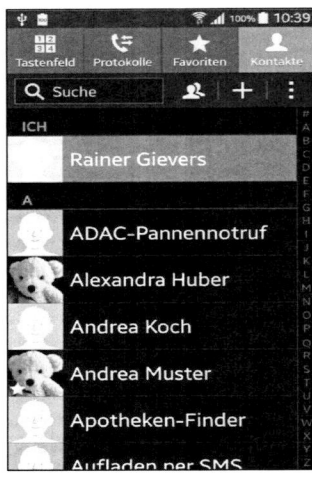 

❶ Unter *ICH* finden Sie ihre »Visitenkarte«.

❷ Ihre Kontaktdaten editieren Sie wie einen »normalen« Kontakt, über die ♠-Schaltleiste.

❶ Zum Verschicken Ihrer »elektronischen Visitenkarte« gehen Sie zuerst wieder Ihren Kontakt-eintrag und dann auf ⋮/*Visitenkarte freigeben* (⋮/*Kontaktinformationen senden* verschickt Ihre Visitenkarte per SMS).

❸ Wählen Sie nun den Versandweg aus:

*   *Bluetooth*: Kontaktdaten über Bluetooth versenden. Bluetooth erläutert *Praxisbuch Teil 2*, Kapitel *26 Bluetooth*.

*   *ChatON*: Samsung-eigener Chatdienst, auf den dieses Buch nicht weiter eingeht.

*   *Drive*: Im Online-Speicher gleichen Namens abblegen (siehe *Praxisbuch Teil 2*, Kapitel *30.13 Google Drive*).

*   *E-Mail; Gmail*: Kontaktdaten als VCF-Datei im Dateianhang einer E-Mail versenden. Gmail beschreibt Kapitel *9 Gmail*, zu *Samsung E-Mail* siehe Kapitel *10 E-Mail*.

*   *MyBoard*: Ein Online-Speicher auf den dieses Buch nicht weiter eingeht.

*   *Nachrichten*: Kontaktdaten als VCF-Datei in einer SMS versenden. SMS beschreibt

Kapitel *6 Nachrichten (SMS)*.

- *Wi-Fi Direct*: Kontaktdaten per Wi-Fi Direct (siehe Kapitel *Praxisbuch Teil 2,* Kapitel *23.1 Wi-Fi Direct*) versenden.

- *Zu Dropbox hinzufügen*: Als VCF-Datei in Dropbox (siehe Kapitel *14 Dropbox*) speichern.

Der Empfänger kann dann die empfangenen Kontaktdaten in sein Telefonbuch übernehmen.

5.9 Gruppen

Das Gruppen-Feature ist sehr nützlich, wenn Sie des öfteren mehreren Personen die gleiche SMS oder E-Mail schicken müssen. Ein Einsatzbeispiel wäre zum Beispiel das Versenden von Rundschreiben an Vereinsmitglieder oder Firmenmitarbeiter. Legen Sie dazu einfach eine Gruppe an, denen Sie Kontakte zuweisen. Vor dem Senden einer SMS oder E-Mail wählen Sie die Gruppe als Empfänger aus. Ein Kontakt darf auch mehreren Gruppen gleichzeitig angehören.

❶❷ In der Kontaktverwaltung schalten Sie über ⬥ (Pfeil) auf die Gruppen um.

5.9.1 Gruppe anlegen

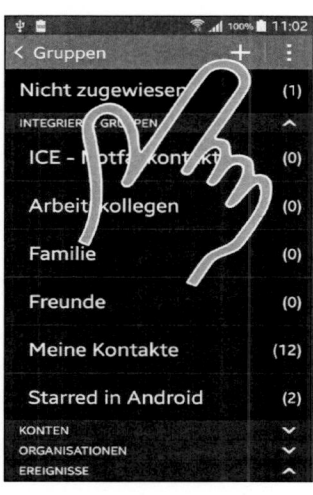  

❶ Zur Neuanlage einer Gruppe gehen Sie auf ✚.

❷ Geben Sie den Gruppennamen ein und betätigen Sie *Speichern*. Optional lässt sich hier auch ein *Gruppenton* (Klingelton), *Gruppennachrichtenton* (E-Mails und SMS) beziehungsweise *Gruppenvibrationsmuster* festlegen. Diese Signalisierungen kommen jeweils zum Einsatz, wenn Sie von einem Gruppenmitglied kontaktiert werden.

❸ Die neue Gruppe erscheint in der Auflistung.

  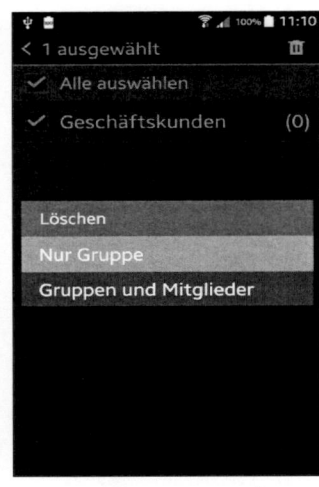

❶ Tippen und halten Sie den Finger über Gruppen, die Sie löschen oder bearbeiten möchten.

❷❸ Zum Löschen der Gruppe gehen Sie auf 🗑 und wählen Sie *Nur Gruppe* aus.

5.9.2 Kontakte einer Gruppe hinzufügen

  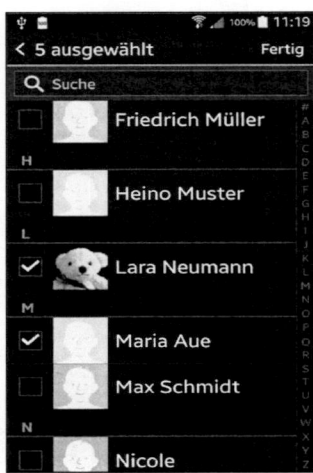

❶ Tippen Sie die Gruppe an.

❷ Gehen Sie auf ➕ (Pfeil).

❸ Aktivieren Sie alle Einträge der Kontaktauflistung welche in die Gruppe sollen und betätigen Sie *Fertig*.

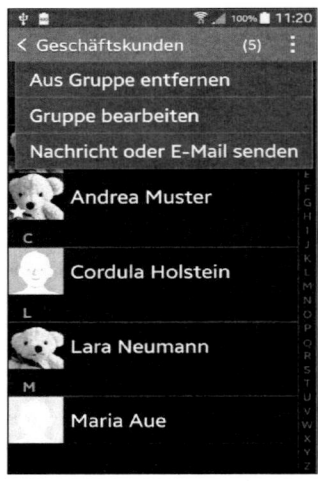 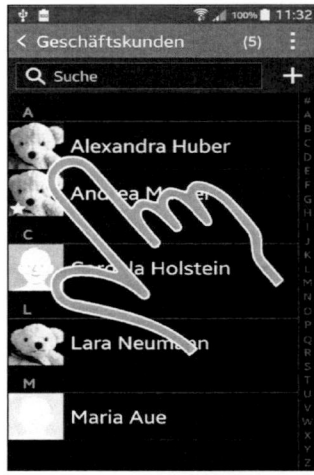 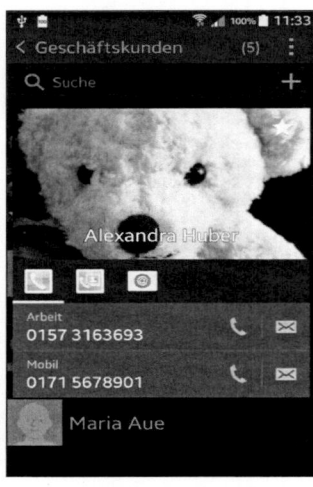

❶ Aktivieren Sie das ⋮-*Menü* für folgende Funktionen:

- *Aus Gruppe entfernen:* Personen wieder aus Gruppe entfernen.

- *Gruppe bearbeiten*: Gruppennamen und Klingelton anpassen.

- *Nachricht oder E-Mail senden*: Eine SMS oder E-Mail an bestimmte Gruppenmitglieder senden.

Mit der **+**-Schaltleiste oben rechts fügen Sie weitere Kontakte der Gruppe hinzu.

❷❸ In der Kontaktauflistung einer Gruppe stehen viele der gewohnten Telefonbuch-Funktionen zur Verfügung, beispielsweise öffnet ein Antippen des Kontaktfotos ein Popup mit Kommunikationsfunktionen.

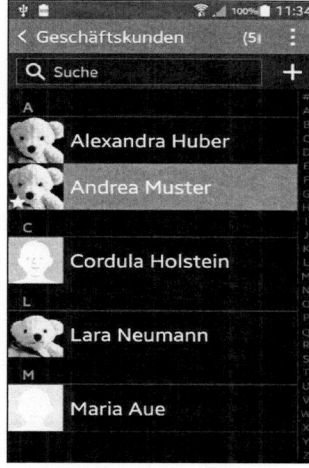 

❶❷ So entfernen Sie Kontakte wieder aus einer Gruppe: Tippen und halten Sie den Finger auf einem Kontakt, bis dieser abgehakt ist. Sie können nun weitere Kontakte abhaken und mit 🗑 löschen.

❶ Schon bei der Kontaktanlage und Bearbeitung lassen sich die Gruppen zuweisen: Betätigen Sie die Schaltleiste unter *Gruppen*.

❷❸ Aktivieren Sie die Gruppen und betätigen Sie *Speichern*.

5.10 Kontakte im Startbildschirm

Im Startbildschirm lassen sich Verknüpfungen auf Kontakte anlegen, um den Zugriff zu erleichtern. Zum Einsatz kommen dabei sogenannte Widgets (weitere Infos zu den Widgets finden Sie im Kapitel *3.7.3 Widgets*).

5.10.1 Direktwahl

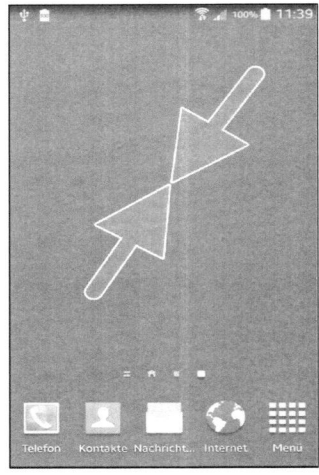 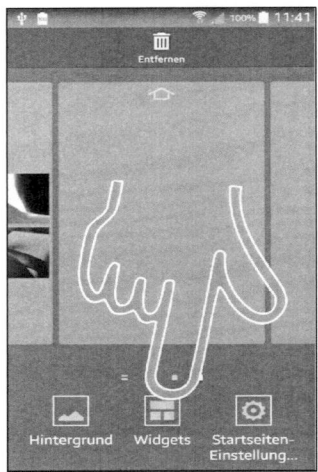

❶ Wechseln Sie zuerst mit mehreren Wischgesten nach links oder rechts in eine freie Seite des Startbildschirms (löschen Sie gegebenenfalls, wie im Kapitel *3.7.1 Startbildschirm vorbereiten* beschrieben, nicht benötigte Widgets auf einer Startbildschirmseite). Führen Sie dann eine Kneifgeste durch und rufen Sie *Widgets* auf.

❷ Aktivieren Sie das *Widgets*-Register.

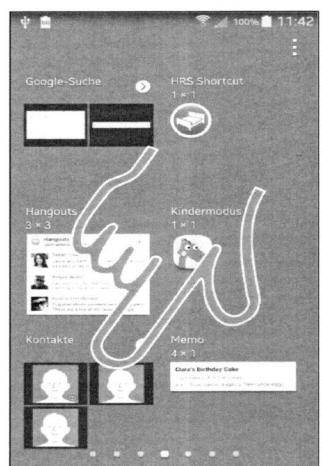 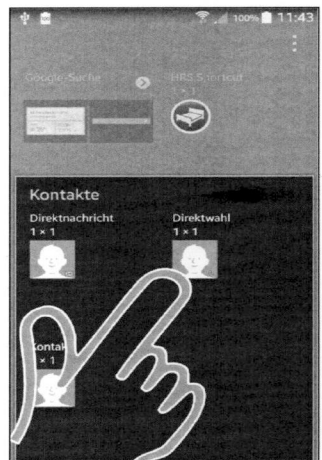 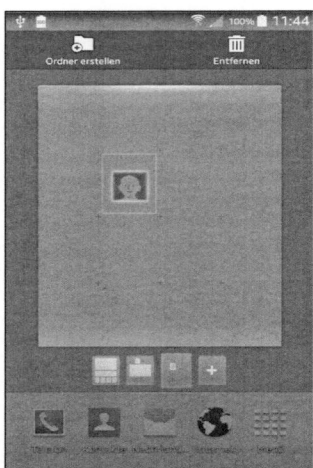

❶ Tippen Sie kurz auf *Kontakte.*

❷❸ Tippen und halten Sie nun den Finger auf *Direktnachricht, Direktwahl* oder *Kontakt,* bis das Galaxy zum Bearbeitungsbildschirm wechselt, lassen Sie aber noch nicht sofort los, sondern platzieren Sie das Widget an der gewünschten Position.

 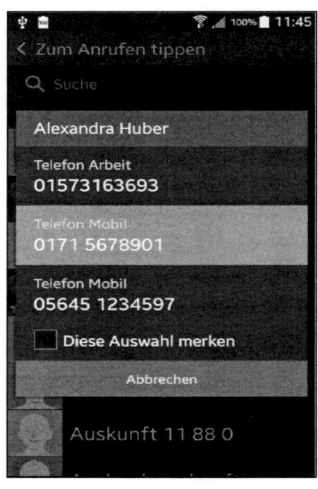 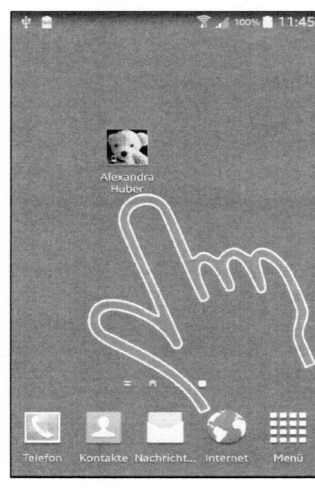

❶ Gehen Sie im Telefonbuch auf einen Kontakt.

❷ In der Liste wählen Sie eine Rufnummer aus...

❸ ...worauf die Kurzwahl nun im Startbildschirm erscheint (Pfeil). Antippen der Verknüpfung löst die zugehörige Funktion aus:

- *Direktnachricht*: SMS an Kontakt erstellen.
- *Direktwahl*: Kontakt anrufen.
- *Kontakt*: Kontaktdaten anzeigen.

5.11 Einstellungen

 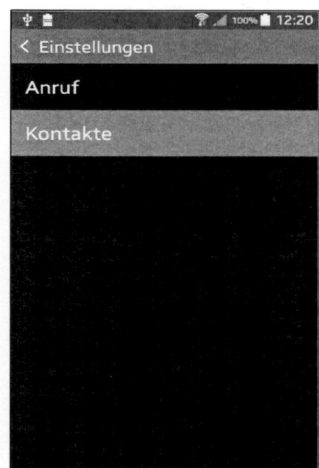 

❶❷ Gehen Sie auf ⋮/*Einstellungen/Kontakte*.

❸ Die verfügbaren Optionen:

- *Importieren/Exportieren*: Kontakte (im VCF-Dateiformat) von einer eingelegten Speicherkarte importieren, Kontakte exportieren oder SIM-Kontakte importieren/exportieren.

- *Anzuzeigende Kontakte*: Stellen Sie ein, welche Datenquellen (unter anderem Gerätespeicher, Google-Konto und SIM-Karte) bei der Kontaktanzeige berücksichtigt werden.

- *Streichen für Anr./Nachricht*: Führen Sie über einem Eintrag in der Kontaktauflistung eine horizontale Wischgeste durch, um den Kontakt anzurufen oder ihm eine SMS zu schicken.

- *Nur Kontakte mit Telefonnr.*: Blendet falsch angelegte Kontakte, die ein leeres Namensfeld aufweisen, aus.

- *Sortieren nach*: Sortierung der Kontaktliste nach *Vorname* oder *Nachname*.

- *Kontakte anzeigen nach*: In der Kontaktliste erscheinen wahlweise der Vorname oder Nachname zuerst.

- *Dienstnummern*: Dies ist ein altertümliche Service der Mobilnetzbetreiber.

- *Kontaktinformationen senden*: Sofern Sie mehrere Kontaktdaten per E-Mail oder Bluetooth versenden, fasst sie das Galaxy vor dem Sendevorgang in einer VCF-Datei zusammen. Alternativ können Sie auch einstellen, dass alle Kontaktdaten als Einzeldatei verschickt werden, was aber nur für Empfänger Sinn macht, die noch ein Uralt-Handy einsetzen. Wir raten daher, die Voreinstellung *Zusammen senden* nicht zu ändern.

- *Konten*: Verwaltet die Datenquellen, aus dem die Kontakte entnommen werden (in der Regel das Google-Konto). Siehe dazu auch Kapitel *15.1 Das Google-Konto*.

6. Nachrichten (SMS)

In der Nachrichten-Anwendung verwalten Sie Ihre SMS und MMS.

 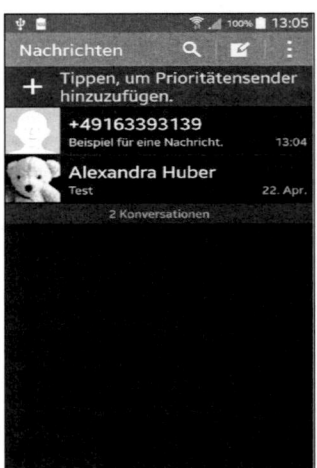

❶❷ Sie starten die Nachrichten-Anwendung, indem Sie einfach *Nachrichten* (Pfeil) im Startbildschirm oder Hauptmenü antippen.

6.1 Nachrichtenanzeige

Die von älteren Handys gewohnte Aufteilung nach den Ordnern »Posteingang« und »Postausgang« gibt es beim Galaxy nicht. Stattdessen werden alle Nachrichten nach Kontakt sortiert abgelegt.

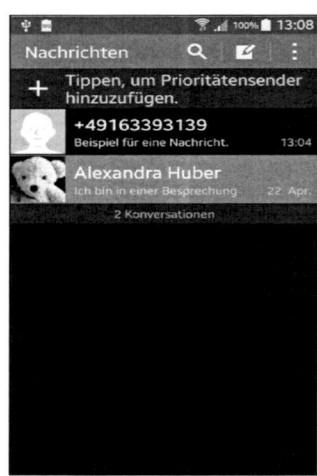 

❶❷ Bereits im Hauptbildschirm zeigt die Nachrichten-Anwendung alle Kontakte an, mit denen
man geschrieben hat. Wählt man einen Kontakt aus, so zeigt das Handy alle empfangenen und
gesendeten Nachrichten des Kontakts als Verlauf (»Thread«) an.

> Im weiteren Verlauf des SMS-Kapitels erfahren Sie, wie man die Nachrichtenverläufe ver-
> waltet.

6.2 Nachricht senden

SMS lassen sich direkt aus der Telefonoberfläche, der Kontaktverwaltung oder aus der Anrufliste
senden.

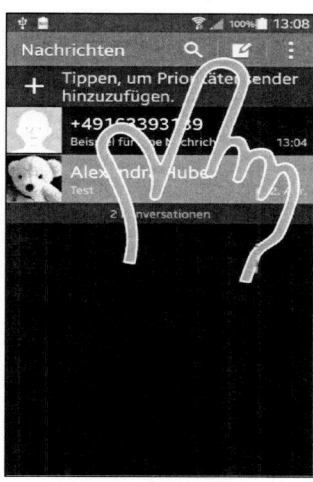  

❶ Gehen Sie in der Nachrichten-Anwendung auf ✍.

❷ Der Eingabebildschirm erscheint und der Cursor steht in der Empfängereingabezeile.

❸ Geben Sie dort den Empfängernamen ein. Während der Eingabe listet das Handy alle Kontakte auf, in denen der Name vorkommt. Wählen Sie einen davon aus.

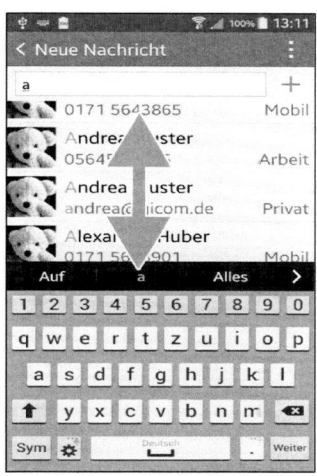 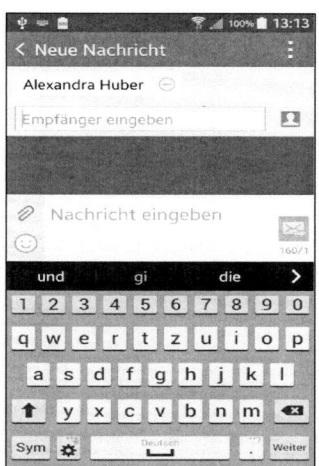

❶ Manchmal ist die Fundstellenliste sehr lang. In solchen Fällen tippen und halten Sie den Finger auf der Liste, danach ziehen Sie den Finger nach oben oder unten zum Durchrollen.

❷ Der von Ihnen in der Liste angetippte Kontakt erscheint im *An*-Feld.

❶❷ Über die nummerischen Tasten lassen sich bequem auch Rufnummern direkt eingeben, falls mal ein Kommunikationspartner nicht im Telefonbuch enthalten ist.

> Weitere Informationen zum Tastenfeld finden Sie im *Praxisbuch Teil 2*, Kapitel *33 Eingabe-methoden*.

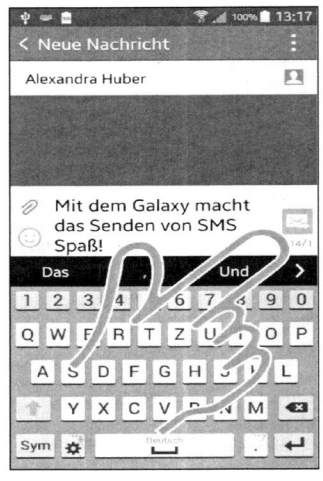  

❶❷ Nach Betätigen der ✉-Taste erfolgt der Versand und die Nachrichten-Anwendung schaltet auf den Nachrichtenverlauf um.

❸ Zweimaliges Antippen der ⤺-Taste (beim ersten Antippen schließt sich das Tastenfeld) bringt Sie wieder in den Hauptbildschirm der Nachrichten-Anwendung zurück.

6.2.1 Mehrere Empfänger eingeben

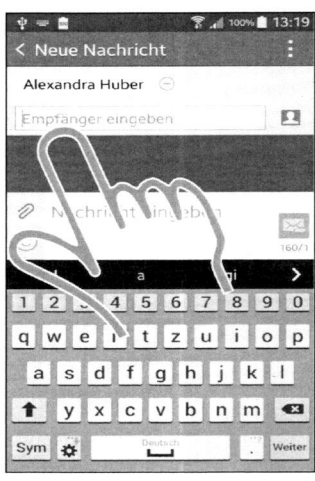  

❶ Manchmal kommt es vor, dass eine Nachricht an mehrere Empfänger gehen soll. In diesem Fall tippen Sie einfach erneut in die Adressleiste (Pfeil).

❷❸ Geben Sie nun, wie bereits bei der Eingabe des ersten Kontakts gezeigt, vor.

❶ Alternativ betätigen Sie ▣ (Pfeil), um den Empfänger aus dem Telefonbuch zu entnehmen.

❷❸ Aktivieren Sie dann ein oder mehrere Kontakte, welche die SMS erhalten sollen und schließen Sie den Bildschirm mit *Fertig*.

6.2.2 Kontakt aus Telefonbuch

❶❷ Im einfachsten Fall tippen Sie im Telefonbuch (siehe Kapitel *5 Telefonbuch*) auf das Kontaktfoto, worauf ein Popup erscheint, worin Sie hinter der Rufnummer auf ✉ tippen.

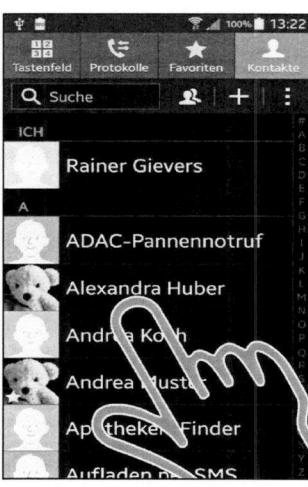 

❶❷ Alternativ tippen Sie den Kontaktnamen an und können in den Kontaktdetails mit ✉ (Pfeil) die Nachricht erstellen.

6.2.3 Nachricht aus Nachrichtenverlauf

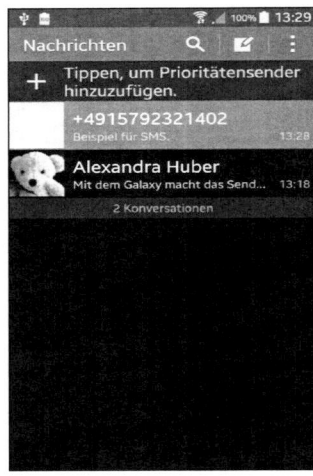  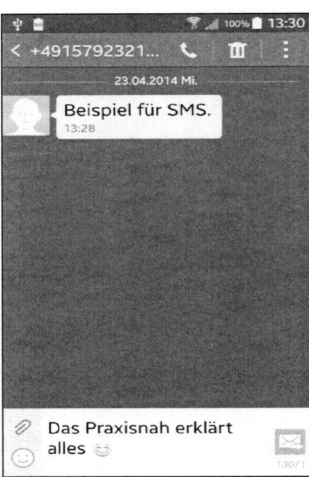

❶ Auch im Nachrichtenverlauf können Sie direkt eine Nachricht eingeben. Dazu tippen Sie den Verlauf an.

❷❸ Tippen Sie gegebenenfalls in das Eingabefeld und erfassen Sie Ihre Nachricht. Betätigen Sie nun ✉.

Damit ist Ihre SMS verschickt und eine weitere Sprechblase mit Ihrer Antwort erscheint im Nachrichtenverlauf.

> Ihre SMS sollte nicht länger als 160 Zeichen sein. Wenn Sie dennoch einen längeren Text eingeben, erzeugt das Handy beim Versand automatisch mehrere Nachrichten, die beim Empfänger wieder zusammengesetzt werden. Der Netzbetreiber berechnet davon aber jede SMS einzeln, was zu sehr hohen Kosten führen kann.

6.2.4 Nachricht aus Anrufliste

Es gibt gleich mehrere Möglichkeiten, wie Sie eine SMS aus der Anrufliste (siehe Kapitel *4.6 Anrufliste (Protokoll)*) versenden.

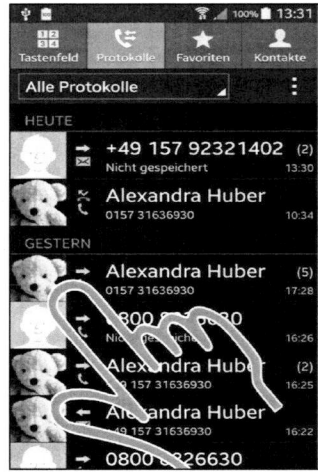 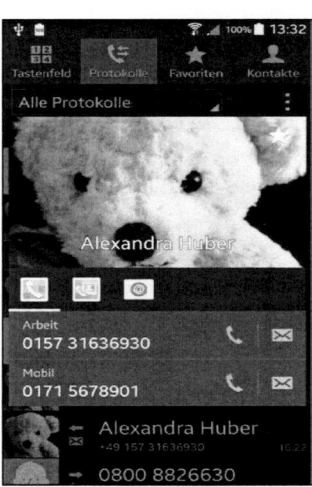

❶❷ Tippen Sie kurz auf das Kontaktfoto (Pfeil), dann erscheint ein Popup, worin Sie das ✉ antippen.

SMS sind nicht nur ins Mobilnetz, sondern auch an Festnetznummern möglich. Wenn ein Festnetzanschluss mit SMS-fähigen Endgeräten (in der Regel DECT-Telefone) ausgestattet ist, lassen sich die Kurznachrichten dort abrufen und beantworten. Bei Festnetzanschlüssen ohne SMS-Unterstützung ruft eine Mailbox des Netzbetreibers an und liest die Kurznachricht vor.

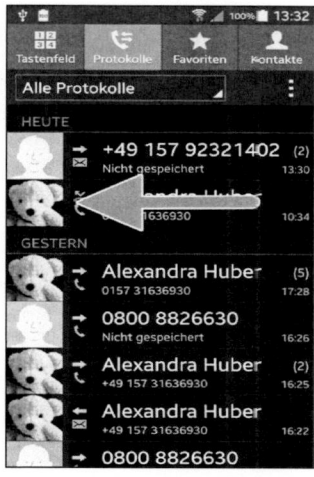 

❶❷ Ziehen Sie den Finger auf einem Protokolleintrag von rechts nach links, um eine SMS neu zu erstellen (ziehen Sie in die umgekehrte Richtung, um einen Anruf zu tätigen).

6.2.5 Nachricht in der Nachrichtenauflistung

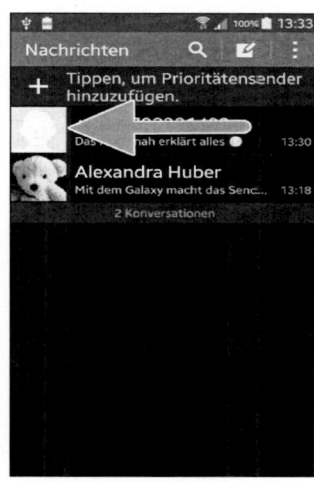 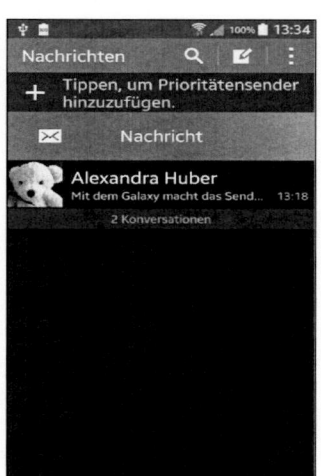 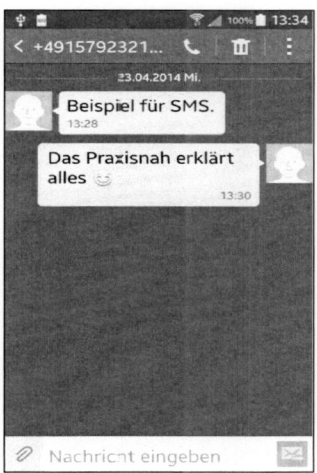

❶❷❸ Auch direkt in der Nachrichtenauflistung ist das Schreiben einer neuen SMS möglich: Ziehen Sie einfach mit dem angedrückten Finger über einem Listeneintrag nach links. Wenn sie stattdessen den Finger nach rechts ziehen, rufen Sie dagegen den Absender der SMS an. In der Praxis macht das Ziehen mit dem Finger allerdings wenig Sinn, da man ja ohnehin mit einem Antippen in den Nachrichtenverlauf umschaltet, worin man direkt seinen Sendetext eingeben kann.

6.2.6 Geplante Nachricht

Unter gewissen Umständen kann es sinnvoll sein, eine SMS erst zeitversetzt zu senden, beispielsweise, weil Sie jemanden erst um Mitternacht zum Geburtstag gratulieren möchten oder die spätabends erstellte SMS erst zur Bürozeit seinen Empfänger erreichen soll.

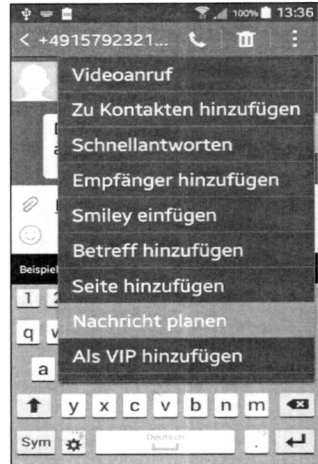  

❶ Geben Sie die Nachricht wie gewohnt ein, betätigen Sie dann aber ⋮/*Nachricht planen*.

❷❸ Tippen Sie auf Datum oder Uhrzeit und stellen Sie darin den Sendezeitpunkt ein (Tipp: Sie müssen nicht unbedingt dafür die Pfeiltasten verwenden; tippen Sie in die Zahlenfelder, um die Uhrzeiten über das Tastenfeld einzugeben). Schließen Sie dann den Dialog mit *Einstellen* und den Bildschirm mit *Fertig*.

  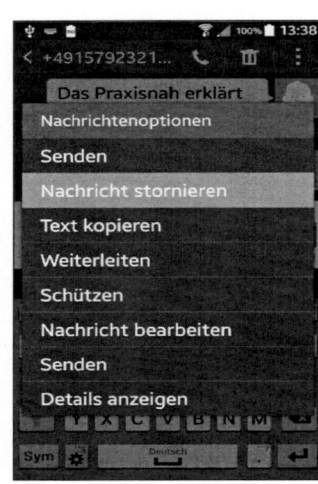

❶ Betätigen Sie ✉ (Pfeil) zum Senden.

❷ Die (noch nicht verschickte) SMS erscheint ausgegraut in der Nachrichtenliste.

❸ Tippen und halten Sie den Finger darauf, bis das Popup erscheint, worin Sie die SMS mit *Nachricht stornieren* löschen, beziehungsweise mit *Nachricht bearbeiten* noch ändern können.

6.3 Weitere Funktionen im Nachrichtenverlauf

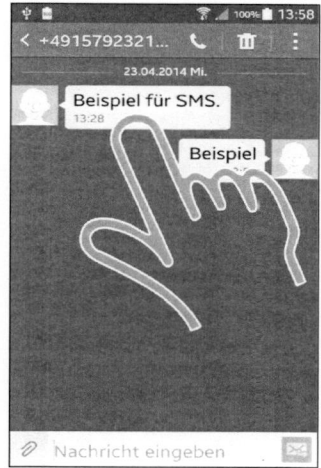  

❶❷ Tippen und Halten Sie den Finger auf einer Nachricht für das Popup mit weiteren Funktionen:

- *Löschen*: Entfernt eine Nachricht unwiderruflich aus dem Speicher.

- *Text kopieren*: Kopiert den Nachrichtentext in die Zwischenablage. Man kann ihn dann in einer anderen Anwendung wieder einfügen. Die Zwischenablage erläutert *Praxisbuch Teil 2*, Kapitel *33.4 Texte kopieren, ausschneiden und einfügen*.

- *Weiterleiten*: Nachrichtentext an einen weiteren Empfänger weiterleiten.

- *Schützen; Freigeben*: Aktiviert/deaktiviert einen Löschschutz. Um eine SMS später zu löschen, müssen Sie erst die Sperre wieder aufheben.

- *Auf die SIM-Karte kopieren*: Legt den Nachrichtentext auf der SIM-Karte ab, was besonders für SMS interessant ist, die sehr wichtig sind. Auf diese Weise steht einem der Nachrichtentext auch bei einem Handyausfall weiter zur Verfügung. Beachten Sie allerdings, dass SIM-Karten in der Regel nur Platz für bis zu ca. 25 SMS haben.

- *Senden:* Nachrichtentext über Bluetooth, E-Mail, usw. senden.

- *Details anzeigen*: Zeigt Infos über Nachrichtentyp (SMS oder MMS), Rufnummer und Empfangs-, beziehungsweise Sendedatum an (❸).

6.3.1 SMS-Vorlagen

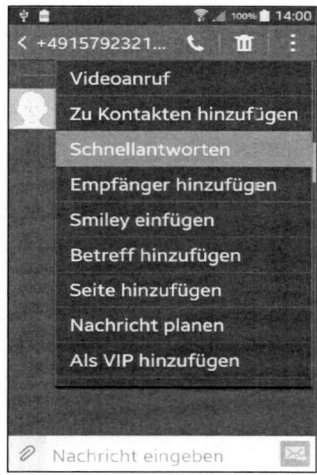 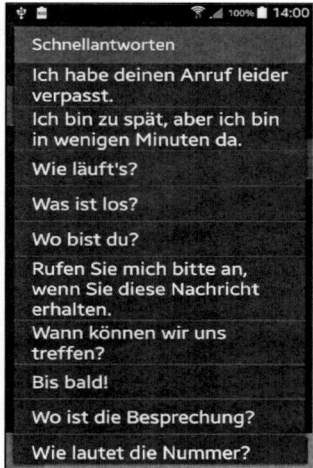

❶❷ Über ⋮/*Schnellantworten* fügen Sie eine der Textvorlagen in den Nachrichtenverlauf ein, die Sie dann senden können.

  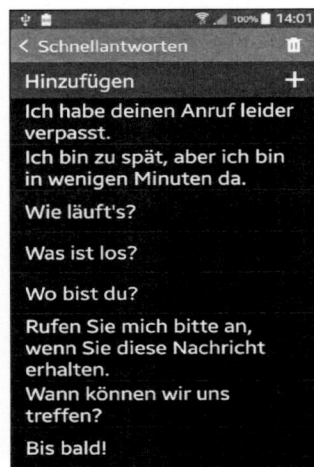

❶❷❸ Die Textvorlagen modifizieren Sie im Hauptmenü unter ⋮/*Einstellungen/Schnellant-worten.*

6.4 Entwürfe

❶ Manchmal ist es notwendig, eine Nachricht, die man erst später absenden möchte, als Entwurf zwischenzuspeichern. In diesem Fall geben Sie die Nachricht wie gewohnt ein, betätigen dann aber die ⮌-Taste (wenn das Tastenfeld eingeblendet ist, müssen Sie die ⮌-Taste zweimal hintereinander betätigen).

❷ Die Nachrichtenanwendung wechselt nun in den Hauptbildschirm zurück. Die zuvor erstellte SMS wurde nicht gesendet und *Entwurf* (Pfeil) weist auf den Entwurfsstatus hin. Zum Versenden tippen Sie den Nachrichteneintrag erneut an und betätigen dann *Senden.*

6.5 Empfangsbestätigung (Zustellungsbericht)

Nicht immer stellen die Netzbetreiber die SMS sofort zu. Wir haben beispielsweise schon erlebt, dass SMS erst einen Tag später ankamen, obwohl wir sie nicht zu »Stoßzeiten« wie beispiels-weise Silvester versandt hatten. Deshalb bieten die Netzbetreiber eine kostenlose Empfangs-bestätigung an, die auch als »Zustellungsbericht« oder »Übermittlungsbestätigung« bezeichnet wird. Zu beachten ist allerdings, dass damit noch nicht sicher ist, dass der Empfänger Ihre SMS auch liest!

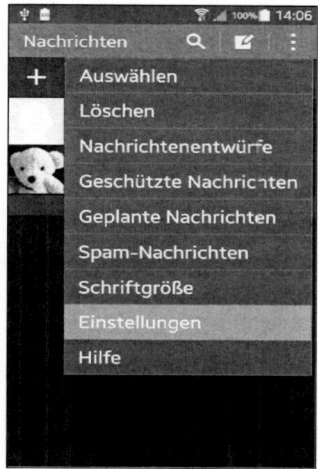  

❶❷ So aktivieren Sie die Empfangsbestätigung: Rufen Sie im Hauptbildschirm der Nachrichten-Anwendung ⦙/*Einsteilungen/SMS* auf.

❷ Aktivieren Sie *Zustellberichte*.

Künftig erhalten Sie immer, wenn ein Empfänger Ihre SMS erhält, eine kurze akustische Rück-meldung und einen Hinweis in der Titelleiste.

 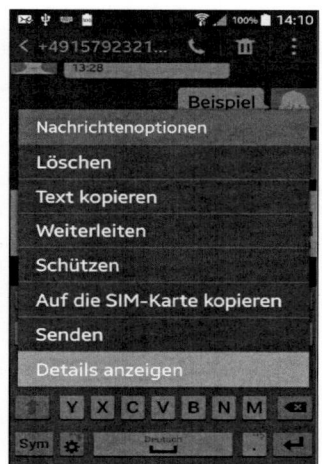 

❶ So lassen Sie sich den Zustellungsbericht einer SMS anzeigen: Tippen und halten Sie den Finger auf der gesendeten SMS im Nachrichtenverlauf.

❷❸ Im Popup gehen Sie nun auf *Details anzeigen*. Unter *Zustellbericht* informiert das Galaxy über den Zustellungszeitpunkt.

6.6 SMS empfangen

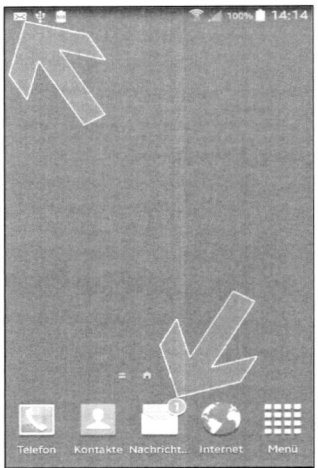  

❶ Wenn Sie eine neue SMS erhalten haben, erscheint in der Titelleiste ein ✉ -Symbol und bei *Nachrichten* sehen Sie die Nachrichtenanzahl.

❷❸ Alternativ erhalten Sie auch über das Benachrichtigungsfeld Infos zu den empfangenen Nachrichten. Das Benachrichtigungsfeld erscheint, wenn Sie den Finger auf die Titelleiste setzen und dann herunterziehen. Gehen Sie nun auf die Nachricht, was den zugehörigen Nachrichtenverlauf anzeigt.

❶❷ Sofern die Displaysperre aktiv ist, erscheint eine Hinweis auf dem Bildschirm. Tippen Sie ihn an, danach führen Sie im ausgewiesenen Bildschirmbereich eine Wischgeste durch, worauf Sie in der Nachrichtenansicht landen.

6.6.1 Spam-Filter

Sofern Sie Ihre Handynummer an viele Kontakte weitergeben, wird früher oder später der Zeitpunkt kommen, ab dem Sie SMS von einigen Leuten erhalten, die nur nerven. Das Galaxy bietet dazu aber mit dem Spam-Filter Abhilfe. Der Begriff »Spam« ist übrigens von einem Sketch der Komikergruppe Monty Python abgeleitet, in dem während einer Restaurant-Szene das Gespräch zwischen Ober und Gast durch »Spam«-Zwischenrufe gestört wird.

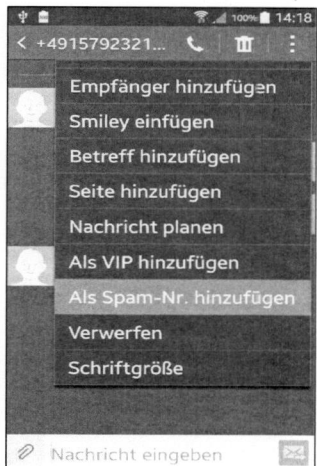  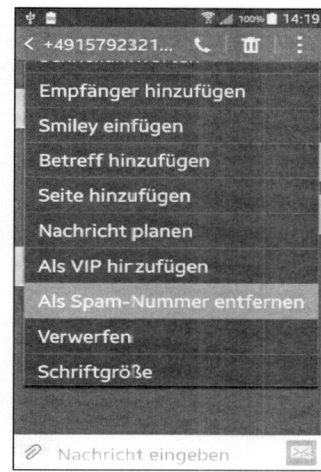

❶❷ In der lästigen SMS rufen Sie ⦂/*Als Spam-Nr. hinzufügen* auf. Bestätigen Sie die Sicherheitsabfrage mit *OK*. Das Galaxy informiert Sie künftig nicht mehr über neu vorliegende SMS des Spam-Absenders und seine SMS werden nicht im SMS-Postfach angezeigt.

❸ Mit ⦂/*Als Spam-Nummer entfernen* löschen Sie die Rufnummer wieder aus der Spam-Absender-Liste.

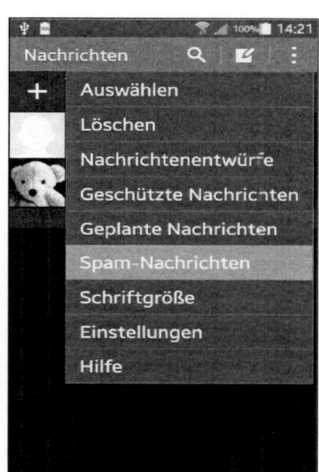 

❶❷ Die SMS der Spam-Absender zeigt ⦂/*Spam-Nachrichten* aus dem Hauptmenü an.

6.6.1.a Weitere Spam-Funktionen

Das Handy kann zusätzlich nicht nur bestimmte Absenderrufnummern blockieren, sondern auch Nachrichten herausfiltern, die beispielsweise Schimpfworte enthalten.

 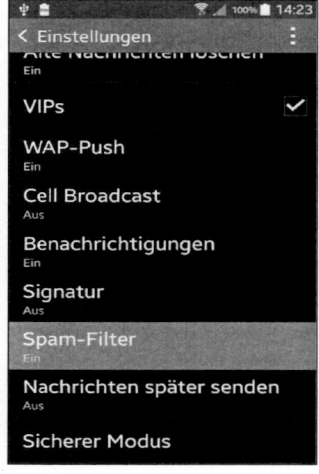 

❶❷ Rufen Sie ⁝/*Einstellungen*/*Spam-Filter* auf.

❸ Über den Schalter oben rechts schalten Sie den Spam-Filter ein/aus.

Die Menüpunkte:

- *Als Spam-Nr. hinzufügen*: Zu blockende Absenderrufnummern verwalten.
- *Zu Spam-Phrasen hinzugefügt*: Erfassen Sie Worte, die dazu führen, dass eine SMS automatisch als Spam eingeordnet wird.
- *Unb. Absender blockieren*: SMS ohne Absenderrufnummer blockieren. In Deutschland sind SMS ohne Absender nicht vorgesehen, weshalb diese Funktion hierzulande keinen Sinn macht.

❶ Gehen Sie auf *Zu Spam-Phrasen hinzugefügt*.

❷❸ Betätigen Sie jeweils *Hinzufügen* und erfassen Sie dann die Wörter, welche Sie blockieren möchten. Klein- und Großschreibung spielt dabei keine Rolle.

6.7 Konfiguration

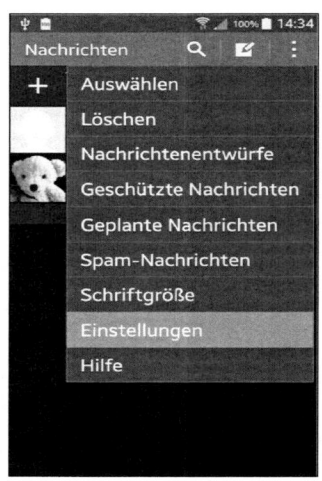 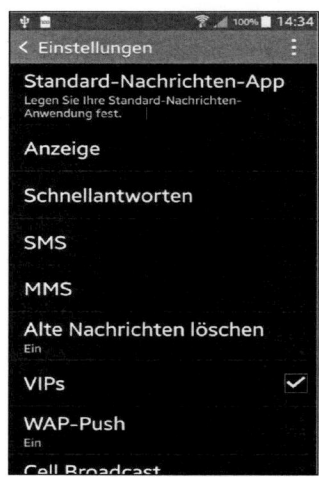

❶❷ Die SMS-bezogenen Optionen finden Sie unter ⁝/*Einstellungen*:

- *Standard-Nachrichten-App*: Verzweigt in den *Drahtlos und Netzwerke*-Bildschirm. Unter *Standard-Messaging-App* legen Sie hier fest, ob SMS wie gewohnt über die Nachrichten-Anwendung oder alternativ über die Google-Hangouts-Anwendung verschickt werden sollen. Wir raten dazu, *Nachrichten* eingestellt zu lassen.
- *Anzeige*:
  - *Sprechblasen-Stil*: Form und Farbe der Sprechblasen, getrennt für Sie und den

Kommunikationspartner veränderbar.

- *Hintergrundstil*: Wählen Sie zwischen verschiedenen Hintergrundfarben.

- *Schriftgröße ändern*: Im Nachrichtenverlauf betätigen Sie die Lautstärketasten, um die Schriftgröße zu verändern – interessant für Anwender mit Sehbehinderung.

- *Schnellantworten*: Die bereits im Kapitel *6.3.1 SMS-Vorlagen* erläuterten Textvorlagen.

- *SMS*:

  - *Zustellberichte*: Sie erhalten, wenn ein Empfänger Ihre SMS erhalten hat, eine Rückmeldung des Netzbetreibers. Zu beachten ist allerdings, dass damit noch nicht sicher ist, dass der Empfänger Ihre SMS auch liest. Bei anderen Handy-Modellen heißt der Zustellbericht manchmal auch »Übermittlungsbestätigung«. Siehe Kapitel *6.5 Empfangsbestätigung (Zustellungsbericht)*.

  - *Nachrichten auf SIM-Karte verwalten*: Gibt Ihnen Zugriff auf alle SMS, die Sie manuell auf die SIM-Karte kopiert hatten.

  - *Eingabemodus*: Legt die Zeichenkodierung fest. Sie haben dabei die Wahl zwischen *GSM-Alphabet*, *Unicode* und *Automatisch*. Wir empfehlen, die Voreinstellung *GSM-Alphabet* nicht zu ändern (der *Unicode*-Modus unterstützt zusätzliche ausländische Zeichensätze, wird aber von deutschsprachigen Anwendern nicht benötigt).

  - *Nachrichtenzentrale*: Über die Nachrichtenzentrale erfolgt der Versand Ihrer Nachrichten. Normalerweise brauchen Sie diese Einstellung nicht zu bearbeiten, da sie automatisch beim ersten Einlegen einer SIM-Karte automatisch korrekt konfiguriert wird.

- *MMS*: Das MMS-Menü konfiguriert nur MMS, auf die dieses Buch nicht eingeht.

- *Alte Nachrichten löschen*: Ältere SMS werden automatisch gelöscht, wenn die maximale Anzahl, standardmäßig 200, erreicht ist.

- *VIPs*: Nachrichten von VIPs (»Very important Persons« – sehr wichtige Personen) werden besonders hervorgehoben. Siehe auch Kapitel *6.9 VIP-Funktion*.

- *WAP-Push*: Betrifft nur MMS, auf die dieses Buch nicht eingeht.

- *Cell Broadcast*: Cell Broadcast (CB) wird auch als »Videotext für Handys« bezeichnet. Dabei senden die Basisstationen (Sendemasten) diverse Infos, die von Nachrichten bis hin zur Position der Basisstation reichen. Weil der Cell Broadcast kostenlos ist, haben alle deutschen Anbieter ihren CB-Dienst wieder eingestellt. In diesem Buch wird deshalb nicht weiter darauf eingegangen. Um Nachrichten zu empfangen, müssen Sie den Kanal des Anbieters (jeder Netzbetreiber verwendet andere) eingeben.

- *Benachrichtigungen*:

  - *Benachrichtigungston; Vibrieren*: Konfiguriert den Benachrichtigungsklang für neu empfangene SMS beziehungsweise die Vibration.

  - *Nachrichtensignal wiederholen*: Damit Sie keine neu empfangenen Nachrichten verpassen, können Sie das Benachrichtungssignal wiederholen lassen, das heißt, alle 2 oder 10 Minuten ertönt das Signal, bis Sie sich die Nachricht angezeigt haben.

  - *Pop-up-Anzeige*: Wenn eine neue Nachricht vorliegt, zeigt das Galaxy ein Popup auf dem Bildschirm an.

  - *Sperrbildschirm*: Zeigt neu empfangene SMS während der Gerätesperre an. Sie sollten diese Einstellung nicht aktivieren, weil dann Dritte Ihre empfangenen SMS lesen können, auch wenn Ihr Gerät für fremden Zugriff gesperrt ist.

- *Statusleiste*: Zeigt für einige Sekunden die ersten Wörter einer neu empfangenen SMS oben in der Titelleiste an.

- *Signatur*: In der Signatur, die unter allen Ihren gesendeten Nachrichten erscheint, können Sie beispielsweise weitere Kontaktmöglichkeiten angeben. Wir raten allerdings von der Signatur ab, da Sie dann eventuell für jede Nachricht mehr bezahlen müssen – schließlich werden Nachrichten mit mehr als 160 Zeichen mehrfach vom Netzbetreiber berechnet.

- *Spam-Filter*: Hiermit verwalten Sie den Spam-Filter für unerwünschte Nachrichten, worauf Kapitel *6.6.1 Spam-Filter* noch genauer eingeht.

- *Nachrichten später senden*: SMS versendet das Galaxy erst nach der eingestellten Zeitspanne.

- *Sicherer Modus*: Verhindert, dass man in SMS enthaltene Links aus Versehen antippt und benachrichtigt Sie, wenn ein Programm SMS senden oder empfangen will.

Wenn Ihnen die vorgegebenen Klänge nicht gefallen, können Sie auch eigene Audiodateien auf das Gerät kopieren, die in der Klangauswahl zur Verfügung stehen. Siehe dazu *Praxisbuch Teil 2*, Kapitel *28 Gerätespeicher und Speicherkarte*. Sie sollten allerdings nur Klänge mit wenigen Sekunden Länge verwenden. Zur Konfiguration der Signallautstärke siehe auch Kapitel *3.14 Medienlautstärke und Signaltöne*.

6.8 MMS

Der Multimedia Messaging Service (MMS) sollte die Nachfolge der SMS antreten. Im Gegensatz zur SMS dürfen MMS nicht nur Zeichen, sondern auch Bilder, Melodien, Sprachmemos und andere Daten enthalten. In Deutschland spielt die MMS aus verschiedenen Gründen keine große Rolle: Zum einen ist die Handhabung der MMS auf vielen Handys relativ kompliziert und setzt einiges an Einarbeitung voraus, zum anderen stehen der weiteren Verbreitung die hohen Kosten von 39 Cent pro MMS im Wege. Hätten die Netzbetreiber schon bei der MMS-Einführung vor einigen Jahren eine faire und unkomplizierte Kostenstruktur eingeführt, würde die MMS heute wohl mehr genutzt werden. Die immer größere Verbreitung von Internetflatrates im Mobilfunk dürfte die MMS wohl für immer ins Mauerblümchendasein verbannen, denn mit E-Mails lassen sich Multimedia-Inhalte und Dateianhänge wesentlich einfacher versenden und empfangen. Aus den genannten Gründen gehen wir nicht weiter auf die MMS-Funktionen in der Nachrichten-Anwendung ein.

❶ **Wichtig:** Wie erwähnt, kosten MMS mit 39 Cent ein Vielfaches der SMS. Damit Sie nicht aus Versehen statt einer SMS eine MMS verschicken, sollten Sie darauf achten, **niemals** auf ⋮/*Betreff hinzufügen* bei der Nachrichtenerstellung zu gehen.

❷ Auch die 📎-Schaltleiste (Pfeil), mit der Sie Dateien in die Nachricht einfügen, sollten Sie niemals verwenden, weil Sie damit aus der SMS automatisch eine MMS machen.

6.9 VIP-Funktion

Wie im richtigen Leben sind einem einige Leute wichtiger als andere. Die Nachrichten-Anwendung berücksichtigt diesen Umstand mit der VIP-Funktion.

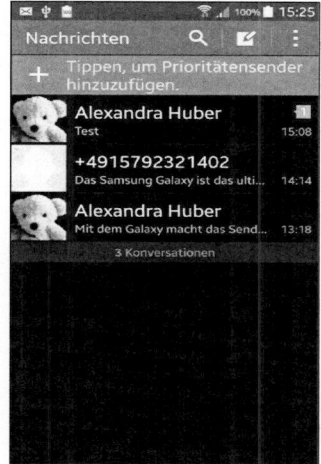  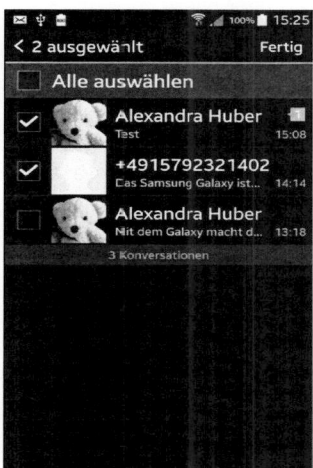

❶ Gehen Sie auf *Tippen, um Prioritätensender hinzuzufügen.*

❷❸ Sie können nun wahlweise einen Kontakt aus den bereits empfangenen SMS (*Posteing.*) oder aus dem Telefonbuch (*Kontakte*) hinzufügen. Haken Sie einfach die Kontakte ab und schließen Sie den Bildschirm mit *Fertig*.

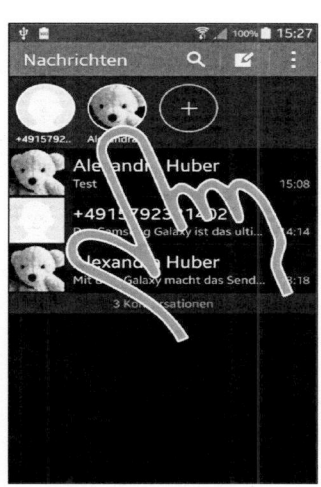 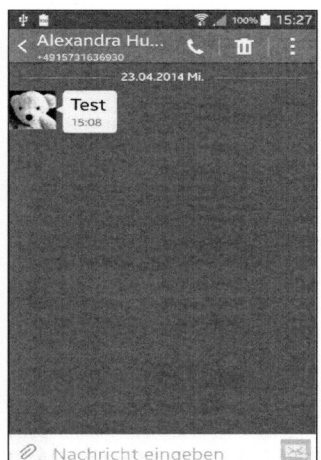 

❶❷ Die VIPs erscheinen am oberen Bildschirmrand. Tippen Sie einen VIP an, um seinen Nachrichtenverlauf anzuzeigen. Über **+** fügen Sie weitere Kontakte der VIP-Liste hinzu.

❸ ⋮/*Von VIP-Liste entfernen* beendet den VIP-Status eines Kontakts.

7. Internet einrichten und nutzen

Ihr Galaxy ist ein wahres Kommunikationsgenie. Sie können damit im Web surfen, E-Mails, SMS und MMS verarbeiten. Um die Konfiguration des Internetzugangs brauchen Sie sich in der Regel nicht zu kümmern, da dies vom Galaxy automatisch erledigt wird.

> Sie brauchen dieses Kapitel nicht durchzuarbeiten, um Internet über Ihren Mobilnetzbetreiber zu nutzen. Lesen Sie aber mindestens Kapitel *7.2 Umschaltung WLAN und Mobilfunk-Internet* durch, wo erklärt wird, wie Sie zwischen WLAN- und Mobilfunk-Internet umschalten.

7.1 Internetzugang einrichten

Alle Mobilfunknetzbetreiber haben heutzutage jeweils einen eigenen Internetzugang im Programm, der sich ohne Grundgebühr und vorherige Anmeldung nutzen lässt.

7.1.1 Begriffserklärung GPRS

GPRS arbeitet bei Datenübertragungen nicht wie die Vorgängerstandards GSM oder HSCSD mit Übertragungskanälen, welche exklusiv für den jeweiligen Nutzer reserviert werden, selbst wenn er nur einen Bruchteil der Übertragungskapazität nutzt, sondern Paket-orientiert. Alle Daten der Teilnehmer werden in Pakete unterteilt, die über gleichzeitig genutzte Leitungen gehen. Der Vorteil: Senden oder empfangen Sie viele Daten, werden von den anderen Teilnehmern ungenutzte Übertragungskapazitäten Ihnen zugeteilt. Da sich die gesendeten und empfangenen Datenmengen auf Seiten des Netzbetreibers leicht erfassen lassen, erfolgt die Abrechnung in der Regel nach übertragener Datenmenge und nicht nach Zeiteinheiten. Die maximal realisierbare Übertragungsgeschwindigkeit liegt bei 171,2 kBit/s (Kilobit pro Sekunde), in der Praxis muss man sich aber mit etwa 40 bis 50 kBit/s begnügen. Zudem hängt die tatsächlich verfügbare Bandbreite von der Anzahl der im Mobilnetzabschnitt telefonierenden oder Daten übertragenden Handys ab.

EDGE (Enhanced Data Rates for GSM Evolution) ist eine GPRS-Weiterentwicklung, die in der Praxis für Übertragungsgeschwindigkeiten von 150 bis 200 kBit/s erreicht. Ihr Galaxy zeigt für GSM ein »G« in der Titelleiste an, wenn EDGE zur Verfügung steht, ein »E«.

7.1.2 Begriffserklärung UMTS

Alle Smartphones und viele Tablets mit Mobilfunkmodul, darunter auch das Galaxy, unterstützen neben GSM/GPRS auch UMTS. UMTS (Universal Mobile Telecommunications System), wird auch als »3G« bezeichnet, da es sich um einen Mobilfunkstandard der dritten Generation handelt. UMTS bietet Datenübertragungsraten von mindestens 384 kBit/s. Erstmals werden mit UMTS auch Anwendungen möglich, die bisher auf DSL im Festnetz beschränkt waren, wie Live-Videoübertragungen in guter Qualität. Deshalb bieten die meisten UMTS-Handys auch eine Videotelefonie-Funktion. Problematisch ist in manchen ländlichen Gegenden der UMTS-Netzaufbau. Auf den Websites der Mobilnetzbetreiber finden Sie allerdings mit einiger Suche eine Online-Karte mit den Versorgungsgebieten. Auf dem Galaxy brauchen Sie sich allerdings kaum Gedanken darüber machen, ob Sie nun UMTS-Empfang haben oder nicht, denn falls nötig, nutzt das Gerät für Datenübertragungen einfach GPRS. Weitere Informationen zu UMTS sind auf *www.teltarif.de/i/umts.html* zu finden.

Alle deutschen Netzbetreiber haben ihre UMTS-Netze inzwischen um die HSDPA-Technik (High Speed Downlink Packet Access) ergänzt. Diese Technik wird auch häufig als »3,5G-Technologie« bezeichnet und bietet Übertragungsraten von bis zu 3,6 Mbit/s. In einigen Gebieten sind sogar 7,2 Mbit/s möglich. Praktisch alle aktuellen Handys und Tablets unterstützen auch HSDPA. HSDPA wird automatisch vom Galaxy verwendet, wenn es zur Verfügung steht, ansonsten UMTS. Falls UMTS nicht verfügbar ist, EDGE oder GPRS. Wenn Sie UMTS-Empfang haben, zeigt das Galaxy keinen besonderen Hinweis an, bei HSDPA dagegen ein »H«.

Für einen schnelleren Upload (zum Beispiel für das Hochladen von Fotos bei Facebook) sorgt

HSUPA (High Speed Uplink Packet Access) mit bis zu 5,76 Mbit/s zur Verfügung. Unterstützt ein Netzbetreiber sowohl HSDPA als auch HSUPA, so spricht man von HSPA (High Speed Packet Access). Einige Netzbetreiber bauen zudem HSPA zu HSPA+ weiter aus, das dann auf bis zu ca. 50 Mbit/s kommt.

7.1.3 Tipps zum Internetzugang

Zwar können Sie bei allen Mobilfunkanbietern nach dem Einlegen der SIM-Karte sofort das Internet nutzen, empfehlenswerter ist es aber, sich nach einem geeigneten Mobilfunktarif mit Internetzugang umzusehen.

7.1.3.a Kostenfalle Standardvertrag

In den Standardverträgen wird der Internetzugang zeit- oder datenmengenabhängig abgerechnet, was selbst bei unregelmäßiger Nutzung schnell teuer wird. Besser dran ist man mit Internet-paketen, die zwischen 5 bis 10 Euro pro Monat kosten und 512 Megabyte bis 1 Gigabyte Trans-fervolumen (»Traffic«) beinhalten. Überschreitet man das inkludierte Transfervolumen, so wird die Übertragungsgeschwindigkeit meist auf GPRS-Niveau gedrosselt. Sie sollten auf jeden Fall die Vertragskonditionen Ihres Netzbetreibers genau studieren, um nicht in die Kostenfalle zu tappen.

Werfen Sie auch einen Blick auf alternative Anbieter wie Blau (*www.blau.de*), Simyo (*www.simyo.de*), usw. Häufig kann man auch einen sogenannten Surf-Stick miterwerben, den man über USB ans Notebook anschließt, sodass man das Internet bequem auch unterwegs nutzen kann.

7.1.3.b Übertragungsgeschwindigkeit

Alle Mobilfunkbetreiber bieten Internet über UMTS/HSDPA, an, was für Übertragungs-geschwindigkeiten von teilweise über 28 Mbit/s sorgt (zum Vergleich: Im Festnetz ist DSL meist nur bis 2 Mbit/s möglich). Leider haben die Netzbetreiber ihr Mobilfunknetz nur in großen Städten und Ballungsgebieten ausgebaut, weswegen über UMTS vielerorts nur 1,8 Mbit/s mög-lich sind. Auf dem Land muss man meist auf UMTS verzichten und kann dann nur über GPRS oder EDGE mit bis zu 200 Kbit/s im Internet surfen. Für Multimedia-Anwendungen, beispiels-weise Youtube oder Internetradio, ist das zu wenig, während Nutzer, die nur E-Mails abrufen oder mal im Web surfen, bereits mit 200 kBit/s gut zurechtkommen.

Weil jede Mobilfunkfirma andere Schwerpunkte beim Netzausbau legt, kann es vorkommen, dass zum Beispiel bei Vodafone Ihr Wohnort bereits mit UMTS/HSDPA versorgt ist, während E-Plus-Kunden dort mit dem lahmen GPRS/EDGE vorlieb nehmen müssen. Es lohnt sich also, bei der Auswahl der Internetflatrate auch den Netzausbau zu berücksichtigen.

Informationen über die UMTS/HDSPA-Verfügbarkeit halten die Netzbetreiber auf ihren Web-sites vor. Suchen Sie dort einfach nach »Netzabdeckung«. Alternativ gucken Sie sich einfach einen Handynutzer mit dem gewünschten Netz aus und schauen auf dessen Handydisplay. UMTS-Handys zeigen in der Titelleiste meist ein »G« für GSM/GPRS, »E« für EDGE und »3G« für UMTS oder »H« für HSDPA an.

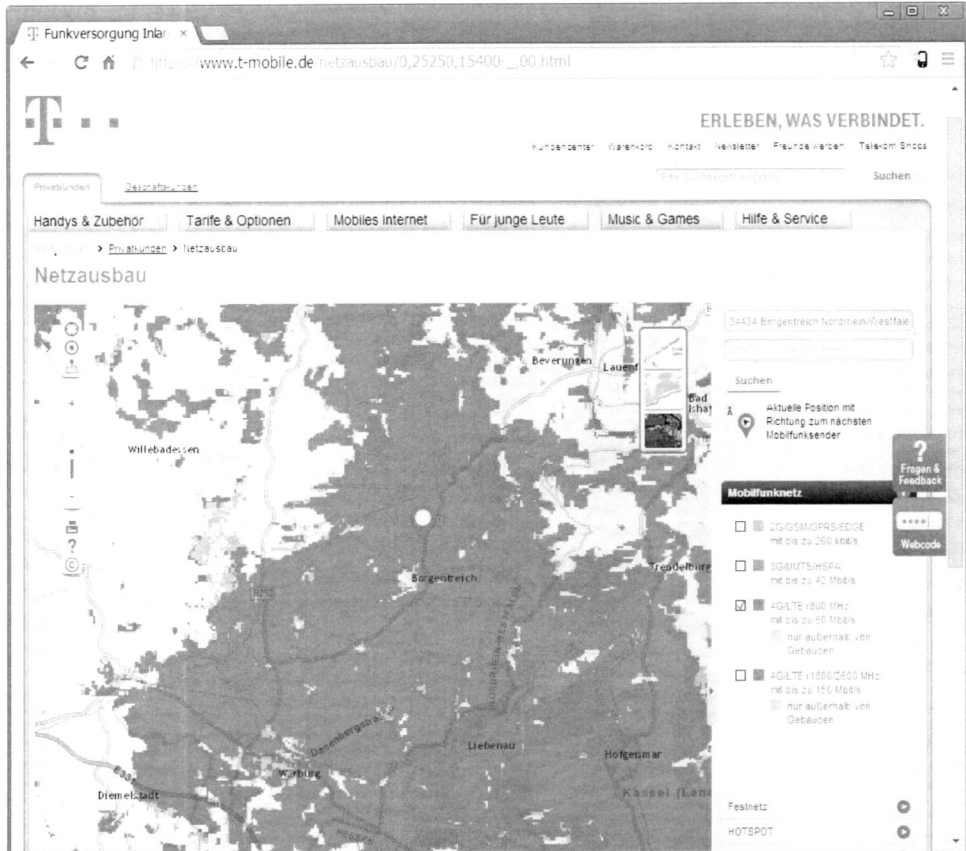

Netzversorgungskarte von T-Mobile.

7.1.3.c LTE

Seit einiger Zeit vermarkten insbesondere Vodafone und T-Mobile den Mobilfunkstandard LTE (Long Term Evolution) sehr intensiv. LTE baut technisch auf den oben vorgestellten UMTS beziehungsweise HDSPA auf und bietet theoretisch eine Übertragungsrate von bis zu 300 Mbit/s. Je nach Ausbau und Anzahl der mit einer LTE-Funkzelle verbundenen Nutzer sind es in der Praxis allerdings nur maximal 3,6 bis 50 Mbit/s.

Um LTE nutzen zu können, muss man meistens einen entsprechenden Mobilfunkvertrag abschließen und ein LTE-fähiges Endgerät besitzen, wobei Ihr Galaxy natürlich diesen modernen Übertragungsstandard unterstützt.

Sofern Ihr Netzbtreiber nicht ohnehin LTE ohne Aufpreis anbietet, macht ein extra LTE-Vertrag allerdings nur wenig Sinn, denn häufig wird LTE automatisch nach Erreichen eines bestimmten Übertragungsvolumens, beispielsweise 3 GB, automatisch auf EDGE-Geschwindigkeit gedrosselt.

7.1.3.d Die Alternative: WLAN

Heutzutage gibt es an vielen Orten beispielsweise Flughäfen, Hotels oder Bars, WLAN-Hotspots, über die Sie kostenlos online gehen können. Auch in Innenstädten findet man häufig »offene« WLANs, die kostenlos nutzbar sind, weil einige DSL-Kunden ihr WLAN absichtlich oder unabsichtlich unverschlüsselt zur Verfügung stellen. Im Kapitel *7.2 Umschaltung WLAN und Mobilfunk-Internet* erläutern wir Ihnen daher, wie Sie das Internet zwischen Mobilfunkverbindung und WLAN umschalten.

7.1.3.e Teuer! Teuer! Teuer!

WICHTIG: Das Galaxy ist wegen seiner Kommunikationsfunktionen auf eine dauerhafte Internetverbindung über das Mobilfunkinternet angewiesen. Sofern Sie ihr Gerät im Handy-Shop erworben haben, wird Sie der Verkäufer mit Sicherheit darauf aufmerksam gemacht haben, dass ein

Vertrag mit Internet-Flatrate notwendig ist. Nehmen Sie deshalb das Galaxy am besten nicht in Betrieb, wenn Sie noch keine Internetflatrate bei Ihrem Mobilnetzbetreiber haben.

Zwar ist es möglich, die Option »*Mobile Daten*« zu deaktivieren (siehe Kapitel *7.2.2 Mobilfunk-Internet aktivieren/deaktivieren*), damit kein Mobilfunk-Internet genutzt wird, damit geht aber ein großer Teil des Charms vom Galaxy verloren.

7.1.4 Automatische Einrichtung

Sobald Sie das Handy nach dem Einlegen einer neuen SIM-Karte einschalten, werden alle Mobilnetz-abhängigen Einstellungen, darunter Mailbox, MMS-Konfiguration und mobiles Internet automatisch konfiguriert.

7.1.5 Manuelle Einrichtung

Nur in sehr seltenen Fällen kann es nötig sein, den Internetzugang selbst einzurichten. Die nötigen Parameter erfahren Sie von Ihrem Netzbetreiber.

❶ Rufen Sie die *Einstellungen* auf, beispielsweise über ✿ (Pfeil) im Benachrichtigungsfeld.

❷ Gehen Sie unter *NETZWERKVERBINDUNGEN* auf *Weitere Einstellungen/Mobile Netzwerke*.

❶ Wählen Sie *Zugangspunkte*.

❷ Betätigen Sie ✚ am oberen Bildschirmrand.

❸ Hier sind nun die Internetparameter des Mobilnetzbetreibers einzugeben. Schließen Sie danach den Bildschirm mit der ⤺-Taste.

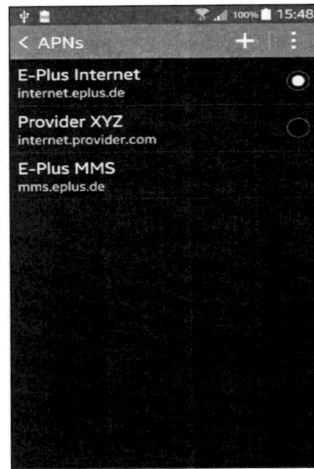 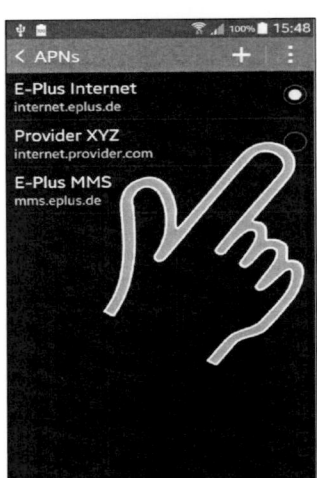

❶❷ In der Übersicht erscheinen die von Ihnen erfassten Interneteinstellungen (APN). Damit diese vom Galaxy genutzt werden, müssen Sie sie noch über den Optionsknopf auswählen (Pfeil).

Wenn Sie den Eintragsnamen statt dem Optionsknopf antippen, können Sie die jeweiligen Interneteinstellungen bearbeiten.

7.1.6 Weitere Konfigurationsparameter

Die folgenden Menüs rund um den Internetzugang werden Sie selten benötigen, da bereits vom Handy die optimalen Einstellungen vorgenommen wurden.

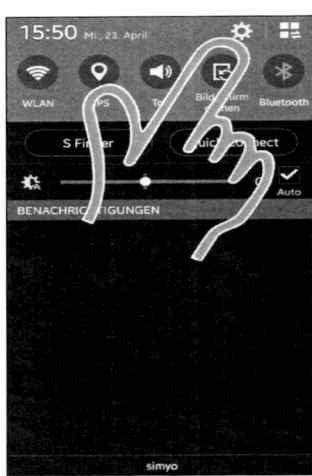  

❶ Gehen Sie auf ✿ im Benachrichtigungsfeld für die *Einstellungen*.

❷❸ Rufen Sie im *Verbindungen*-Register *Weitere Einstellungen/Mobile Netzwerke* auf.

❶❷ Hier stellen Sie ein:

- *Mobile Daten*: Hiermit steuern Sie die Aktivität des Mobilfunk-Internets. Deaktivieren Sie *Mobile Datenverbindung*, um das Mobilfunk-Internet abzuschalten. Alternativ verwenden Sie zur Steuerung die *Mobile Daten*-Schaltleiste im Benachrichtigungsfeld (siehe auch Kapitel *7.2.2 Mobilfunk-Internet aktivieren/deaktivieren*).

- *Daten-Roaming*: Wenn Sie sich im Ausland befinden, nutzt das Handy automatisch einen lokalen Netzbetreiber, was man auch als »Roaming« bezeichnet. Die lokalen Netzbetreiber berechnen meist sehr hohe Internetkosten für das »Daten-Roaming«, die Ihr Netzbetreiber Ihnen dann in Rechnung stellt. Damit Sie keine unangenehme Überraschung erleben, sollten Sie auf die Internetnutzung verzichten und deshalb das *Daten-Roaming* deaktiviert lassen.

- *Zugangspunkte*: Konfiguriert die im Kapitel *7.1.5 Manuelle Einrichtung* beschriebenen Datenkonten für den Internetzugang.

- *Netzmodus*: Sie können für Telefonie und Mobilfunk-Internet verschiedene Netzprotokolle nutzen. Wir empfehlen allerdings, die Vorgabe *LTE/WCDMA/GSM* nicht zu verändern, um die maximale Internetübertragungsgeschwindigkeit zu erhalten.

- *Netzbetreiber*: Diese Funktion ist für Anwender interessant, die häufiger im Ausland unterwegs sind. Standardmäßig bucht sich das Handy im Ausland in eines der Mobilnetze ein, mit denen Ihr Mobilnetzbetreiber eine Roaming-Vereinbarung hat. Recht häufig stehen dabei mehrere Roaming-Netze zur Auswahl, welche unterschiedliche Kosten verursachen. Wenn Sie also wissen, welcher Roaming-Partner am günstigsten ist, können Sie ihn hier fest einstellen. Vorsicht: Die manuelle Auswahl des Netzwerks ist wirklich nur für Profi-Anwender geeignet. Beachten Sie, dass im Ausland viele Netzbetreiber nur regionale Netze betreiben und Sie deshalb eventuell nicht erreichbar sind.

7.2 Umschaltung WLAN und Mobilfunk-Internet

Sie können einstellen, dass alle Internetverbindungen über WLAN oder eine Mobilfunkverbindung ablaufen. Beachten Sie aber, dass Sie unterwegs nur bei einer Mobilfunkverbindung immer das Internet nutzen können, da WLAN nur an bestimmten Orten, beispielsweise in Hotels, Bars, Flughäfen, usw. zur Verfügung steht. Meist finden Sie an den mit WLAN ausgestatteten Orten auch entsprechende Hinweisschilder.

7.2.1 WLAN aktivieren/deaktivieren

❶ Nach Aktivierung des Benachrichtigungsfelds betätigen Sie *WLAN* (Pfeil).

❷❸ Warten Sie einige Sekunden. Im Popup wählen Sie eines der gefundenen WLANs aus. Sofern dieses verschlüsselt ist, fragt Sie das Galaxy nach dem Passwort, das Sie eventuell vom WLAN-Betreiber erfragen müssen. Betätigen Sie dann *Verbinden*.

Falls das Popup nach nach 10 Sekunden nicht erscheint, gehen Sie im Benachrichtigungsfeld auf *WLAN-Netzwerke verfügbar*.

Sofern Sie zuhause ein verschlüsseltes WLAN nutzen (was zu empfehlen ist!), haben Sie vielleicht das benötigte Passwort nicht parat. Rufen Sie in dem Fall auf einem PC oder Notebook, das mit dem WLAN verbunden ist, die Weboberfläche des WLAN-Routers auf und lassen Sie sich dort das Passwort anzeigen. Bei einer Fritz-Box müssten Sie beispielsweise *fritz.box* als Webadresse aufrufen und dann auf *WLAN/Sicherheit* gehen.

Nach einigen Sekunden erscheint das 🛜-Symbol in der Titelleiste (Pfeil). Sie können nun Internet über WLAN nutzen.

Weitere Hinweise zur WLAN-Nutzung finden Sie im Kapitel *8 Wireless LAN*.

Wenn Sie WLAN am Galaxy deaktivieren und dann nochmals eine Verbindung zu einem verschlüsselten WLAN aufbauen, wird das benötigte Passwort nicht erneut abgefragt.

7.2.2 Mobilfunk-Internet aktivieren/deaktivieren

Haben Sie keinen Mobilfunkvertrag mit Datenflatrate, dann sollten Sie das Mobilfunk-Internet am Galaxy ausschalten.

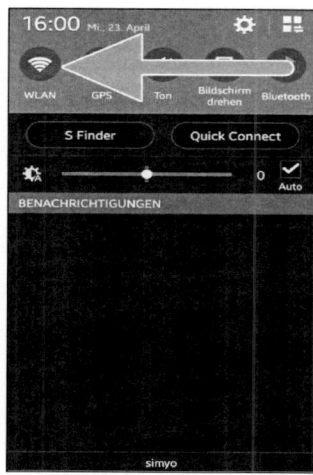 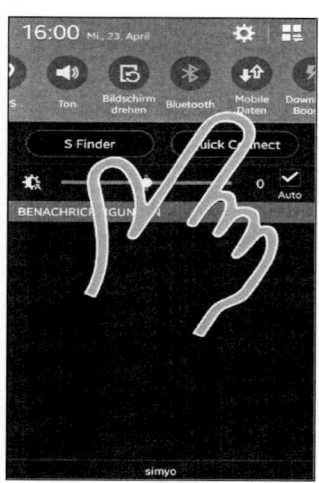 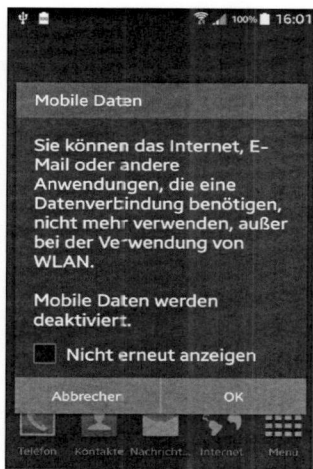

❶ Die Aktivität des Mobilfunk-Internets steuern Sie über das Benachrichtigungsfeld. Führen Sie zuerst eine Wischgeste von rechts nach links über den Schaltleisten durch.

❷ Deaktivieren Sie *Mobile Daten,* um das Mobilfunk-Internet abzuschalten (auf dem gleichen Wege lässt sich Mobilfunk-Internet auch wieder aktivieren).

❸ Beantworten Sie die Sicherheitsabfrage mit *OK.*

7.3 Datenverbrauch ermitteln

In der Praxis kommt es häufiger vor, dass man wissen muss, welche Datenmenge bereits übertragen wurde, beispielsweise bei einer auf 500 MB beschränkten Internetflatrate. Für solche Fälle bringt das Galaxy eine umfangreiche Statistik mit.

 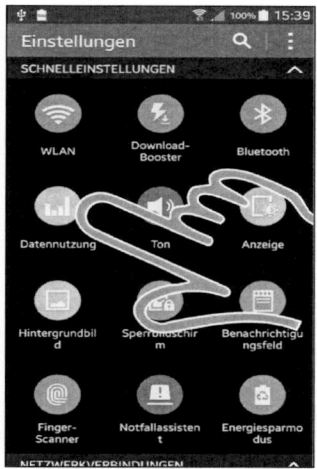

❶ Öffnen Sie das Benachrichtigungsfeld und betätigen Sie ✿ für die *Einstellungen*.

❷ Rufen Sie unter *SCHNELLEINSTELLUNGEN* die *Datennutzung* auf.

❶ Die Bedeutung der Schaltleisten:

- *Mobile Datenverbindung*: Aktiviert/Deaktiviert die Mobilfunk-Internetverbindung (siehe auch Kapitel *7.2.2 Mobilfunk-Internet aktivieren/deaktivieren*.

- *Mobildatenbegrenzung festlegen*: Setzt ein Datenmengenlimit, welches das Galaxy nicht überschreiten kann.

- *Datennutzungszyklus*: Zeitraum, über den die Statistik erstellt wird.

Zusätzlich zeigt das Handy eine Verbrauchsgrafik an.

❷ Unterhalb der Verbrauchsgrafik listet die Statistik diejenigen Anwendungen auf, welche Daten übertragen haben.

7.3.1 Datenverbrauchsanzeige in der Praxis

  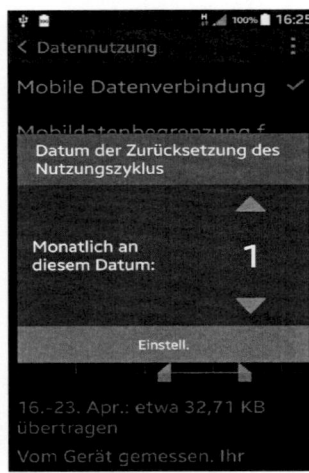

❶ Die meisten Mobilfunkverträge beinhalten ein monatliches Datenkontingent. Damit die Statistikfunktion der Datenverbrauchsanzeige für Sie Sinn macht, müssen Sie deshalb erst einmal den Statistikzeitraum auf den Flatrate-Zeitrum umstellen (den Zeitraum entnehmen Sie Ihre Vertragsunterlagen, beziehungsweise Ihrer Mobilfunkrechnung). Dazu tippen Sie die Datumsanzeige an.

❷ Wählen Sie *Zyklus ändern* aus.

❸ Stellen Sie das Datum auf den Starttag (kontrollieren Sie gegebenenfalls Ihren Mobilfunkvertrag, zu welchem Monatstag die Datenvolumenmessung zurückgesetzt wird und stellen Sie den entsprechenden Tag hier ein) und betätigen Sie *OK*.

❶ In der Grafik zeigt das Galaxy den Datenverbrauch des aktuellen Monats als Balken an. Verschieben Sie jeweils die beiden Begrenzungen (in der Nähe der Fähnchen tippen, halten und ziehen), um den Datumsbereich einzugrenzen, wobei Sie unten sofort die im Zeitraum verbrauchte Datenmenge, im Beispiel 7,81 KB, sehen.

❷❸ Die Auflistung unterhalb der Grafik zeigt alle Programme an, die im eingestellten Zeitraum Daten übertragen haben. Wählen Sie davon eines für eine Einzelstatistik aus. Die ⏎-Taste bringt Sie wieder in den Hauptbildschirm zurück.

7.3.2 Datenlimit festlegen

Sofern Ihr Mobilfunkvertrag nur eine Internetflatrate mit einem bestimmten Übertragungsvolumen beinhaltet, können Sie auf dem Galaxy ein Datenlimit einstellen. Nach Erreichen des Datenlimits wird dann automatisch die Mobilfunk-Internetverbindung deaktiviert.

> Beachten Sie, dass die weitaus meisten Mobilfunkverträge mit Internetflatrate inzwischen unlimitiert sind, das heißt, überschreitet der Nutzer das vereinbarte monatliche Volumen, so wird die Übertragungsrate gedrosselt. Weitere Nachteile entstehen dabei nicht. Es macht also meistens keinen Sinn, ein Datenlimit festzulegen.
>
> Die WLAN-Nutzung ist natürlich nicht vom Datenlimit betroffen.

 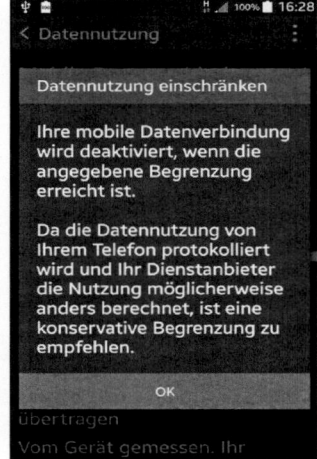 

❶ Gehen Sie auf *Mobildatenbegrenzung festlegen*.

❷ Bestätigen Sie die Warnmeldung mit *OK*.

❸ In der Grafik erscheint nun ein roter Balken mit 5 Gigabyte Limit. Ziehen Sie ihn über den mit dem angedrückten Finger nach oben oder unten (Ihr Finger muss sich dabei in der Nähe des Fähnchens befinden), um das Datenlimit einzustellen.

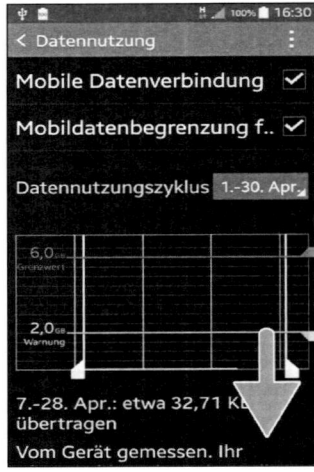 

❶ Damit das Galaxy bei Überschreiten des Datenlimits nicht unerwartet die Internetverbindung kappt, stellen Sie mit dem grünen Balken eine Vorwarnung (vorgegeben sind 2 GB) ein.

❷ Das Handy alarmiert Sie nun bei Überschreiten des (Vorwarn-)Datenlimits mit einem Warnhinweis im Benachrichtigungsfeld und in der Titelleiste.

> Es ist auch möglich, einfach die Datenlimit-Balken anzutippen, worauf Sie das Datenlimit als Zahl eingeben.

7.3.3 Weitere Funktionen

❶ Über das ⦂-Menü können Sie einstellen:

- *Daten-Roaming*: Im Ausland nutzt das Handy einen lokalen Netzbetreiber (»Roaming«), was erhebliche Kosten nach sich ziehen kann, da die Internetflatrate Ihres Netzbetreibers dort nicht gilt.

- *Hintergrunddaten einschränken*: Viele Anwendungen, darunter Google Play Store, das Telefonbuch und Gmail übertragen Daten im Hintergrund, also während Sie die Anwendungen gerade nicht nutzen. Aktivieren Sie *Hintergrunddaten einschränken*, so ist dies den Anwendungen nicht mehr möglich, was zu Nachteilen bei der Nutzbarkeit beziehungsweise Aktualität der Daten führt. Datenübertragungen im Hintergrund bei bestehender WLAN-Verbindung sind davon nicht betroffen.

- *Daten autom. synchronisieren*: Die Anwendungen auf dem Galaxy laden automatisch im Hintergrund Daten aus dem Internet herunter. Wenn Sie *Daten autom. Synchronisieren* deaktivieren, müssen Sie sich selbst um die Datenübertragung kümmern. Wir empfehlen, die automatische Synchronisierung nicht zu deaktivieren, weil damit ein erheblicher Komfortverlust verbunden ist. Beispielsweise werden Sie nicht mehr automatisch über neu im Postfach vorhandene E-Mails informiert, sondern müssen in der E-Mail-Anwendungen den Nachrichtenabruf von Hand durchführen (in Gmail zum Beispiel mit der ↻-Schaltleiste).

- *WLAN-Nutzung anzeigen*: Blendet ein zusätzliches Register im Bildschirm ein, in dem Sie die im WLAN übertragene Datenmenge kontrollieren können (❷).

- *Mobile Hotspots*: In diesem Menü (❸) legen Sie fest, welche WLAN-Zugangspunkte das Galaxy nicht für Hintergrund-Datenübertragungen genutzt werden dürfen. Ein Anwendungsfall wäre, dass das Handy aus Datenschutzgründen nur im Büro ins Internet gehen darf, weshalb Sie alle anderen WLAN-Hotspots (von zuhause, Café, WLAN des Nachbarn...) abhaken.

7.4 Empfangsstärke Mobilfunk und WLAN

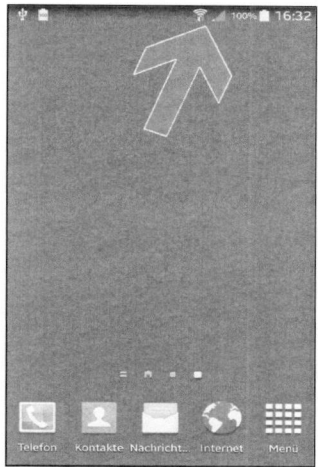

Für eine gute und unterbrechungsfreie Datenübertragung über WLAN oder Mobilfunknetz ist eine hohe Signalstärke jeweils Voraussetzung.

Die Signalstärke erkennen Sie an den Symbolen 🛜 (für WLAN) und 📶 (für Mobilfunknetz) in der Titelleiste (Pfeil). Wenn ein oder mehrere der Balken fehlen, besteht kein optimaler Empfang, das heißt, Sie befinden sich etwas weiter vom WLAN-Zugangspunkt/Mobilfunkmast entfernt oder ein Hindernis wie Berge oder Häuser stehen zwischen Ihnen und dem nächsten Mobilfunkmast. Die Balkenangaben sind naturgemäß recht ungenau, was aber meistens keinen Beinbruch darstellt.

7.4.1 Wi-Fi Analyzer

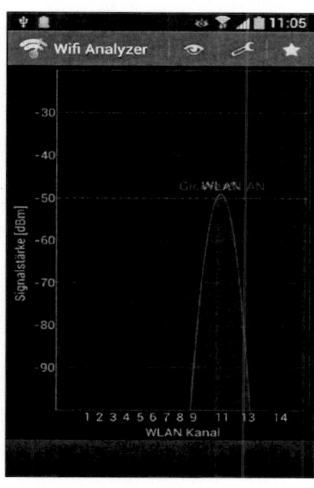  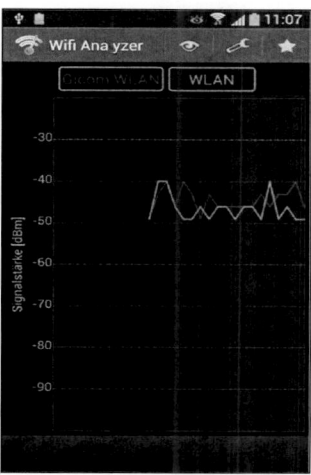

❶❷❸ Der kostenlose *Wifi Analyzer* aus dem Google Play Store bringt neben der Signalstärkeanzeige viele Zusatzfunktionen mit, die auch Profis begeistern dürften. Zwischen den Bildschirmen schalten Sie mit einer Wischgeste auf dem Display um.

7.5 Internetverbindung optimieren

Das Galaxy bringt im Vergleich zu anderen Handys einige spezielle Funktionen mit, über die Sie Ihre Internetverbindung beschleunigen.

7.5.1 Download-Booster

Normalerweise nutzt das Galaxy für Datenübertragungen aus dem Internet immer nur eine Verbindung, also entweder WLAN oder Mobilfunk. Da meist ohnehin nur kleinere Datenmengen übertragen werden, beispielsweise beim Internetsurfen über den Webbrowser, spielt die Verbindungsgeschwindigkeit keine große Rolle. Müssen Sie dagegen öfter mal eine größere Datei aus dem Internet herunterladen, sollten Sie den sogenannten Download-Booster verwenden. Dieser sorgt dafür, dass die Internetübertragung über WLAN und Mobilfunk **gleichzeitig** erfolgt.

Beachten Sie allerdings folgende Einschränkungen: Laut Samsung funktioniert der Download-Booster nur bei Dateien, die mindestens 30 MB groß sind und wenn ein bestimmtes Übertragungsprotokoll genutzt wird. Von den vorinstallierten Anwendungen auf dem Galaxy unterstützen der Play Store (siehe *Praxisbuch Teil 2*, Kapitel *31.1 Play Store*), Samsung Apps (siehe *Praxisbuch Teil 2*, Kapitel *31.2 Samsung Apps*) und Youtube (siehe *Praxisbuch Teil 2*, Kapitel *30.7 Youtube*) den Download-Booster.

> Ihr Datenvertrag (Internetflatrate) sollte genügend Übertragungsvolumen inkludiert haben, um den Download-Booster nutzen zu können. Siehe dazu auch Kapitel *7.1.3.e Teuer! Teuer! Teuer!*

 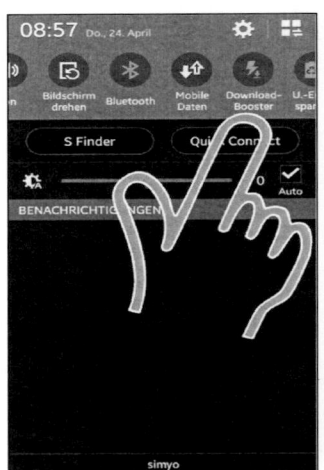 

❶ Aktivieren Sie das Benachrichtigungsfeld und führen Sie eine Wischgeste nach links über der Symbolleiste aus.

❷ Tippen Sie auf *Download-Boaster* – erneutes Betätigen beendet den Download-Boaster wieder.

❸ Die Meldung schließen Sie mit *OK*. Wenn künftig der Download-Booster aktiv ist, erscheint ein Popup.

7.5.2 Intelligenter Netzwechsel

Das Galaxy nutzt bevorzugt WLAN für den Internetzugriff, da dieses meist schneller ist als Mobilfunk-Internet und zudem keine Kosten verursacht. Leider gilt dies meistens nur für Zuhause, denn unterwegs werden Sie häufiger auf WLAN-Zugangspunkte, beispielsweise in Hotels, stoßen, bei denen Sie mit Verbindungsabbrüchen zu kämpfen haben. Für solche Problemfälle hat Samsung den intelligenten Netzwechsel entwickelt. Bricht die WLAN-Verbindung ab, wechselt das Galaxy dann automatisch auf die Mobilfunkverbindung.

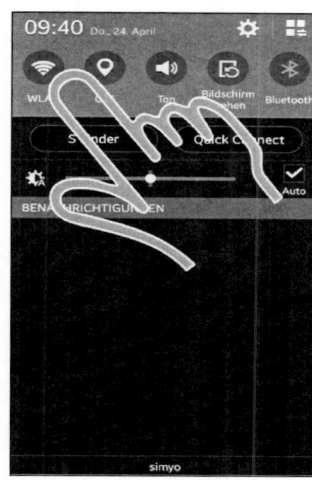  

❶ Tippen und halten Sie den Finger auf *WLAN*.

❷❸ Aktivieren Sie *Intelligenter Netzwechsel* und schließen Sie den Hinweis mit *OK*.

8. Wireless LAN

Schon seit einigen Jahrzehnten bieten verschiedene Hersteller Produkte zur drahtlosen Koppelung von Netzwerken an. War das Einsatzgebiet zuvor auf professionelle Anwender wie Telekommunikationsunternehmen beschränkt, die aus der Portokasse einige zehntausend Euro auf den Tisch legten, um noch teurere Erdleitungen zu vermeiden, so ist die Funkübertragung seit einiger Zeit auch für Privatanwender erschwinglich. Möglich gemacht haben dies die Einführung von weltweit gültigen Funkstandards wie IEEE 802.11b für WLAN (Wireless Local Area Network) und die behördliche Freigabe von Frequenzen im 2,4 Gigahertz-Bereich. Die verschiedenen Standards zur Computervernetzung bezeichnet man auch als »Wireless Fidelity« oder kurz »Wifi«. WLAN wird im Privatbereich meist ausschließlich dazu genutzt, um PCs, Notebooks, Handhelds, usw. ans Internet anzuschließen. Dazu benötigt man nur einen sogenannten WLAN-DSL-Router, wie er heute schon für weniger als hundert Euro zu haben ist. Unterwegs kann man auch sogenannte WLAN-Hotspots nutzen, die man in zahlreichen Hotels, Flughäfen, Bars, usw. findet. In Städten finden Sie zudem häufig »offene« WLAN-Hotspots, bei denen absichtlich oder unabsichtlich Privatleute die Nutzung Ihres WLAN-Routers erlauben. Kommerzielle WLAN-Hotspots sind dagegen häufig nur nach Bezahlung nutzbar. Dazu verwenden die Hotspots eine Verschlüsselung, für die man ein Passwort eingeben muss.

8.1 WLAN-Verbindung aufbauen

In den meisten Haushalten und Büros ist heutzutage bereits ein WLAN anzutreffen, denn heute bekommt man mit der Einrichtung des DSL-Anschlusses auch gleich einen sogenannten WLAN-Router »hinterher geworfen«. Für den WLAN-Zugriff sind im Handel PCI-Karten für den Einbau in den PC sowie USB-Adapter verfügbar. Aktuelle Notebooks und viele Handys und Tablets wie das Galaxy sind schon von Haus aus mit einem WLAN-Modul ausgestattet.

Wenn Sie das erste Mal WLAN nutzen, müssen Sie erst das WLAN-Modul am Galaxy einschalten und dann eine Verbindung zum WLAN-Router (WLAN-Zugangspunkt) aufbauen, was in diesem Kapitel beschrieben wird.

Beachten Sie auch Kapitel *7.2 Umschaltung WLAN und Mobilfunk-Internet*, in dem erläutert wird, wie Sie zwischen WLAN- und Mobilfunk-Internet umschalten.

8.1.1 WLAN über die Einstellungen einrichten

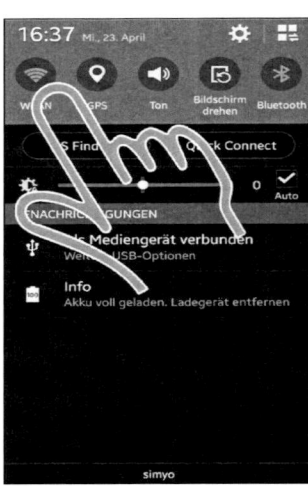 

❶ Nach Aktivierung des Benachrichtigungsfelds tippen Sie den *WLAN*-Schalter an (Pfeil).

❷ Warten Sie, bis die gefundenen WLANs anzeigt werden, wovon Sie einen auswählen (falls der WLAN-Dialog auch nach mehreren Sekunden nicht erscheint, müssen Sie das Benachrichtigungsfeld öffnen und dort die WLAN-Meldung antippen).

❶ Sofern das WLAN verschlüsselt ist, fragt Sie das Galaxy nach dem Passwort, das Sie eventuell vom WLAN-Betreiber erfragen müssen. Betätigen Sie dann *Verbinden*.

❷ Nach einigen Sekunden erscheint das 📶-Symbol in der Titelleiste (Pfeil). Sie können nun Internet über WLAN nutzen.

8.1.2 WPS-Schnellverbindung

Weil viele Anwender beim Aufbau von WLAN-Verbindungen überfordert sind – die wenigsten kennen das bei verschlüsseltem WLAN-Zugangspunkt nötige Passwort – wurde WPS (engl. Wi-Fi Protected Setup) entwickelt. Bei WPS erhält der Nutzer von einem der beteiligten Geräte ein Passwort, das er dann beim Kommunikationspartner eingeben muss.

Beim Galaxy werden zwei WPS-Verbindungsmethoden unterstützt:

- WPS-PIN: Sie müssen Sie das vom Handy angezeigte Passwort in der (Web-)Benutzer-oberfläche des Routers eingeben. Der Vorteil der WPS-Methode ist, dass das Passwort bei Bedarf erzeugt wird und nur einmal gültig ist.

- WPS-Taste: Eine speziell gekennzeichnete »WPS«-Taste am WLAN-Router sorgt dafür, dass das Handy sich mit dem WLAN verbindet.

Überprüfen Sie vorher, ob Ihr WLAN-Router den WPS-Modus unterstützt. Dies geschieht über die Weboberfläche des Routers, welche Sie im Webbrowser auf einem damit verbundenen PC oder Notebook aufrufen. Für weitere Details müssen wir an dieser Stelle auf die jeweilige Anleitung des WLAN-Routers verweisen.

❶ Aktivieren Sie das Benachrichtigungsfeld, dann tippen und halten Sie den Finger über der *WLAN*-Schaltleiste.

❷ Prüfen Sie, ob der Schalter hinter *WLAN* eingeschaltet ist.

 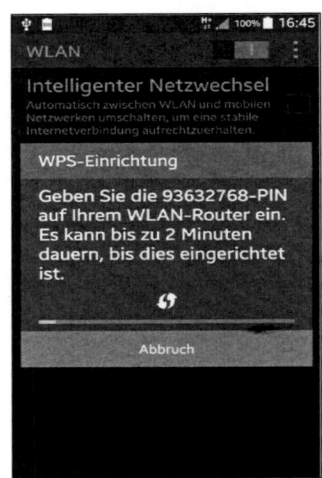

❶ Je nachdem, welche Verbindungsmethode Sie bevorzugen, rufen Sie ⦂/WPS-Taste drücken oder *WPS-PIN eingeben* auf.

❷ Nach dem Aufruf von ⦂/*WPS-PIN eingeben* zeigt das Handy einen Code an, den Sie beim WLAN-Router bestätigen müssen. Dafür ist es notwendig, auf einem PC oder Notebook, der mit dem WLAN-Router verbunden ist, die Weboberfläche des WLAN-Routers aufzurufen und in das WLAN-Menü zu gehen, worin Sie dann das Galaxy freigeben.

8.2 WLAN-Zugangspunkte verwalten

Im *WLAN*-Menü wechseln Sie zwischen den genutzten WLAN-Zugangspunkten und stellen Netzbenachrichtigungen und den Funkkanal ein.

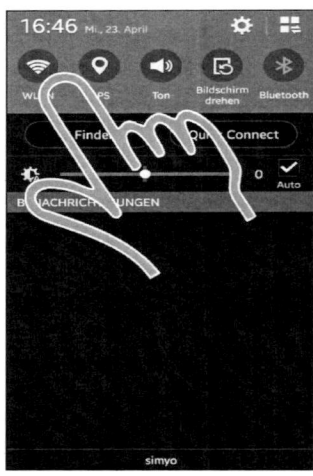 

❶ Halten Sie einfach den Finger auf *WLAN* im Benachrichtigungsfeld gedrückt, worauf der WLAN-Bildschirm erscheint.

❷ Falls Sie einen anderen Zugangspunkt verwenden möchten, tippen Sie ihn einfach an, worauf sich das Handy nach einer Rückfrage damit verbindet.

❶❷ Das ⋮/*Erweitert*-Menü zeigt weitere Optionen an:

- *Netzbenachrichtigung*: Sofern das Handy in keinem WLAN eingebucht ist und ein neues WLAN »entdeckt«, erscheint ein Dialog, über den Sie sich beim WLAN anmelden (im Prinzip der gleiche Vorgang, wie bei der ersten WLAN-Aktivierung, siehe Kapitel *8.1 WLAN-Verbindung aufbauen*).

- *Passpoint*: Einige WLAN-Router unterstützen das Passpoint-Protokoll, welches einen unkomplizierten Verbindungsaufbau ermöglicht.

- *Sortieren nach:* Die gefundenen WLAN-Zugangspunkte nach Namen oder RSSI (engl. Received Signal Strength Indication = Empfangssendestärke) sortieren.

- *WLAN im Standbymodus eingeschaltet lassen*: Eine Reihe von Programmen auf dem Galaxy nutzen im Standbymodus (wenn das Display ausgeschaltet ist), die Internetverbindung. Beispielsweise werden E-Mails automatisch abgerufen. Deaktivieren Sie *Immer,* so erfolgt der Datenabruf stattdessen über das Mobilfunk-Internet. Sie sollten deshalb diese Option nicht deaktivieren.

- *Suche immer erlauben:* Auch wenn Sie WLAN deaktiviert haben, ist es weiterhin aktiv. Android ermittelt dann aus den in der Nähe vorhandenen WLANs Ihren Standort. Einige Anwendungen, an prominenter Stelle die Google-Suche, werten Ihren Standort aus, um Suchergebnisse zu optimieren.

- *Automatischer Netzwechsel*: Das Galaxy überprüft permanent, ob eine Internetverbindung über WLAN möglich ist und schaltet bei Bedarf auf die Mobilfunkdatenübertrag um.

- *WLAN-Timer*: Konfiguriert das automatische Ein-, beziehungsweise Ausschalten den WLAN-Moduls. Nützlich, wenn Sie das WLAN nur zu bestimmten Zeiten nutzen, beispielsweise während Bürozeiten, da Sie durch WLAN-Deaktivierung die Akkulaufzeit etwas erhöhen.

- *Zertifikate installieren*: Einige Programme benötigen spezielle Verschlüsselungszertifikate beispielsweise in Unternehmensnetzwerken, welche Sie hiermit installieren.

8.3 WLAN-Sicherheit

Sicherlich haben Sie schon einmal in der Presse von den Gefahren gelesen, die ungeschützte WLANs haben, denn häufig geht die Reichweite des Funknetzes bis auf die Straße oder in Nachbargebäude. Gefährlich sind dabei weniger Hobbyisten, die einfach nur mal kostenlos im Internet surfen wollen, als vielmehr Hacker, die Chaos anrichten oder sogar Industriespionage durchführen. Da meist über das WLAN nicht nur der Internetzugang läuft, sondern häufig auch der Zugriff auf im LAN freigegebene Verzeichnisse und Computer möglich ist, sollten Sie nach der erfolgreichen Einrichtung Ihres WLAN-Routers daran gehen, das Funknetz nach außen abzudichten. Dies können Sie meist auf einer Weboberfläche Ihres Routers durchführen.

- *Router-Kennwort*: Viele WLAN-Router werden mit Standard-Logins ausgeliefert, die Sie auf jeden Fall ändern sollten. Andernfalls können Hacker sich selbst als Nutzer freischalten.

- *Freigegebene Nutzer*: Alle WLAN-Nutzer (und auch Netzwerk-Nutzer allgemein), sind mit einer weltweit einmaligen, sogenannten MAC-Adresse versehen. Im Router können Sie festlegen, dass nur Zugriffe von Geräten erlaubt sind, die Sie selbst explizit in einer Liste freigeben. Leider ist das Führen der Liste gerade bei häufig wechselnden Nutzern recht unbequem.

- *Router-Identifizierung unterdrücken*: Jeder Router identifiziert sich über die SSID (Service Set Identifier) gegenüber den Netzwerknutzern. Wenn Sie die SSID vom Router mit der Option »SSID unsichtbar«, unterdrücken lassen, muss der Kommunikationspartner die SSID schon kennen, bevor er eine Verbindung aufbauen kann.

- *Verschlüsselte Verbindung:* Vor dem Verbindungsaufbau muss der Kommunikationspartner ein vorgegebenes Passwort übermitteln.

8.4 WLAN unterwegs sicher einsetzen

In vielen Fällen stehen an Orten mit großem Publikumsverkehr (Hotels, Kongresshallen, Bars, Flughäfen, usw.) WLANs, die teilweise sogar unverschlüsselt sind und daher ohne vorherige Kennworteingabe nutzbar sind. Datendiebe machen sich diesen Umstand zunutze, denn unverschlüsselte WLAN-Verbindungen lassen sich mit geringem technischen Aufwand abhören, um Logins und Passwörter der vom arglosen Anwender genutzten Onlinedienste abzufangen. Andererseits können Hacker selbst ein WLAN aufspannen, was ebenfalls Abhörmöglichkeiten eröffnet. Sofern verschlüsselte Verbindungen (SSL) wie sie zum Beispiel beim Online-Banking inzwischen üblich sind, genutzt werden, ist man natürlich recht sicher. Auch der E-Mail-Abruf lässt sich absichern, was aber wohl nur für Profianwender praktikabel ist. Wir raten deshalb generell von der Nutzung unbekannter WLANs ab. Fragen Sie beispielsweise in einem Hotel an der Rezeption, nach, welche verschlüsselten WLANs das Hotel anbietet und nutzen Sie nur diese. Übrigens sagt der Name eines WLANs noch nichts über dessen Authentizität aus, denn jeder WLAN-Betreiber hat die Möglichkeit, sein WLAN einen seriös klingenden Namen wie »Telekom WLAN« zu geben.

Wenn Sie richtig sichergehen möchten, dass niemand Ihre Internetverbindung ausspäht, sollten Sie ein VPN einsetzen, das *Praxisbuch Teil 2,* Kapitel *34.7 VPN-Verbindungen auf dem Galaxy* erläutert.

9. Gmail

Gmail ist ein kostenloser E-Mail-Dienst, der über eine bequeme Web-Oberfläche genutzt werden kann. Besuchen Sie mit Ihrem Webbrowser auf dem PC die Webadresse *mail.google.com* für weitere Informationen und zur Neuregistrierung.

Im Gegensatz zu Mail-Programmen auf dem PC synchronisiert die Gmail-Anwendung alle Nachrichten mit der Gmail-Weboberfläche. Das heißt, Sie haben sowohl online, als auch auf dem Gerät, immer den gleichen Nachrichtenstand. Beachten Sie aber, dass einige Funktionen der Weboberfläche auf dem Gerät selbst nur eingeschränkt zur Verfügung stehen.

Bevor die Gmail-Anwendung genutzt werden kann, muss der Internetzugang wie im Kapitel *7 Internet einrichten und nutzen* beschrieben, konfiguriert sein. Für Gmail müssen Sie auf dem Gerät erst ein Google-Konto einrichten, was Kapitel *15.1 Das Google-Konto* erläutert. Mit Ihrem Google-Konto erhalten Sie dann auch Ihre Gmail-E-Mail-Adresse.

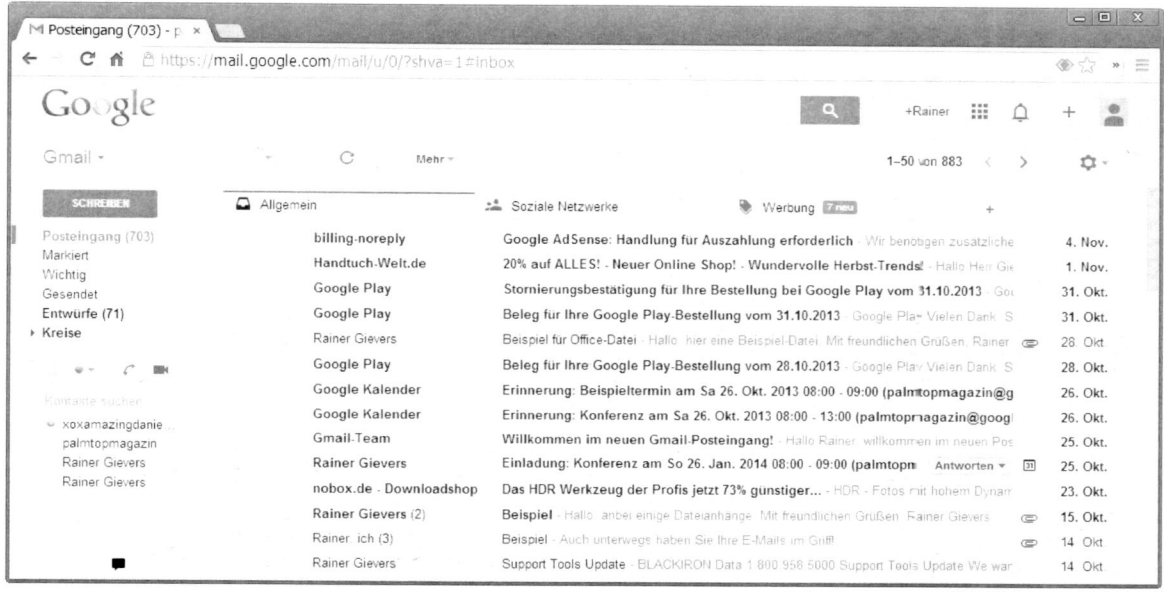

Die Weboberfläche von Gmail im PC-Webbrowser.

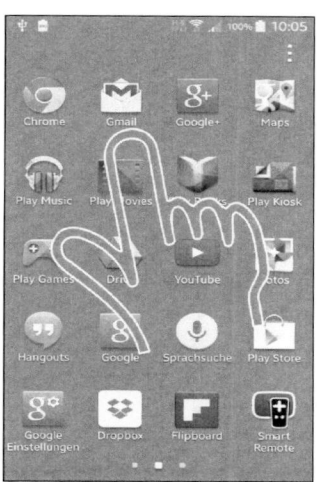  

❶ Starten Sie *Gmail* aus dem Hauptmenü.

❷ Beim ersten Start erscheinen diverse Hinweise, welche Sie nun mit einer horizontalen Wischgeste beziehungsweise der ✕-Schaltleiste entfernen.

❸ Die großen bunten Symbole vor den einzelnen Nachrichten enthalten jeweils den ersten Buchstaben des Absenders, im Beispiel also »C« für einen C&A-Newsletter, usw.

9.1 Gmail in der Praxis

9.1.1 E-Mails abrufen

 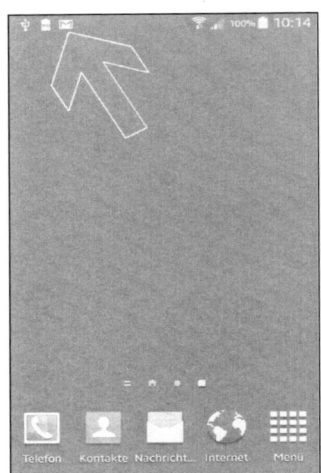 

❶ Für die Synchronisierung der E-Mails in der Gmail-Anwendung mit dem E-Mail-Konto gehen Sie auf ⦂/*Aktualisieren* (Sie können allerdings auch eine automatische Synchronisation, wie im Kapitel *15.1 Das Google-Konto* beschrieben, einstellen).

❷❸ Alternativ können Sie sich die neuen E-Mails auch auf einem weiteren Wege anzeigen: Wenn neue Nachrichten vorliegen, erscheint in der Titelleiste ein M-Symbol (Pfeil). Öffnen Sie das Benachrichtigungsfeld (siehe Kapitel *3.7.6 Titelleiste und Benachrichtigungsfeld*) und tippen Sie auf *x neue Nachrichten*, worauf der Gmail-Posteingang angezeigt wird. Sofern nur eine neue Nachricht empfangen wurde, zeigt Gmail diese statt des Posteingangs an.

> Die Gmail-Anwendung arbeitet speicheroptimiert, das heißt beim Blättern in der Nachrichten-auflistung lädt sie automatisch die als nächstes anzuzeigenden Mails nach. Dies kann bei einer langsamen Mobilfunkverbindung manchmal einige Sekunden dauern. Sie sehen dann *»Konversationen werden geladen«*.

❶❷ Eine Wischgeste aktualisiert ebenfalls Ihre Nachrichten. Achten Sie dabei darauf, dass Sie langsam von oben nach unten wischen, bis der Hinweis *»Nachrichten werden abgerufen«* erscheint.

❶ Alle noch ungelesenen Nachrichten erscheinen in Fettschrift. Tippen Sie nun eine Nachricht an, die Sie lesen möchten.

❷ Die Bedeutung der Schaltleisten am oberen Bildschirmrand:

- ⬇ (Archivieren): Entfernt eine Nachricht aus dem Posteingang, ohne sie zu löschen. Siehe auch Kapitel *9.2.3 Archivieren*.

- 🗑: Nachricht löschen.

- ✉ (Ungelesen): Setzt den Nachrichtenstatus auf »ungelesen« und schaltet wieder auf den Posteingang um.

- 📁 (Verschieben): Labels der Nachricht ändern (siehe Kapitel *9.1.4 Labels*). Diese Schaltleiste ist nur sichtbar, wenn Sie das Gerät waagerecht statt senkrecht halten.

❸ Über eine Kneifgeste (zwei Finger, beispielsweise Daumen und Zeigefinger, gleichzeitig auf das Display drücken), können Sie die Ansicht vergrößern/verkleinern. Verschieben Sie bei Bedarf dann mit dem Finger den angezeigten Bildschirmausschnitt.

❶ Ziehen Sie mit angedrücktem Finger nach links/rechts, um zur nächsten älteren/neueren Nachricht zu blättern.

❷ Weitere Funktionen erhalten Sie über die oberen Schaltleisten (Markierung):

- ★: E-Mail als Favorit markieren (siehe Kapitel *9.2.6 Markierungen*).

- ↩: Erstellt eine Antwort-Nachricht an den Absender.

❸ Das ⋮-Menü:

- *Allen antworten*: Sofern die E-Mail mehrere Empfänger enthält, können Sie Ihre Antwort-Nachricht an alle Empfänger senden. Wir raten davon aber ab, weil dies unter Umständen zu peinlichen Situationen führen kann, beispielsweise, wenn ein Kunde die interne Kommunikation eines Unternehmens zugesandt bekommt.

- *Weiterleiten*: Erstellt eine neue Nachricht mit dem Nachrichtentext.
- *Drucken*: Als PDF speichern oder auf einem (Netzwerk-)Drucker ausgeben.

9.1.2 Absender ins Telefonbuch aufnehmen

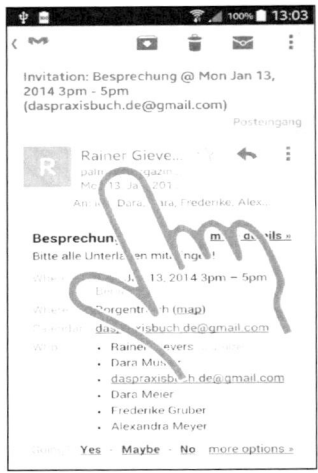  

Leider scheint Gmail aktuell das Anlegen von neuen Kontakten direkt aus dem E-Mail-Bildschirm nicht zu unterstützen. Behelfen können Sie sich mit dem Umweg über die Zwischenablage:

❶ Tippen und halten Sie den Finger auf der E-Mail-Adresse, die Sie einem Kontakt zuweisen möchten.

❷ Wählen Sie dann im Popup *Kopieren*.

❸ Rufen Sie das Telefonbuch auf (siehe Kapitel *5 Telefonbuch*), worin Sie dann einen neuen Kontakt anlegen beziehungsweise einen bestehenden Kontakt zum Bearbeiten öffnen. Betätigen Sie eventuell *Weiteres Feld hzfg* am unteren Bildschirmrand und wählen Sie *E-Mail*. Sie befinden sich/gehen dann ins E-Mail-Eingabefeld und tippen und halten den Finger darin, bis das Popup erscheint. Darin tippen Sie nun auf *Einfügen*. Vergessen Sie nicht, anschließend die Änderungen am Kontakt mit *Speichern* zu übernehmen.

9.1.3 Dateianlagen

❶ Nachrichten mit Dateianlagen erkennen Sie am ⊖-Symbol (Pfeil) in der Nachrichtenauflistung.

❷❸ Bild-Dateianlagen zeigt Gmail in einer Vorschau. Tippen Sie sie jeweils für eine Vollbildanzeige an. Über ⋮/*Speichern* beziehungsweise ⋮/*Alle speichern* landen die Dateien im Gerätespeicher.

| Heruntergeladene Dateianlagen landen im Verzeichnis \Download. |

9.1.4 Labels

Labels haben bei Gmail die gleiche Funktion wie Ordner. Deshalb werden auch die klassischen E-Mail-Ordner *Postausgang*, *Entwürfe*, *Gesendet*, usw. bei Gmail als »Label« bezeichnet. Man darf einer Mail mehrere Labels gleichzeitig zuweisen.

 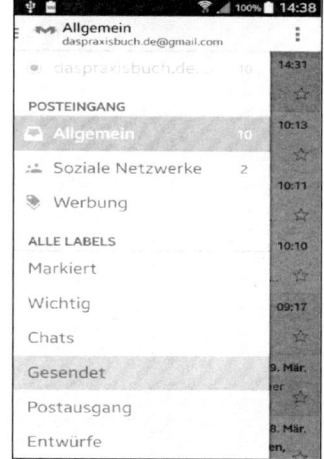 

❶❷ Zur Anzeige der E-Mails eines Labels tippen Sie oben links (Pfeil) für das Ausklappmenü:

Die Nachrichten sind unter *POSTEINGANG* eingeteilt nach (diese Infos wurden der Gmail-Hilfe unter *support.google.com/mail/answer/3055016* entnommen):

- *Allgemein:* Nachrichten von Freunden und Verwandten sowie sonstige Nachrichten, die nicht in einem der anderen Labels angezeigt werden.

- *Werbung*: Werbeaktionen, Angebote und sonstige Werbe-E-Mails.

- *Soziale Netzwerke*: E-Mails aus sozialen Netzwerken, Plattformen zum Teilen von Inhalten, Online-Partnervermittlungen, Spieleplattformen oder anderen sozialen Web-sites.

- *Benachrichtigungen:* Benachrichtigungen wie Bestätigungen, Belege, Rechnungen und Kontoauszüge.

- *Foren:* E-Mails aus Online-Gruppen, Diskussionsforen und Mailinglisten.

- *Sortierter Eingang*: Nachrichten, die von Gmail als wichtig erkannt wurden (siehe Kapitel *9.2.5 Wichtig-Label und der sortierte Eingang*).

Unter *ALLE LABELS* finden Sie:

- *Markiert*: Der »Markiert«-Status kann Nachrichten oder Konversationen zugewiesen werden. Siehe dazu auch Kapitel *9.2.6 Markierungen*.

- *Wichtig*: Gmail erkennt automatisch Nachrichten, die für Sie interessant oder wichtig sind und ordnet sie unter *Wichtig* ein. Siehe auch Kapitel *9.2.5 Wichtig-Label und der sortierte Eingang*.

- *Chats*: Auf die Chat-Funktion geht dieses Buch nicht ein.

- *Gesendet*: Versandte Nachrichten.

- *Postausgang*: Zum Versand bereitstehende Nachrichten.

- *Entwürfe*: Nachrichten, die bereits vorbereitet, aber noch nicht versandt wurden.

- *Alle Nachrichten*: Zeigt alle Mails sortiert als sogenannte Konversationen an.

- *Spam*: Als Spam erkannte Mails.

- *Papierkorb*: Von Ihnen gelöschte Mails.

- *Arbeit, Belege, Privat, ...*: Vordefinierte Labels von Ihnen oder Gmail.

Tippen Sie ein Label, deren zugeordneten E-Mails Sie ansehen möchten, an.

❸ Am oberen Bildschirmrand (Pfeil) sehen Sie, in welchem Ordner Sie sich gerade befinden.

> Auf die Funktion der einzelnen Ordner gehen die folgenden Kapitel ein.
>
> Befinden Sie sich in einem anderen Ordner als *Allgemein*, dann kehren Sie mit der ⤺-Taste wieder zu *Allgemein* zurück.

9.1.5 E-Mails beantworten

❶ Zum Beantworten einer gerade angezeigten E-Mail betätigen Sie einfach die ⬅-Schaltleiste (Pfeil).

❷ Geben Sie nun den Nachrichtentext ein und betätigen Sie ➤. Es erscheint dann für einige Sekunden der Hinweis »*Nachricht wird gesendet*«, während die Nachricht verschickt wird.

❶ Gmail verwaltet die Nachrichten als »Konversationen«, das heißt, im *Posteingang* werden alle Nachrichten die Sie mit einem Kommunikationspartner austauschen, unter einem Eintrag zusammengefasst. Sie erkennen die Konversationen daran, dass beim Betreff ein »*ich*« und die Zahl der ausgetauschten Nachrichten erscheint. Tippen Sie den Betreff an, um die Konversation anzuzeigen.

❷ Tippen Sie *x ältere Nachrichten* an.

❸ Es erscheinen Karteireiter mit den Nachrichten, die Sie mit dem Kommunikationspartner ausgetauscht haben. Tippen Sie einen Karteireiter an, um die zugehörige Nachricht auszufalten. Erneutes Antippen eines Karteireiters blendet die Nachricht wieder aus. Mit einer vertikalen Wischgeste können Sie zudem durch die aufgeklappten Nachrichten rollen.

9.1.6 E-Mail neu schreiben

 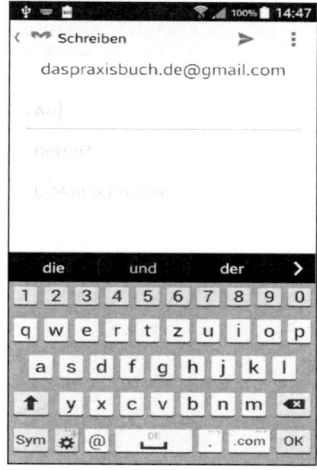 

❶ Rufen Sie ✉₊ auf.

❷❸ Im *An*-Feld erfassen Sie nun den Empfänger. Gmail sucht bereits bei der Eingabe des Kontaktnamens passende E-Mail-Adressen und listet diese auf. Tippen Sie einfach die Gewünschte an.

Die E-Mail-Adresse landet im Empfängerfeld. Falls Sie einen weiteren Empfänger hinzufügen möchten, geben Sie diesen einfach dahinter ein. Geben Sie nun Betreff und Nachrichtentext ein und betätigen Sie ➤ (oben rechts) zum Senden.

❶ Die versandte Mail finden Sie im *Gesendet*-Ordner. Aktivieren Sie dafür das Ausklappmenü (Pfeil).

❷❸ Wählen Sie *Gesendet* aus, worauf die versandten Nachrichten aufgelistet werden.

9.1.7 Weitere Funktionen bei der E-Mail-Erstellung

 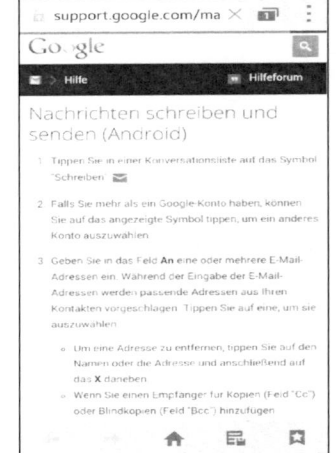

❶ Im E-Mail-Editor finden im ⋮-Menü folgende Optionen:

- *Datei anhängen*: Eine Datei als Dateianhang beifügen.

- *Cc/Bcc hinzufügen*: Weitere Empfänger hinzufügen (siehe nächstes Kapitel)

- *Entwurf speichern*: Speichert die E-Mail als Entwurf. Siehe Kapitel *9.1.8 Entwürfe*.

- *Löschen*: Nachricht ohne zu senden verwerfen.

- *Einstellungen*: Die Einstellungen beschreibt bereits Kapitel *9.3 Einstellungen*.

- *Feedback geben*: Falls Ihnen etwas an Gmail auffällt, das Ihnen nicht gefällt, oder Sie Verbesserungsvorschläge haben, können Sie diese an Google senden.

- *Hilfe*: Eine Online-Hilfe (❷).

9.1.7.a Cc/Bcc

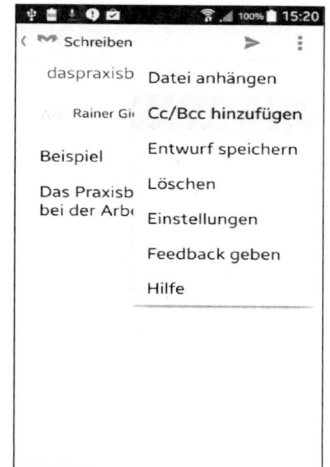 

❶❷ Über ⋮/*Cc/Bcc hinzufügen* aktivieren Sie zusätzliche Eingabefelder. Deren Bedeutung:

- *Cc*: Der Begriff Cc steht für »Carbon Copy«, zu deutsch »Fotokopie«. Der ursprüngliche Adressat (im *An*-Eingabefeld) sieht später die unter *Cc* eingetragenen weiteren Empfänger. Die *Cc*-Funktion ist beispielsweise interessant, wenn Sie ein Problem mit jemandem per E-Mail abklären, gleichzeitig aber auch eine zweite Person von Ihrer Nachricht Kenntnis erhalten soll.

- *Bcc*: Im *Bcc* (»Blind Carbon Copy«)-Eingabefeld erfassen Sie weitere Empfänger, wobei der ursprüngliche Adressat im *An*-Feld nicht mitbekommt, dass auch noch andere Personen die Nachricht erhalten.

9.1.7.b Dateianlage

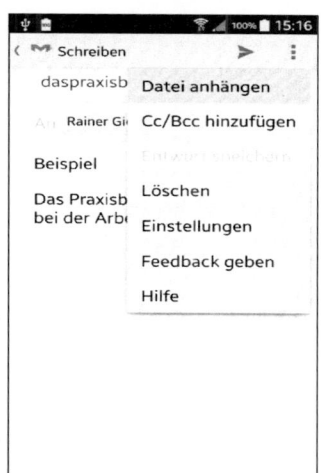 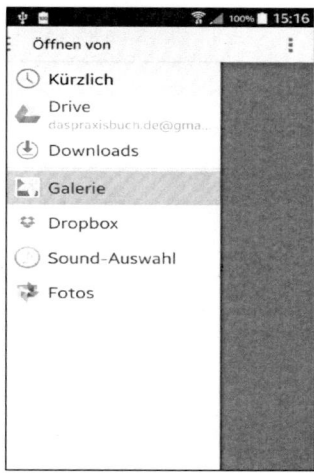 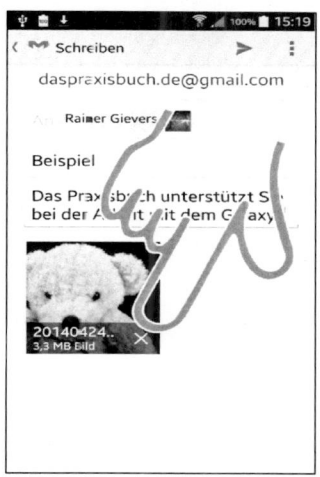

❶ Mit ⋮/*Datei anhängen* fügen Sie Ihrer E-Mail eine Datei hinzu.

❷ Gehen Sie in der folgenden Abfrage auf *Galerie.* Wählen Sie erst ein Album, dann ein Bild aus.

❸ Zum Entfernen der Bilddatei tippen Sie auf die ✕-Schaltleiste (Pfeil).

9.1.8 Entwürfe

Manchmal kommt es vor, dass man eine fertige Nachricht erst später verschicken möchte. Dafür bietet sich die Entwürfe-Funktion an.

❶ Geben Sie die Nachricht wie gewohnt ein. Danach betätigen Sie zweimal die ⌐‑Taste, worauf die Meldung »*Nachricht als Entwurf gespeichert*« erscheint und Gmail zur Nachrichtenübersicht zurückkehrt.

❷❸ Aktivieren Sie das Ausklappmenü und rufen Sie darin *Entwürfe* auf.

❶ Tippen Sie in der Auflistung des *Entwürfe*-Ordners eine Nachricht an, die Sie bearbeiten und später verschicken möchten.

❷ Eine Besonderheit gibt es bei Nachrichten, die man als Antwort geschrieben hat und dann als Entwurf speichert: In diesem Fall wird der Entwurf in die Konversation eingebettet und es erscheint der Hinweis »*Entwurf*« im Posteingang (Pfeil). Tippen Sie die betreffende Konversation an.

❸ Zum Bearbeiten und späteren Senden des Entwurfs tippen Sie 🖊 an.

9.1.9 E-Mails löschen

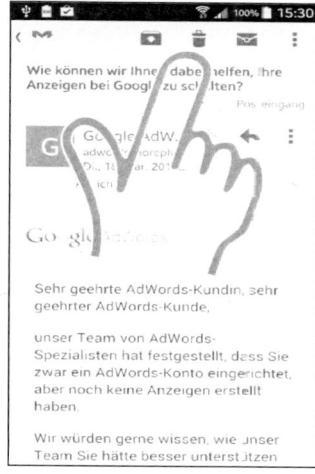 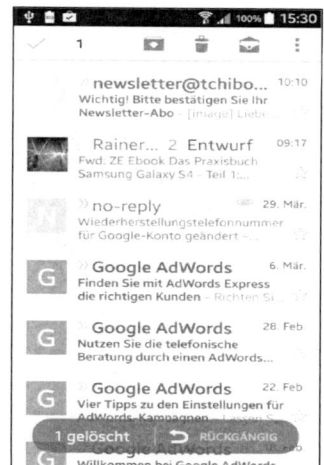

❶ Zum Entfernen einer E-Mail oder Konversation verwenden Sie in der E-Mail-Detailansicht 🗑.

❷ Die Nachricht ist dann entfernt und Gmail schaltet in den Posteingang um. Falls Sie sich mit dem Löschen vertan haben, ist es noch möglich, den Löschvorgang durch Antippen von *RÜCK-GÄNGIG* am unteren Bildschirmrand rückgängig zu machen. Dieser Hinweis verschwindet allerdings, wenn Sie im E-Mail-Programm weiterarbeiten, also beispielsweise eine Nachricht öffnen oder den E-Mail-Ordner wechseln.

> Wenn Sie zum ersten Mal eine Nachricht löschen, fragt Sie das Handy, wie nach dem Löschen verfahren werden soll. Tippen Sie *Konversationsliste* an, damit Gmail dann in die Nachrichtenansicht zurückkehrt.

❶❷ Die gelöschten Mails sind aber noch nicht verloren, sondern werden im *Papierkorb*-Ordner zwischengespeichert. Diesen erreichen Sie, indem Sie ins Ausklappmenü gehen (Pfeil), dann das *Papierkorb*-Label auswählen.

 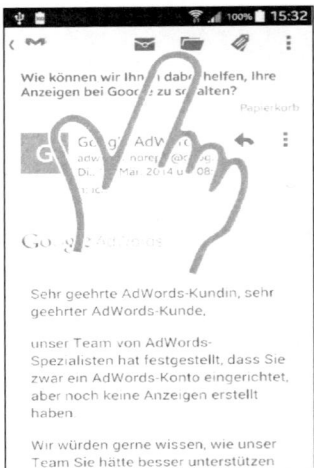 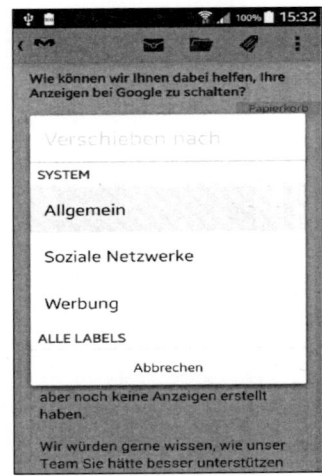

❶ Im Prinzip verhält sich der *Papierkorb*-Ordner ähnlich wie der *Posteingang*, das heißt sie können hier die Nachrichten noch einmal ansehen. Die gelöschten Nachrichten werden im Papierkorb für 60 Tage vorgehalten.

❷❸ Zum »Retten« einer Nachricht aus dem Papierkorb verschieben Sie sie einfach wieder in den Posteingang. Tippen Sie dazu in der Nachrichtenansicht auf 🗀 und aktivieren Sie *Allgemein*. Nach dem Bestätigen mit *OK* finden Sie die Nachricht im *Allgemein*-Ordner wieder.

9.2 Weitere Funktionen

9.2.1 Nachrichten durchsuchen

❶ Betätigen Sie die 🔍-Schaltleiste, wenn Sie die Nachrichten eines Ordners durchsuchen möchten.

❷ Die 🔍-Taste (Pfeil) im Tastenfeld führt dann die Suche durch. Alternativ wählen Sie einen der Suchvorschläge aus.

❸ Tippen Sie eine Nachricht an, die Sie lesen möchten. Die ⮌-Taste bringt Sie wieder in die Nachrichtenauflistung zurück.

9.2.2 E-Mail aus Telefonbuch senden

  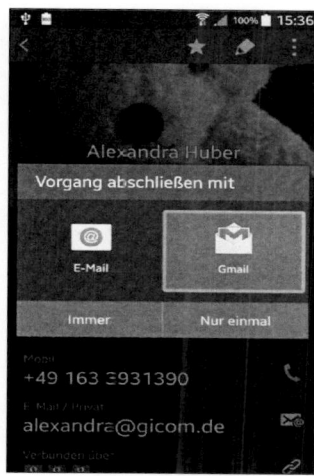

❶❷ Auch das Senden von Nachrichten über das Telefonbuch (siehe Kapitel *5 Telefonbuch*) ist möglich. Wählen Sie darin einen Kontakt aus und tippen Sie dann die E-Mail-Adresse an.

❸ Wählen Sie den *Gmail*-Eintrag aus (sofern Sie die im Kapitel *10 E-Mail* beschriebene E-Mail-Anwendung nutzen, erscheint zusätzlich *E-Mail*). Falls Sie immer Gmail für den E-Mail-Kontakt nutzen möchten, betätigen Sie dann *Immer*, sodass nicht mehr die Abfrage erscheint, ansonsten *Nur einmal*.

9.2.3 Archivieren

Obwohl Gmail Nachrichten, die mit dem gleichen Empfänger ausgetauscht wurden als »Konversationen« in einem Eintrag zusammenfasst, kann der Posteingang unübersichtlich werden. Unwichtige Nachrichten/Konversationen lassen sich deshalb im Posteingang ausblenden, was mit der Archivieren-Funktion geschieht.

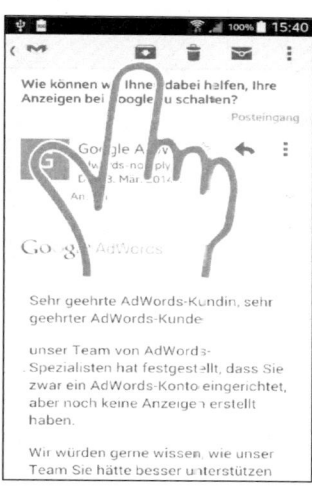  

❶ Betätigen Sie in der E-Mail-Detailansicht ▣ (Pfeil). Die Nachricht ist nun »archiviert« und Gmail schaltet wieder auf den Posteingang um.

❷ Zum Anzeigen der archivierten Nachrichten aktivieren Sie das Ausklappmenü.

❸ Wählen Sie *Alle Nachrichten* aus.

Gmail zeigt nun alle Nachrichten, das heißt, neben den archivierten auch die aus *Entwürfe*, *Gesendet*, usw. an.

> Alle Nachrichten, die im *Posteingang*-Ordner vorhanden sind, sind mit einem grauen »*Posteingang*« markiert.
>
> Über zweimaliges Betätigen der ↩-Taste oder erneutes Aktivieren des Ausklappmenüs und Auswahl von *Posteingang* beziehungsweise *Allgemein* bringt Sie wieder in den Posteingang zurück.

9.2.3.a Unterdrücken

Die zuvor erwähnte Archivieren-Funktion mag zwar sehr praktisch sein, wenn Sie aber laufend Nachrichten einer Konversation (beispielsweise auf einer Mailing-Liste) erhalten, die Sie überhaupt nicht interessieren, ist es sehr lästig, immer wieder erneut die einzelnen Nachrichten zu archivieren.

Mit der Unterdrücken-Funktion lassen sich dagegen alle Nachrichten einer Konversation automatisch archivieren, das heißt, wenn neue Nachrichten in einer unterdrückten Konversation eingehen, werden diese automatisch ebenfalls archiviert. Sie sollten die Unterdrücken-Funktion aber vorsichtig einsetzen, weil Sie ja von neuen Nachrichten einer unterdrückten Konversation nichts mitbekommen. Dies ist aber meist nicht weiter schlimm, denn ist Ihre E-Mail-Adresse im Feld »*An*« oder »*Cc*« enthalten, wird die Konversation wieder in Ihren Posteingang eingeordnet. Sie verpassen also keine Nachrichten, die direkt an Sie adressiert sind.

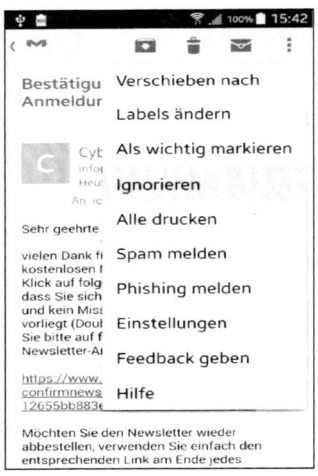

❶❷ In der Nachrichtenansicht rufen Sie ⋮/*Ignorieren* auf. Die Nachricht/Konversation verschwindet aus dem Posteingang.

❶ Zum Anzeigen der ignorierten Nachrichten aktivieren Sie das Ausklappmenü (Pfeil).

❷ Wählen Sie *Alle Nachrichten* aus.

❸ Unterdrückte Nachrichten sind mit dem Label *Ignoriert* markiert (Pfeil).

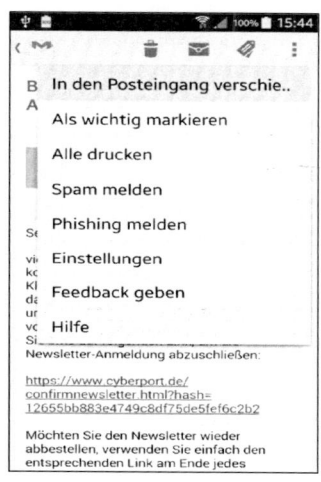

So verschieben Sie unterdrückte Nachrichten wieder in den Posteingang: Gehen Sie in die Nachrichtenansicht und rufen Sie ⋮/*In den Posteingang verschieben* auf.

9.2.4 Labels

Wie Sie bereits in den vorherigen Kapiteln erfahren haben, bietet Gmail die übliche Ordner-Struktur mit *Posteingang*, *Gesendete*, *Entwürfe*, usw. Weitere Ordner oder Unterordner lassen sich nicht anlegen, was aber kein großer Nachteil ist, weil es die »Label« gibt. Sie können einer Nachricht auch mehrere Label gleichzeitig zuweisen, beispielsweise *Arbeit* und *Belege*, was Übersicht in Ihren Posteingang bringt.

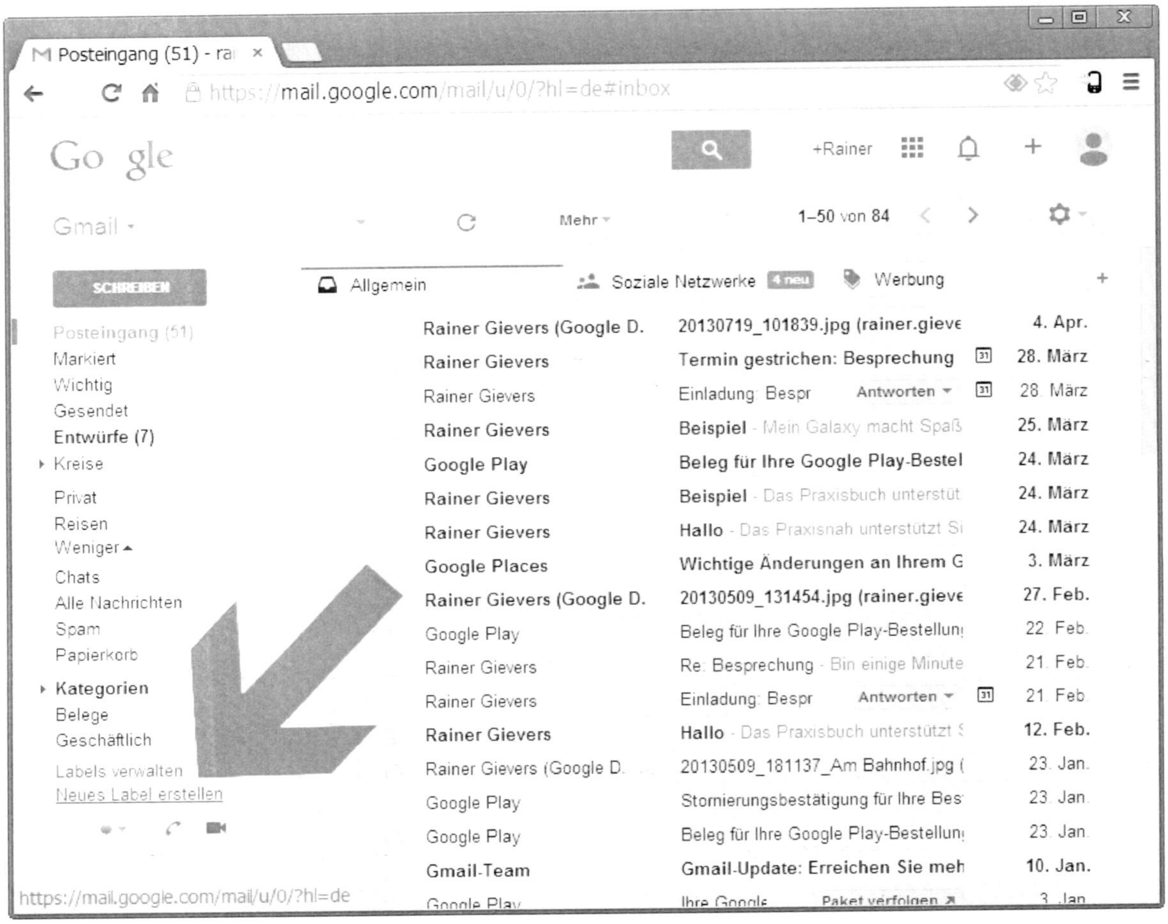

Neue Label lassen sich nur in der Web-Oberfläche von Gmail erstellen, wofür Sie sich im PC-Webbrowser auf *mail.google.com* anmelden. Bewegen Sie den Mauszeiger links in die Labelliste, welche dann ausklappt. Dort klicken Sie dann auf *Neues Label erstellen*.

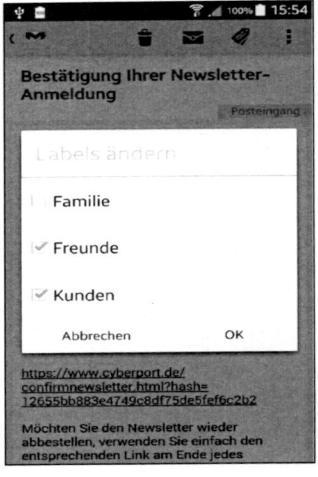

❶ Tippen Sie das *Posteingang*-Label an.

❷ Aktivieren Sie die Abhakkästchen vor den Labels und schließen Sie den Dialog mit *OK*.

❸ Die einer Nachricht zugeordneten Labels sieht man am oberen Bildschirmrand (Pfeil).

❶ Auch in der Nachrichtenauflistung erscheint jeweils ein Hinweis auf die Labels (Pfeil).

❷❸ So begrenzen Sie die Anzeige auf bestimmte Label: Gehen Sie in das Ausklappmenü und tippen Sie ein Label an.

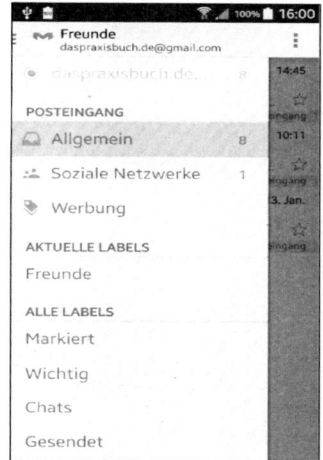

❶ Es werden nur noch Nachrichten mit dem ausgewählten Label aufgelistet. Verwenden Sie die ⤺-Taste, um wieder in den *Allgemein*-Ordner zurückzukehren.

❷ Der Wechsel zurück in *Allgemein* ist auch über das Ausklappmenü möglich.

Neue Label lassen sich nur in der Web-Oberfläche von Gmail erstellen.

9.2.5 Wichtig-Label und der sortierte Eingang

Erhalten Sie extrem viele Nachrichten, unterstützt Sie Gmail dabei, die lesenswerten von den weniger lesenswerten Nachrichten zu unterscheiden. Die Lesenswerten landen dann im *Sortierten Eingang*-Ordner. Aber wie funktioniert diese Filterung genau? Dazu schreibt Google in seiner Online-Hilfe (*support.google.com/mail/answer/186543*):

Gmail berücksichtigt automatisch eine Reihe von Signalen, um festzustellen, welche eingehenden Nachrichten wichtig sind, unter anderem:

- *An wen Sie E-Mails senden: Falls Sie viele E-Mails an Thomas senden, sind E-Mails von Thomas höchstwahrscheinlich wichtig.*

- *Welche Nachrichten Sie öffnen: Nachrichten, die Sie öffnen, sind höchstwahrscheinlich wichtiger als ungeöffnete Nachrichten.*

- *Welche Themen Ihre Aufmerksamkeit wecken: Falls Sie Nachrichten über Fußball immer lesen, ist eine E-Mail zum Thema Fußball höchstwahrscheinlich wichtig.*

- *Welche E-Mails Sie beantworten: Falls Sie Nachrichten von Ihrer Mutter immer beantworten, sind ihre Nachrichten an Sie höchstwahrscheinlich wichtig.*

- *Wie Sie die Funktionen "Markieren", "Archivieren" und "Löschen" verwenden: Nachrichten, die Sie markieren, sind höchstwahrscheinlich wichtiger als Nachrichten, die Sie ungeöffnet archivieren.*

  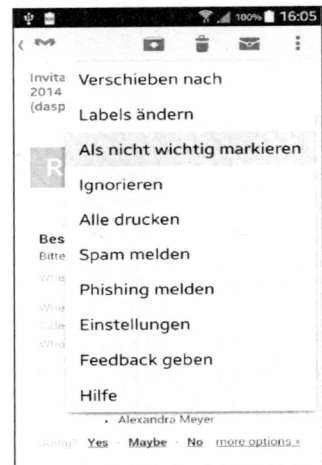

❶ Von Gmail als »wichtig« eingestufte Nachrichten erkennen Sie jeweils am gelben »-Symbol in der Nachrichtenauflistung des Posteingangs.

❷❸ Über ⁝/*Als wichtig markieren*, beziehungsweise ⁝/*Als nicht wichtig markieren* in der Nachrichtenansicht nehmen Sie Einfluss auf die automatische Einordnung weiterer E-Mails vom gleichen Absender.

❶❷❸ Aktivieren Sie das Ausklappmenü und wechseln Sie auf *Wichtig*, um nur die von Gmail als lesenswert eingestuften Nachrichten anzuzeigen.

> Wenn Sie, wie im folgenden Kapitel beschrieben, die *Art des Posteingangs* auf *Sortierter Eingang* umschalten, so zeigt Gmail beim Programmstart automatisch den sortierten Eingang mit den als wichtig eingestuften Nachrichten an.

9.2.5.a Benachrichtigung

Normalerweise erhalten Sie ja bei jeder empfangenen E-Mail eine akustische und visuelle Benachrichtigung, was schnell lästig wird. Über die Funktion »sortierter Eingang« können Sie die Benachrichtigung so einschränken, sodass Sie nur bei den von Gmail als »wichtig« eingestuften Mails einen Hinweis erhalten. Im Folgenden erfahren Sie, wie Sie den sortierten Eingang konfigurieren.

  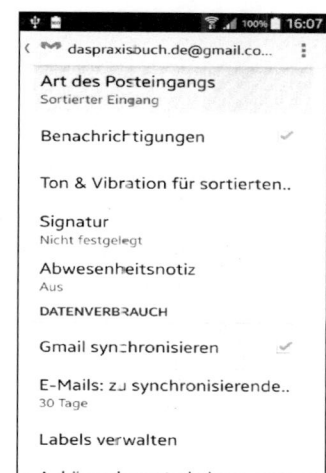

❶❷ Gehen Sie auf ⋮/*Einstellungen* und wählen Sie dann Ihr Google-Konto aus.

❸ Tippen Sie *Art des Posteingangs* an und aktivieren Sie *Sortierter Eingang*.

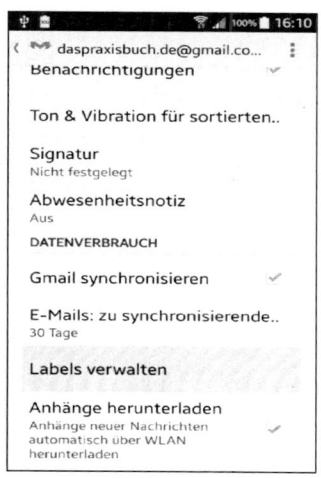  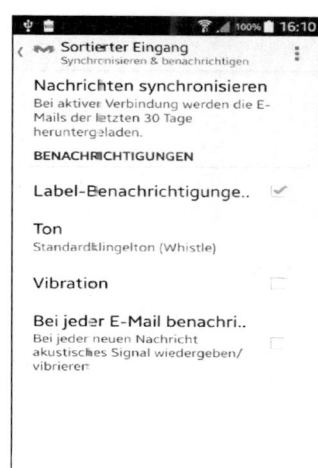

❶❷ Danach rufen Sie *Labels verwalten* auf und gehen auf *Sortierter Eingang*.

❸ Hier stellen Sie ein:

- *Label-Benachrichtigungen*: Wenn aktiv, informiert Sie Gmail in der Titelleiste über neue Mails.

- *Ton; Vibration*: Der Signalton, beziehungsweise das Vibrationssignal, mit dem Sie über neu empfangene Nachrichten informiert werden.

- *Bei jeder E-Mail benachrichtigen*: Konfiguriert, ob beim Abruf von mehreren neuen E-Mails bei jeder E-Mail einzeln die Benachrichtigung erfolgt.

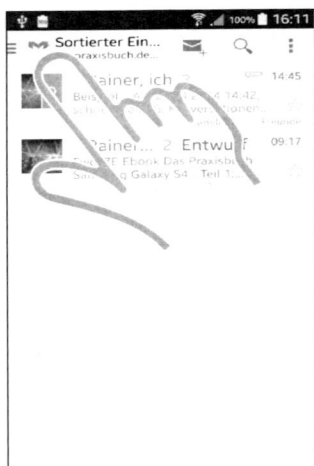

❶❷❸ Wie bereits erwähnt, zeigt Gmail nun nach dem Start immer nur den sortierten Postein-gang mit den als »wichtig« erachteten Nachrichten an. Wenn Sie dagegen alle Nachrichten an-zeigen möchten, rufen Sie das Ausklappmenü auf und wählen *Posteingang*.

9.2.6 Markierungen

Nachrichten, die für Sie wichtig sind, heben Sie einfach durch Markierung mit einem »Stern« hervor.

❶ Um einen Stern zu setzen, tippen Sie einfach den ausgeblendeten Stern hinter einer Nachricht an. Ein zweites Antippen deaktiviert den Stern wieder.

❷ Auch in der Nachrichtenanzeige können Sie den Stern setzen/entfernen (Pfeil).

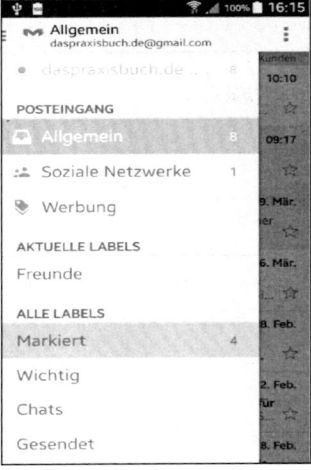

❶❷❸ Die Anzeige beschränken Sie mit *Markiert* im Label-Ausklappmenü auf die markierten Nachrichten.

9.2.7 Spam

Unter Spam versteht man unerwünschte Werbemails. Abhängig davon, ob Sie Ihre E-Mail-Adresse irgendwo mal auf einer Website hinterlassen haben oder durch Zufall ein Spam-Versender Ihre Gmail-Adresse mit Ausprobieren erraten hat, können pro Tag einige dutzend oder hundert Werbemails in Ihrem E-Mail-Konto auflaufen. Damit Ihre wichtige Kommunikation nicht im ganzen Spam untergeht, verfügt Ihr Gmail-Konto über einen automatischen Spam-Filter. Alle Spam-Mails landen dabei im *Spam*-Ordner.

Damit Google weiß, was für Sie Spam ist, müssen sie die unerwünschten Mails einzeln als Spam markieren.

❶❷ Rufen Sie in der Nachrichtenansicht ⁝/*Spam melden* auf. Die betreffende Nachricht wird aus dem *Posteingang* entfernt und landet im *Spam*-Ordner.

Nutzen Sie ⁝/*Phishing melden*, wenn Sie eine Spam-Nachricht erhalten, mit deren Hilfe Dritte Daten wie Ihre Kreditkartennummer abfragen oder zum Aufruf einer möglicherweise gefährlichen Webseite auffordern. Beliebt sind dabei unter anderem vorgeschobene Warnungen vor Online-Kontosperrungen, weshalb man seine Kontodaten inklusive PIN eingeben müsse. Weitere nützliche Hinweise zum wichtigen Thema »Phishing« finden Sie online unter *support.google.com/mail/answer/8253*.

❶❷❸ So zeigen Sie den *Spam*-Ordner an: Aktivieren Sie das Label-Ausklappmenü, worin Sie *Spam* auswählen.

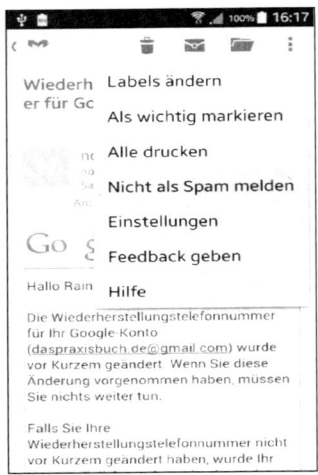

Wenn Sie meinen, dass eine Nachricht doch kein Spam ist, dann rufen Sie ⋮/*Nicht als Spam melden* auf.

> Es ist sehr **wichtig**, dass im *Spam*-Ordner wirklich nur unerwünschte Mails enthalten sind. Gmail vergleicht nämlich eingehende Nachrichten mit denen im Spam-Ordner und ordnet sie als Spam ein, wenn eine große Ähnlichkeit besteht. Schauen Sie deshalb ab und zu mal in Ihren *Spam*-Ordner, um falsche Einordnungen wieder rückgängig zu machen.

9.2.8 Stapelvorgänge

Wenn eine Aktion, wie Label ändern, Löschen, Markierung hinzufügen, usw. auf mehrere Nachrichten anzuwenden ist, verwenden Sie die Stapelvorgänge.

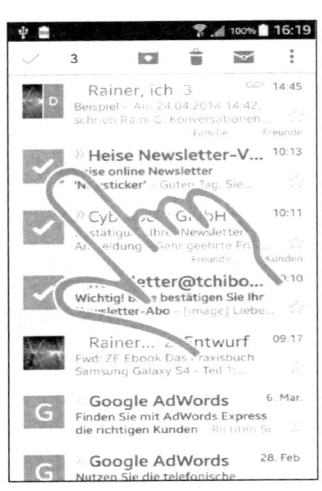 

❶ Zum Markieren tippen Sie auf die bunten Kästchen vor den Nachrichten. Über die Schaltleisten am oberen Bildschirmrand können Sie dann die Nachrichten archivieren, löschen, einem Label zuweisen, auf gelesen/ungelesen setzen oder als Favoriten markieren.

❷ Den Markierungsmodus verlassen Sie gegebenenfalls mit der ✓-Schaltleiste (Pfeil). Alternativ betätigen Sie die ⮌-Taste.

> Die Funktion »Stapelvorgänge« können Sie in den Einstellungen über *Kontrollkästchen ausblenden* deaktivieren, siehe Kapitel *9.3 Einstellungen*.

9.2.9 Wischgeste zum Löschen und Archivieren

❶ Mit einer Wischgeste nach links oder rechts über einer Nachricht archivieren oder löschen Sie diese.

❷ Über die *RÜCKGÄNGIG*-Schaltleiste können Sie den Vorgang wieder zurücksetzen.

Die Funktion der Wischgeste ist abhängig davon, welches Label gerade angezeigt wird:

- *Posteingang*: Archiviert die Nachricht (siehe Kapitel *9.2.3 Archivieren*).

- *Belege, Arbeit, Privat, usw.* Label: Label entfernen und Nachricht wieder *Posteingang* zuweisen.

- System-Label wie *Alle E-Mails* oder *Gesendet*: Löscht die Nachricht beziehungsweise Konversation.

> Wenn Sie die Wischgeste stört, können Sie sie auch ausschalten. Gehen Sie dafür in ⁝/*Einstellungen/Allgemeine Einstellungen* und deaktivieren Sie *Zum Archivieren wischen*.

9.3 Einstellungen

9.3.1 Allgemeine Einstellungen

❶❷❸ Über ⁝/*Einstellungen/Allgemeine Einstellungen* konfigurieren Sie:

- *Aktionen "Archivieren" und "Löschen" anzeigen*: Legt fest, ob die Schaltleisten ⬇ (Archivieren) und (Löschen) in der Nachrichtenansicht am oberen Bildschirmrand eingeblendet werden.

- *Zum Archivieren wischen:* Steuert die im Kapitel *9.2.9 Wischgeste zum Löschen und Archivieren* beschriebene Wischgeste. Deaktivieren Sie *Zum Archivieren wischen*, wenn Sie die Wischgeste nicht nutzen.

- *Bild des Absenders:* Zeigt Kontaktfotos in der Konversationsliste an.

- *Allen Antworten:* Sofern in einer beantworteten Nachricht mehrere weitere Empfänger enthalten sind, können Sie diesen mit der *Allen-Antworten*-Option neben dem ursprünglichen Empfänger ebenfalls Ihre Antwort-Mail zukommen lassen. Wir raten allerdings davon ab, *Allen Antworten* zu aktivieren, da sonst Außenstehende Ihre E-Mails erhalten könnten, die nicht für sie bestimmt sind.

- *Nachrichten autom. anpassen:* Normalerweise zeigt die Gmail-Anwendung alle Nachrichten in Originalgröße an, sodass Sie im Nachrichtentext mit dem Finger rollen müssen. Aktivieren Sie *Nachrichten autom. anpassen*, wenn stattdessen die Nachrichten auf Bildschirmbreite verkleinert werden sollen.

- *Automatisch fortfahren:* Konfiguriert, wie sich Gmail verhält, wenn Sie eine Nachricht archivieren oder löschen. Standardmäßig landen Sie dann wieder in der Nachrichtenauflistung (*Konversationsliste*).

- *E-Mail-Aktionen:* In angezeigten E-Mails wird über der Nachricht eine blaue Leiste angezeigt. Diese enthält Symbole, über die Sie antworten, die Nachricht markieren oder andere E-Mail-Aktionen ausführen können. Mit dieser Einstellung können Sie festlegen, ob die blaue Leiste immer (auch beim Herunterrollen), nur im Hochformat oder gar nicht angezeigt werden soll. Bei Auswahl der Hochformatansicht wird die Leiste im Querformat ausgeblendet. Wenn Sie die Ansicht ganz deaktivieren, erscheint die Leiste erst wieder, wenn Sie in der Nachricht ganz nach oben scrollen.

- *Vor Löschen bestätigen; Vor Archivieren bestätigen; Vor Senden bestätigen*: Die Aktionen Archivieren, Löschen und Senden erfolgen bei Gmail ohne Rückfrage. Falls Sie das stört, aktivieren Sie hierüber die Sicherheitsabfrage.

9.3.2 Label-Einstellungen

Wie bereits erwähnt (siehe Kapitel *9.2.4 Labels*), kann man Nachrichten von Hand verschiedenen Labeln zuordnen, teilweise erfolgt die Zuordnung auch automatisch (unter anderem bei den Labeln *Spam, Wichtig, Sortierter Posteingang* oder *Soziale Netzwerle, Werbung, Benachrichtigungen, Foren*). Bei jedem Label kann man separat eine akustische Benachrichtigung zuweisen. Sinn macht die Benachrichtigung natürlich nur bei den zuerst genannten Labeln mit automatischer Zuordnung.

Beachten Sie, dass einige Einstellungen, beispielsweise der Klingelton, auch direkt im Konto (Kapitel *9.3.3 Konto-Einstellungen*) vornehmbar sind, was den Vorteil hat, dass sie für alle Labels gelten.

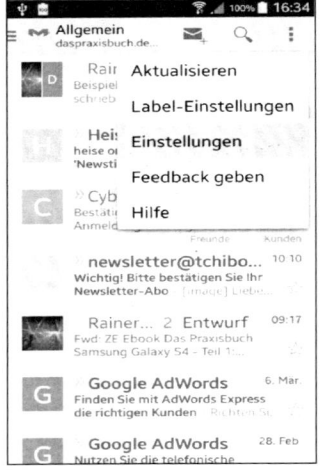  

❶❷❸ Rufen Sie ⋮*/Einstellungen/(Ihr Konto)/Labels verwalten* auf.

❶ Gehen Sie dann in der Auflistung auf den Labeleintrag *(Allgemein, Soziale Netzwerke* oder *Werbung)*, den Sie anpassen möchten.

❷ Die Optionen:

- *Nachrichten synchronisieren*: Sofern Sie die Benachrichtigungen nutzen möchten, müssen Sie hierin *Synchronisieren: letzte 30 Tage* oder *Synchronisieren: alle* aktivieren.

- *Label-Benachrichtigungen*: Wenn neue Nachrichten empfangen wurden, meldet Gmail dies in der Titelleiste. Deaktivieren Sie *Label-Benachrichtigungen*, um diese Benachrichtigungen auszuschalten.

- *Ton*: Der Signalton, mit dem Sie über neu empfangene Nachrichten informiert werden.

- *Vibration*: Das Gerät vibriert bei Empfang neuer Nachrichten.

- *Bei jeder E-Mail benachrichtigen*: Konfiguriert, ob beim Abruf von mehreren neuen E-Mails bei jeder E-Mail einzeln die Benachrichtigung erfolgt.

9.3.3 Konto-Einstellungen

❶❷❸ Über ⋮*/Einstellungen/(Ihr Google-Konto)* konfigurieren Sie:

- *Art des Posteingangs*: Wählen Sie darin *Sortierter Eingang*, dann zeigt Gmail nicht mehr alle erhaltenen Nachrichten an, sondern nur solche, die als *Wichtig* markiert sind (siehe dazu Kapitel *9.2.5 Wichtig-Label und der sortierte Eingang*).

- *Kategorien des Posteingangs:* Gmail sortiert Werbung, Nachrichten sozialer Netzwerke, usw. automatisch unter bestimmte Label ein. Siehe auch Kapitel *9.3.3.b Automatisch zugewiesene Labels*.

- *Benachrichtigungen*: Wenn neue Nachrichten empfangen wurden, meldet Gmail dies in der Titelleiste. Deaktivieren Sie *E-Mail-Benachrichtigung*, um diese Benachrichtigungen auszuschalten.

- *Ton & Vibration für Posteingang*: Die bereits im Kapitel *9.3.2 Label-Einstellungen* beschriebenen Benachrichtigungseinstellungen für den *Posteingang*.

- *Signatur*: Die Signatur ist ein Text, den Gmail automatisch beim Erstellen einer neuen Nachricht einfügt. Nutzen Sie sie, um den Empfängern Ihrer E-Mails auf weitere Kontaktmöglichkeiten per Telefon, oder ähnlich hinzuweisen.

- *Abwesenheitsnotiz*: Ein sehr nützliches Feature, wenn Sie mal nicht erreichbar sind und Personen, die Ihnen geschrieben haben, automatisch über Ihre Abwesenheit informieren möchten.

Unter *DATENVERBRAUCH*:

- *Gmail synchronisieren*: Diese Schaltleiste führt Sie in die Kontenverwaltung, welche Kapitel *15.1.2 Weitere Kontenfunktionen* beschreibt, worin Sie unter anderem den Datenabgleich mit dem Google-Konto steuern. Für die meisten Nutzer dürfte es aber keinen Sinn machen, dort den E-Mail-Abruf vom Google-Mail-Konto zu deaktivieren.

- *E-Mails: Zu synchronisierende Tage*: Legt fest, wie lange empfangene Nachrichten von der Gmail-Anwendung aufbewahrt werden. Ältere Nachrichten werden natürlich nicht gelöscht, sondern sind weiterhin über die Weboberfläche von Gmail (*mail.google.com*) im Webbrowser anzeigbar.

- *Labels verwalten*: Konfigurieren Sie die Benachrichtigungen zu den einzelnen Labels. Auf diese Funktion geht bereits das vorherige Kapitel *9.3.2 Label-Einstellungen* ein.

- *Anhänge herunterladen*: Dateianhänge sind häufig mehrere Megabyte groß, weshalb diese nur automatisch heruntergeladen werden, wenn eine WLAN-Verbindung besteht. Lassen Sie diese Option am Besten aktiviert, da sonst beim Öffnen von Dateianhängen längere Wartezeiten entstehen.

- *Bilder*: Standardmäßig lädt Gmail immer alle eingebetteten Bilder aus dem Posteingang herunter und zeigt diese an. Dies betrifft vor allem Werbe-E-Mails von Unternehmen (Newsletter, u.ä.). Sie können aber auch diese Einstellung auf *Vor dem Anzeigen erst fragen* stellen, sodass Sie die Bilderanzeige in jeder betroffenen E-Mail erst bestätigen müssen.

9.3.3.a Abwesenheitsnotiz

 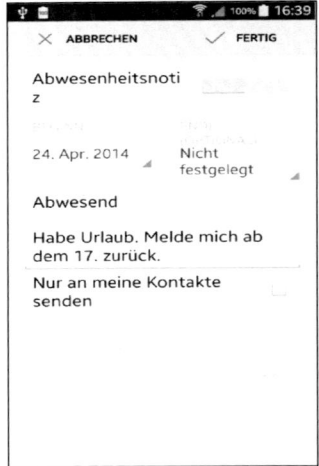

❶❷ Unter *Abwesenheitsnotiz* geben Sie einen Text ein, der während des eingestellten Zeitraums an alle E-Mail-Sender geschickt wird. Aktivieren Sie *Nur an meinen Kontakte senden*, damit nur Ihnen bekannte (im Telefonbuch gespeicherte) Kontakte die Abwesenheitsnotiz erhalten. Vergessen Sie nicht, die Abwesenheitsnotiz über den Schalter oben rechts zu aktivieren!

9.3.3.b Automatisch zugewiesene Labels

❶❷ Gmail weist Nachrichten, die von einem bestimmten Typ sind, automatisch Labeln zu. Dazu zählen laut Google (*support.google.com/mail/answer/3055016?hl=de*):

- *Allgemein*: Nachrichten von Freunden und Verwandten sowie sonstige Nachrichten, die nicht in einem der anderen Tabs angezeigt werden

- *Werbung*: Werbeaktionen, Angebote und sonstige Werbe-E-Mails

- *Soziale Netzwerke*: E-Mails aus sozialen Netzwerken, Plattformen zum Teilen von Inhalten, Online-Partnervermittlungen, Spieleplattformen oder anderen sozialen Websites

- *Benachrichtigungen*: Benachrichtigungen wie Bestätigungen, Belege, Rechnungen und Kontoauszüge

- *Foren*: E-Mails aus Online-Gruppen, Diskussionsforen und Mailinglisten

❶ Die automatisch zugewiesenen Labels listet Gmail als erstes im Ausklappmenü auf.

❷ Haben Sie dagegen alle automatisch zugewiesenen Labels deaktiviert, ordnet Gmail die empfangenen Nachrichten dem Label *Posteingang* beziehungsweise *Sortierter Eingang* (siehe Kapitel *9.2.5 Wichtig-Label und der sortierte Eingang*) zu.

❶❷ Der *Allgemein*-Ordner erscheint sehr aufgeräumt, wenn die automatisch zugewiesenen Labels aktiv sind. Schaltflächen weisen dann im Allgemein-Ordner auf neu vorhandene Nachrichten in den Labels hin.

9.4 Zugriff auf Gmail vom Startbildschirm

Auf dem Galaxy lässt sich ein direkter Zugriff auf die Gmail-Ordner/Labels vom Startbildschirm aus einrichten.

Beachten Sie zu den Widgets auch Kapitel *3.7.3 Widgets*.

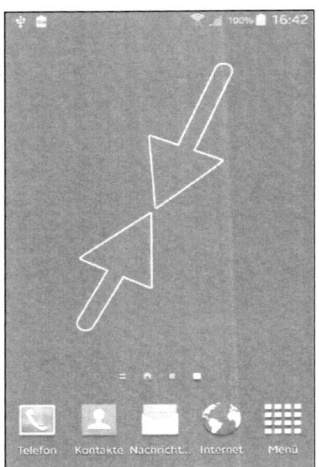
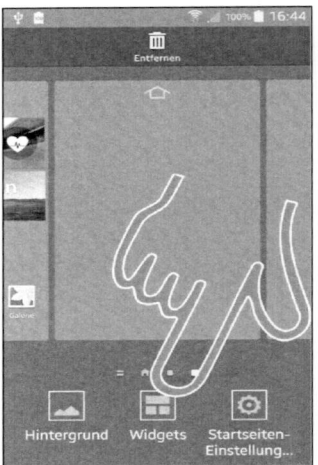
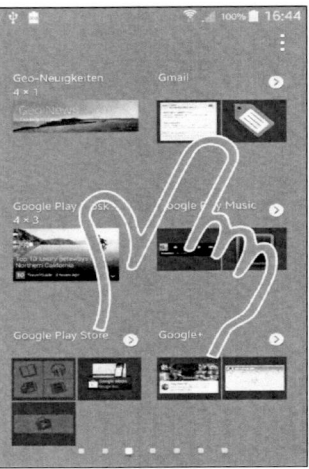

❶ Blättern Sie mit einer Wischgeste nach links oder rechts im Startbildschirm zu einem noch freien Bildschirm beziehungsweise entfernen Sie nicht benötigte Widgets (siehe auch Kapitel *3.7.3 Widgets*). Rufen Sie mit einer Kneifen-Geste (zwei Finger auf das Display halten und zusammen ziehen) den Bearbeitungsbildschirm auf.

❷ Betätigen Sie *Widgets* (Pfeil).

❸ Tippen Sie auf *Gmail*.

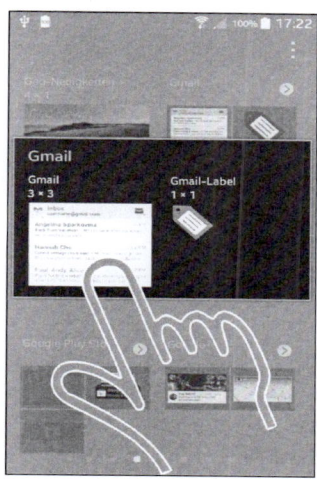 

❶ Zur Auswahl stehen *Gmail* und *Gmail-Label*. Während *Gmail* die empfangenen E-Mails direkt im Startbildschirm anzeigt, können Sie über das *Gmail-Label* direkt Gmail starten und dort den Posteingang anzeigen lassen. Wählen Sie *Gmail* aus. Positionieren Sie das Widget und lassen Sie den Finger anschließend los.

❷ Wählen Sie einen Ordner, empfohlenerweise *Allgemein*, aus.

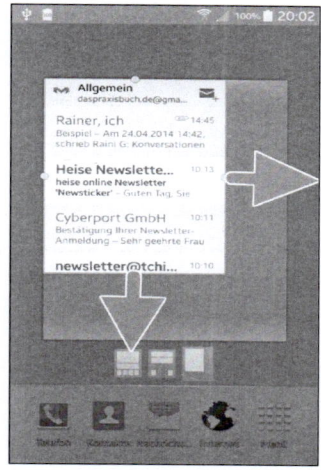 

❶❷ Zum Schluss sollten Sie noch die Widget-Größe anpassen: Halten und ziehen Sie die orangefarbigen Ränder nach außen. Schließen Sie mit der ↩-Taste den Vorgang ab

Auch nachträglich ist jederzeit eine Größenänderung des Gmail-Widgets möglich, indem Sie den Finger auf dem Widget halten, bis es hervorgehoben ist und dann loslassen.

9.5 Nutzung mehrerer E-Mail-Konten

Viele Anwender nutzen mehrere Gmail-Konten, zum Beispiel für private und berufliche Zwecke. Deshalb lassen sich mehrere Mail-Konten auf dem Galaxy verwalten.

 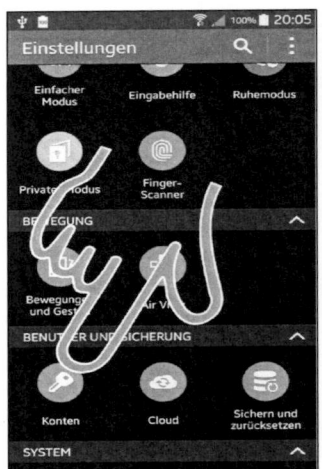 

❶ Für die Anlage eines weiteren Kontos rufen Sie mit ✿ die *Einstellungen* aus dem Benachrichtungsfeld auf.

❷❸ Gehen Sie unter *BENUTZER UND SICHERUNG* auf *Konten/Konto hinzufügen*.

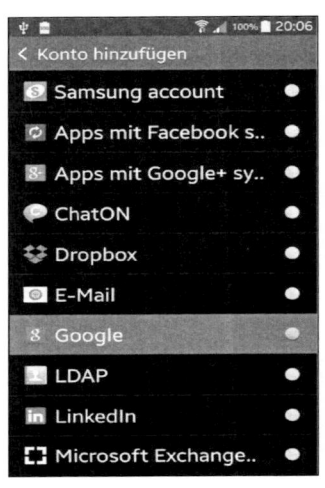 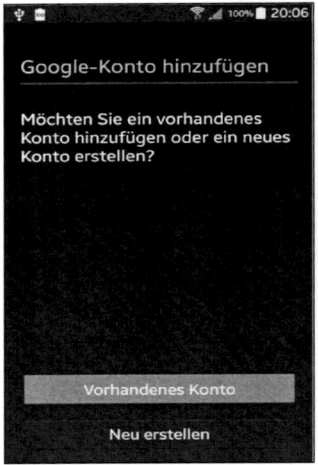 

❶ Gehen Sie auf *Vorhandenes Konto*.

❷ Geben Sie Ihren Kontonamen (es reicht, nur den Namen vor dem »*@gmail.com*« einzugeben, denn der Rest wird ergänzt) und das Kennwort ein. Betätigen Sie ▶ und anschließend *OK*, um die Datenschutz- und Nutzungsbedingungen zu bestätigen. Die zu synchronisierenden Elemente sollten Sie nicht ändern. Betätigen Sie ▶. Damit ist die Kontenanlage abgeschlossen und Sie befinden sich wieder in der Kontenverwaltung, die Sie mit der ⮌-Taste schließen.

 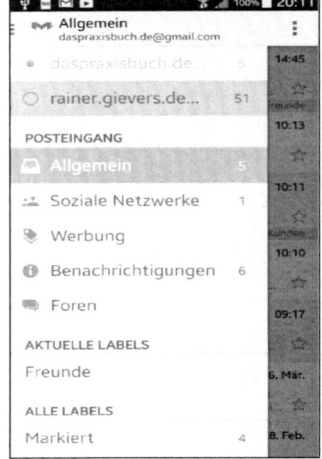

❶❷ Zwischen den Konten schalten Sie in der Gmail-Anwendung über das Ausklappmenü um.

10. E-Mail

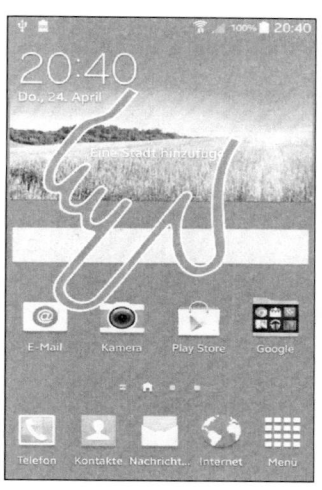

Über die E-Mail-Anwendung verwalten, senden und empfangen Sie E-Mails. Zuvor müssen Sie den Internetzugang, wie im Kapitel *7 Internet einrichten und nutzen*, richtig konfiguriert haben. Im Gegensatz zum im Kapitel 9 Gmail beschriebenen Programm ist man bei der E-Mail-Anwendung nicht auf einen E-Mail-Anbieter festgelegt. Anwender, die mehrere E-Mail-Konten, zum Beispiel privat und geschäftlich nutzen, können problemlos auch mehrere Konten anlegen.

Die *E-Mail*-Anwendung starten Sie aus dem Startbildschirm oder Hauptmenü.

10.1 E-Mail-Einrichtung

Die E-Mail-Anwendung nutzt wahlweise eines der beiden Protokolle POP3/SMTP und IMAP4:

- POP3 (Post Office Protocol Version 3) wird von allen E-Mail-Dienstleistern unterstützt und ermöglicht den Abruf von E-Mails. Es kann dabei festgelegt werden, ob man nur ein Teil, beispielsweise die ersten zwei Kilobyte, oder die komplette E-Mail heruntergeladen haben möchte. Der E-Mail-Empfang erfolgt immer nur in einen Ordner (*Posteingang*). Für den Versand ist SMTP (Simple Mail Transport Protocol) zuständig. Von Ihnen neu erstellte E-Mails werden gespeichert und, erst nachdem der E-Mail-Abruf durchgeführt wurde, versandt.

- IMAP4 (Internet Message Access Protocol Version 4) bietet ähnliche Funktionen wie POP3/SMTP, kann darüber hinaus aber E-Mails und Ordner synchronisieren, sodass auf dem E-Mail-Account die Ordnerstruktur der Messaging-Anwendung und umgekehrt gespiegelt wird. Von Ihnen erstellte E-Mails werden sofort versandt.

Für welches der beiden E-Mail-Protokolle Sie sich entscheiden, ist Geschmackssache, da sie sich in der Praxis nicht wesentlich unterscheiden. Allerdings unterstützt nicht jeder E-Mail-Dienst auch das modernere und komplexere IMAP4. Fragen Sie gegebenenfalls bei Ihrem E-Mail-Anbieter nach. Wenn Sie generell POP3 als Kontotyp einstellen, machen Sie allerdings auch nichts falsch.

10.1.1 E-Mail-Konto automatisch einrichten

Die E-Mail-Anwendung kennt bereits die wichtigsten kostenlosen E-Mail-Dienste wie beispielsweise GMX, Microsoft Live, Web.de und T-Online. Sie brauchen für diese Anbieter nur Ihre E-Mail-Adresse und das Passwort eingeben.

Besitzen Sie dagegen eine Website mit eigener E-Mail-Adresse, ist eine automatische Einrichtung nicht möglich. Lesen Sie in diesem Fall im Kapitel *10.1.2 E-Mail-Konto manuell einrichten* weiter.

> **Wichtig:** Während der Fertigstellung dieses Buchs haben unter anderem die E-Mail-Anbieter GMX, Web.de und T-Online den E-Mail-Abruf auf verschlüsselte Verbindungen umgestellt. Vielleicht haben Sie ja davon in der Presse gelesen. Der Einrichtungsassistent Ihres Handy kennt aber eventuell die neuen Einstellungen noch nicht, weshalb die Kontoeinrichtung scheitert. In diesem Fall empfehlen wir eine manuelle Einrichtung, wie im nächsten Kapitel beschrieben vorzunehmen. Weitere Infos finden Sie auf den Webseiten der E-Mail-Anbieter, bei GMX unter *www.gmx.net/e-mail-made-in-germany/ssl.*

Von einigen E-Mail-Anbietern wird im Google Play Store (siehe *Praxisbuch Teil 2*, *Kapitel 30.1 Play Store*) auch eine spezielle E-Mail-Anwendung angeboten. Suchen Sie im Play Store einfach nach dem Namen des E-Mail-Anbieters.

 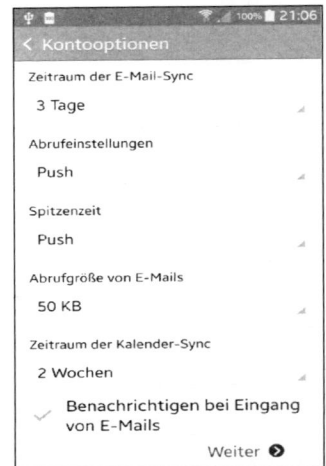 

❶ Im Beispiel wird ein E-Mail-Konto für den kostenlosen E-Mail-Anbieter GMX eingerichtet: Geben Sie Ihre E-Mail-Adresse und das Kennwort Ihres E-Mail-Kontos ein. Betätigen Sie *Weiter*.

❷ Die Einstellungen werden aus dem Internet geladen.

Sie können nun jeweils unter *Abrufeinstellungen* und *Intervall innerhalb der Spitzenzeit* den automatischen Abrufintervall einstellen. Es ist aber später jederzeit möglich, einen manuellen Abruf per Tastendruck durchzuführen. Weitere Einstellungen:

- *E-Mail synchronisieren*: Muss aktiv sein, damit das Handy den Abruf durchführt.
- *Benachrichtigen bei Eingang von E-Mails*: Akustisches und optisches Signal bei neu empfangenen Nachrichten.

Bestätigen Sie *Weiter*.

❸ Geben Sie anschließend noch den Kontonamen ein, der später in den E-Mails als Absender erscheint. Betätigen Sie dann *OK*.

Hinweis: Falls Sie mal auf eine Schaltleiste nicht zugreifen können, weil diese durch das Tastenfeld verdeckt ist, betätigen Sie einmal die ⊅-Taste, um das Tastenfeld auszublenden.

Durch die Verwendung der »Spitzenzeit« beschränken Sie die Abrufhäufigkeit für E-Mails, was die Akkulaufzeit erhöht. Siehe auch Kapitel *10.3.3 Spitzenzeiten*.

10.1.2 E-Mail-Konto manuell einrichten

Hier wird beschrieben, wie Sie eine E-Mail-Adresse einrichten, wenn Sie eine Website mit eigenem E-Mail-Konto besitzen.

 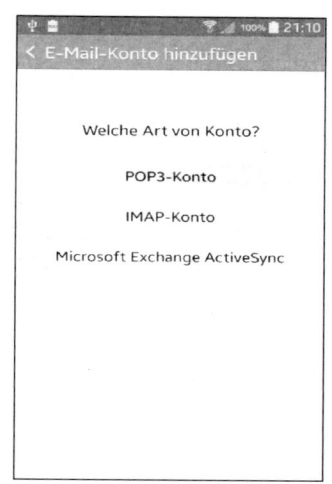 

❶ Geben Sie zuerst Ihre E-Mail-Adresse und das zugehörige Kennwort ein, danach gehen Sie auf *Manuelles Einrichten*. Eventuell müssen Sie das Tastenfeld vorher mit der ⤺-Taste ausblenden.

❷ Wählen Sie nun zwischen POP3 oder IMAP. Wie bereits oben erwähnt, wird POP3 immer unterstützt, während dies für das modernere IMAP nicht der Fall ist. Wir wählen deshalb *POP3*.

❸ Geben Sie nun ein:

- *Benutzername*: Der Name (»Login«), mit dem Sie sich beim E-Mail-Anbieter einloggen.

- *Passwort*: Das Passwort zum E-Mail-Konto.

- *POP3-Server*: Der POP3-Server, über den die E-Mails abgerufen werden. Häufig verwenden die E-Mail-Dienste dazu einen Namen im Format »*pop.xxxx.de*«.

- *Sicherheitstyp*: Zur Auswahl stehen *Ohne, SSL* und *TLS*. Letztere verschlüsseln den E-Mail-Verkehr, werden aber nicht von jedem E-Mail-Anbieter unterstützt. Sie sollten deshalb *Ohne* aktiviert lassen, wenn der E-Mail-Anbieter diesbezüglich keine Vorgaben macht.

- *Port*: Über den Server-Port läuft die E-Mail-Kommunikation ab. Sofern der E-Mail-Anbieter keine Vorgaben macht, sollten Sie ihn ebenfalls nicht ändern.

- *E-Mail von Server löschen*: Standardmäßig bleiben alle E-Mails auch nach dem Abruf durch das Galaxy auf dem Konto beim E-Mail-Anbieter erhalten. Sie können die E-Mails dann später erneut auf dem PC mit einem E-Mail-Programm herunterladen, beziehungsweise über die Weboberfläche des E-Mail-Anbieters ansehen und löschen. Nutzen Sie dagegen ausschließlich das Galaxy für den E-Mail-Abruf, setzen Sie die Option auf *Beim Löschen aus Eingang*.

Betätigen Sie *Weiter*.

 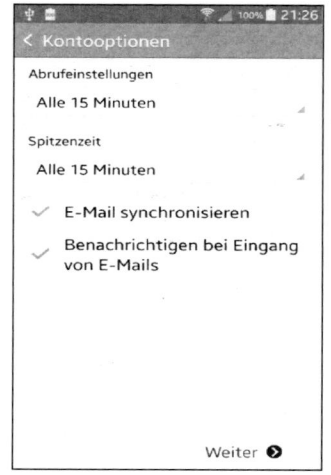 

❶ Geben Sie nun ein:

- *SMTP-Server*: Tragen Sie den SMTP-Server ein, der zum E-Mail-Versand genutzt wird. Meist lautet er »*smtp.xxxx.de*«.

- *Sicherheitstyp*: Zur Auswahl stehen wie beim POP-Server die Vorgaben *Ohne*, *SSL* und *TLS*. Die Voreinstellung *Ohne* sollten Sie so belassen, sofern der E-Mail-Anbieter keine anderen Vorgaben macht.

- *Port*: Über den Server-Port läuft die Kommunikation mit dem Mail-Server. Sie sollten die Vorgabe unverändert lassen.

- *Anmelden erfordern*: Die meisten E-Mail-Anbieter verlangen vor dem Nachrichtensenden eine vorherige Anmeldung. Lassen Sie daher die Voreinstellung unverändert.

- *Benutzername; Passwort*: Sofern für das Senden von Nachrichten ein anderes Login benötigt wird als für den Nachrichtenempfang, müssen Sie hier etwas anderes eingegeben. Ansonsten sollte die Vorgabe unverändert bleiben.

Betätigen Sie erneut *Weiter*.

❷ Die Einstellungen werden aus dem Internet geladen.

- Sie können nun jeweils unter Abrufeinstellungen und Intervall *innerhalb der Spitzenzeit* den automatischen Abrufinterval einstellen. Es ist aber später jederzeit möglich, einen manuellen Abruf per Tastendruck durchzuführen.

- *E-Mail synchronisieren*: Muss aktiv sein, damit das Handy den Abruf durchführt.

- *Benachrichtigen bei Eingang von E-Mails*: Akustisches und optisches Signal bei neu empfangenen Nachrichten.

Bestätigen Sie *Weiter*.

❸ Geben Sie anschließend noch den Kontonamen und Ihren Namen ein, der später in den E-Mails als Absender erscheint. Betätigen Sie dann *OK*.

> Durch die Verwendung der »Spitzenzeit« beschränken Sie die Abrufhäufigkeit für E-Mails, was die Akkulaufzeit erhöht. Was die »Spitzenzeit« und »außer der Spitzenzeit« sind, legen Sie in den Einstellungen fest.

10.2 Mehrere E-Mail-Konten verwalten

  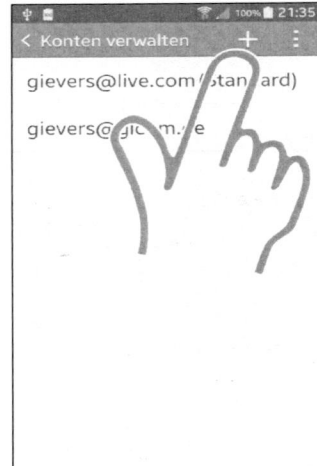

❶ Auf dem Galaxy dürfen Sie mehrere E-Mail-Konten verwenden. Gehen Sie dafür auf ⁝/*Einstellungen*.

❷❸ Rufen Sie *Konten verwalten* auf und betätigen Sie ✚. Folgen Sie dann den Anweisungen.

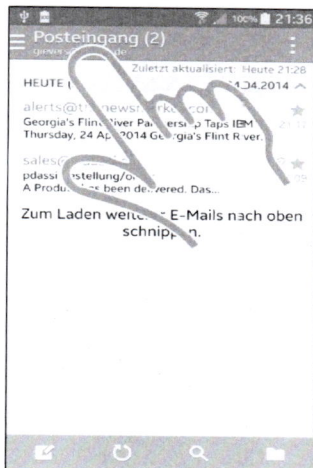 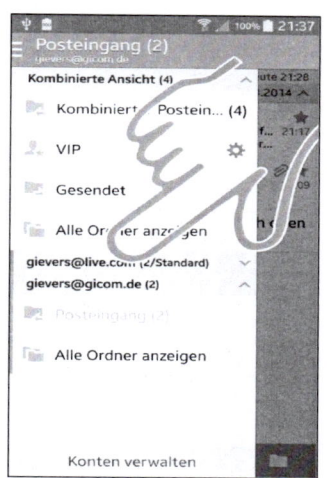 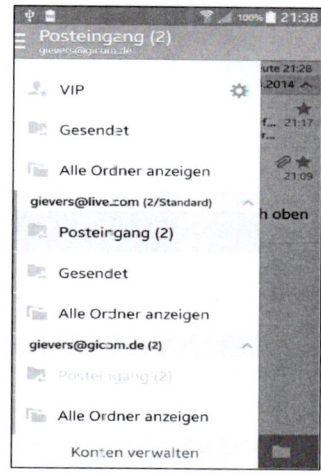

❶❷❸ So schalten Sie später zwischen den Konten um: Aktivieren Sie das Ausklappmenü und Wählen Sie zuerst das anzuzeigende E-Mail-Konto aus und dann *Posteingang*.

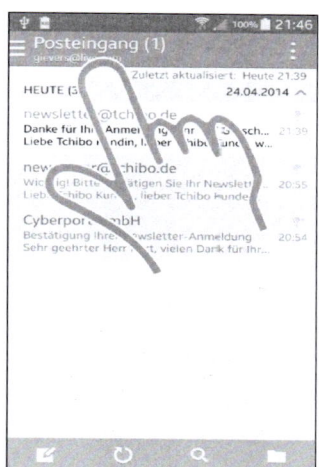 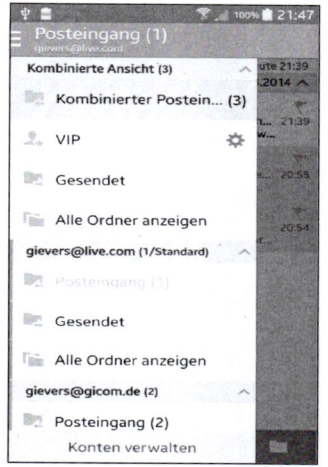 

❶❷❸ Eine Besonderheit ist *Kombinierter Posteingang*, welchen Sie ebenfalls im Ausklappmenü aktivieren können. Die E-Mails aus allen Konten werden dann zusammen aufgelistet. Leider ist dabei nicht direkt erkennbar, aus welchem Konto sie jeweils stammen.

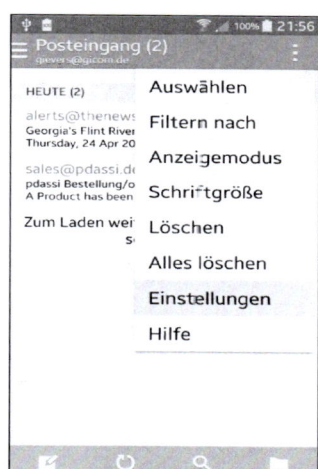  

❶❷ Zum Entfernen eines Kontos rufen Sie ⋮/*Einstellungen* auf und gehen auf *Konten verwalten*.

❸ Gehen Sie auf ⋮/*Konto löschen*. Haken Sie nun das E-Mail-Konto in der Liste ab und betätigen Sie *OK*.

10.3 E-Mail-Konto bearbeiten

10.3.1 Allgemeine Einstellungen

❶❷ Die für **alle** Konten verwendeten Voreinstellungen finden Sie unter ⦂/*Einstellungen*:

- *Anzeige:*

  - *Anzeige automatisch anpassen*: Übergroße E-Mails werden automatisch verkleinert.

  - *Nachrichten-Vorschauzeile*: Anzahl der Zeilen einer E-Mail, die als Vorschau in der Nachrichtenauflistung erscheinen.

  - *Titelzeile in Liste*: In der Nachrichtenauflistung werden wahlweise Titel oder Absender hervorgehoben.

  - *Kästchen ausblenden*: Vor jeder Nachricht erscheint ein Kästchen, über das Sie Nachrichten markieren können, um diese anschließend beispielsweise gemeinsam zu löschen.

- *Standardanzeige*: Legen Sie fest, was nach dem Löschen einer Nachricht passiert. Wahlweise zeigt das Handy dann die nächste oder vorherige Nachricht oder den Posteingang an.

- *VIP-Einstellungen*: Sofern Sie viele E-Mails erhalten, können Sie hier den »Hauptsender« einrichten. Siehe auch Kapitel *10.4.4 VIP*.

- *Spam-Adressen*: Von Ihnen als Spam-Absender identifizierte E-Mail-Adressen.

- *Verzögertes senden von E-Mail*: Normalerweise werden von Ihnen erstellte Nachrichten sofort verschickt. Falls Sie dagegen noch die Möglichkeit haben möchten, den Versand abzubrechen, sollten Sie den verzögerten Versand einrichten.

- *Online-Empfänger-Suche*: Diese Funktion ist nicht von Samsung dokumentiert.

 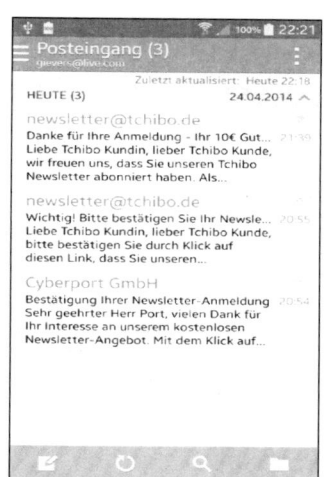

Die Option *Nachrichten-Vorschauzeile* konfiguriert die Anzahl der E-Mail-Textzeilen in der Nachrichtenauflistung, hier in der standardmäßigen einzeiligen Ansicht (❶) und mit 3 Zeilen (❷).

10.3.2 Konto-Einstellungen

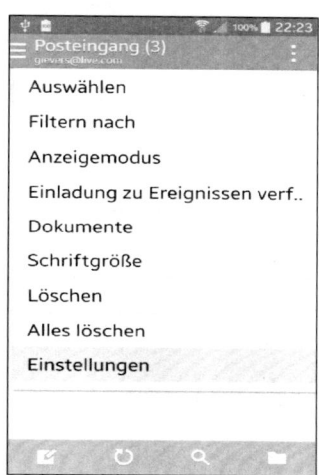  

❶❷❸ Unter ⋮/*Einstellungen/Konten verwalten/(Ihr E-Mail-Konto)* bearbeiten Sie ein E-Mail-Konto.

 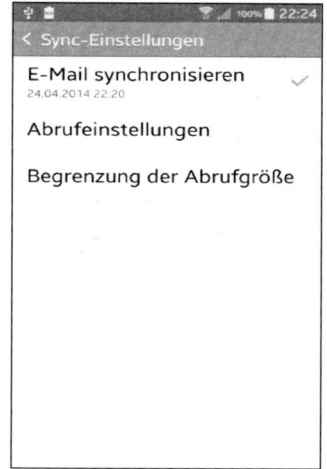 

❶ Unter *Sync-Einstellungen*:

- *E-Mail synchronisieren:* Lassen Sie diese Option aktiv, damit der automatische, zeitgesteuerte Abruf erfolgt. Wenn Sie sie dagegen deaktivieren, müssen Sie neuen die Nachrichten von Hand herunterladen (über die ↻-Schaltleiste).

- *Abrufeinstellungen* konfiguriert die sogenannte »Spitzenzeit«, innerhalb der ein häufigerer Nachrichtenabruf erfolgt. Wir gehen unten genauer darauf ein.

- *Begrenzung der Abrufgröße* (❸):

  - *Begrenzung der Abrufgröße:* Standardmäßig lädt das Galaxy von einzelnen E-Mails nur 50 KB herunter. Ist mal eine E-Mail größer und Sie zeigen Sie sie an, so erscheint eine *Weitere Details laden*-Schaltleiste, nach deren Betätigen automatisch der Rest der E-Mail heruntergeladen wird. Dieser Mechanismus spart Übertragungszeit, denn viele E-Mails, zum Beispiel Spam, liest man nicht, sondern löscht Sie sofort nach Empfang.

  - *Bei Roaming*: Ist Ihr Handy in einem ausländischen Mobilfunknetz eingebucht und haben Sie das Roaming aktiviert, so werden pro E-Mail nur maximal 2 KB heruntergeladen, um Übertragungskosten zu sparen.

❶ Die weiteren Einstellungen:

- *Signatur*: Die Signatur erscheint unter allen Ihren E-Mails (❷). Geben Sie dort zum Beispiel Ihre Kontaktdaten ein, damit Sie E-Mail-Empfänger auch auf anderen Wegen als über E-Mail erreichen können.

- *Standardkonto*: Sofern Sie mehrere E-Mail-Konten nutzen, stellen Sie hier ein, dass das aktuelle fürs Nachrichtensenden zu verwenden ist.

- *Passwort*: Das Zugangspasswort, mit dem Sie sich beim E-Mail-Senden/Empfangen beim Mail-Server identifizieren (Sie haben dieses bereits bei der Kontoeinrichtung eingegeben).

- *E-Mail-Benachrichtigungen*: In der Titelleiste erfolgt bei neu empfangenen Nachrichten ein Hinweis.

- *Benachrichtigungston; Vibrieren*: Benachrichtigungston für empfangene Nachrichten.

- *Weitere Einstellungen*: Das Menü erläutern wir als Nächstes.

 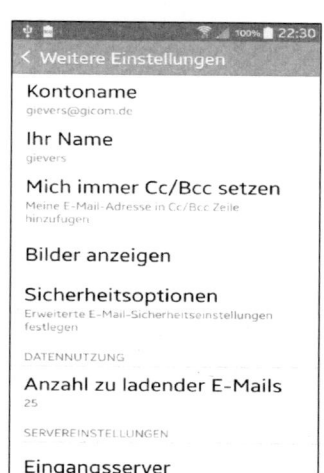

❶ ❷ Das *Weitere Einstellungen*-Menü konfiguriert:

Unter *Allgemeine Einstellungen*:

- *Kontoname*: Unter diesem Namen erscheint das Konto in der E-Mail-Anwendung.

- *Ihr Name*: Erscheint als Absendername in Ihren E-Mails.

- *Mich immer Cc/Bcc setzen*: Alle Nachrichten, die Sie versenden, gehen in Kopie an Sie selber – was sich zunächst unsinnig anhört macht Sinn, wenn Sie auch einen PC/Notebook für das E-Mail-Senden nutzen. Vom Handy versendeten Mails tauchen dort ja nicht auf, weil nur Mails aus dem Posteingang geladen werden. Mit *Mich immer Cc/Bcc setzen* landen dagegen Ihre gesendeten Nachrichten im Posteingang und sind dann auch auf dem PC/Notebook beim nächsten Nachrichtenabruf verfügbar.

- *Bilder anzeigen*: Viele E-Mails, insbesondere von werbenden Firmen, enthalten Bilder, die das Galaxy standardmäßig nicht anzeigt. Erst wenn Sie in einer E-Mail die Schalt-leiste *Bilder anzeigen* betätigen, zeigt das Handy die enthaltenen Bilder an. Dies ist sinnvoll, weil häufig die eingebetteten Bilder nicht zum Verständnis benötigt werden, aber das Bildernachladen aus dem Internet Zeit kostet. Aktivieren Sie *Bilder anzeigen*, damit die Bilder immer automatisch nachgeladen werden.

- *Sicherheitsoptionen*: Dienen der E-Mail-Verschlüsselung, worauf dieses Buch nicht ein-geht.

Unter *DATENNUTZUNG*:

- *Anzahl zu ladender E-Mails*: Anzahl der aus dem E-Mail-Konto heruntergeladenen Nachrichten, standardmäßig 25. Wenn Sie in der Nachrichtenliste nach unten blättern, lädt das Handy allerdings die nächsten Nachrichten nach.

Unter *Servereinstellungen*:

- *Eingangsserver; Ausgangsserver*: Konfiguriert die Abruf- beziehungsweise Sendeein-stellungen. Hier sollten Sie nichts ändern.

Sofern mal eine Nachricht größer als die unter *Größe empfangener E-Mails* voreingestellten 50 KB ist, wird sie nur teilweise angezeigt. Das Galaxy zeigt dann einen Hinweis (Pfeil) an, während der Rest der Nachricht geladen wird.

10.3.3 Spitzenzeiten

Die meisten Anwender nutzen Ihre E-Mails nur zu bestimmten Zeiten, beispielsweise im Büro von 8 bis 17 Uhr, oder privat am Abend. Deshalb unterstützt das Galaxy die sogenannte Spitzenzeit, in der ein häufigerer Abruf einstellbar ist. Nebenbei erhöht diese Vorgehensweise auch die Akkulaufzeit, den jeder Abruf belastet den Akku.

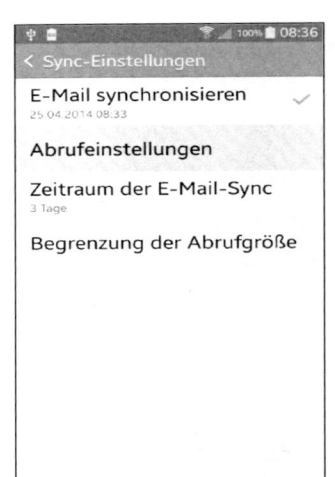

❶ Unter ⋮*/Einstellungen/Konten verwalten/(Ihr E-Mail-Konto)/Sync-Einstellungen/Abrufeinstellungen* stellen Sie den E-Mail-Abruf ein:

- *Abrufeinstellungen festlegen*: Genereller Nachrichtenabrufrythmus (außerhalb der sogenannten Spitzenzeit).

- *Bei Roaming*: Roaming findet immer dann statt, wenn Sie sich im Ausland befinden und sich Ihr Handy dort in ein lokales Mobilnetz einbucht. Selbst wenn Sie einen Mobilfunkvertrag mit Datentarif nutzen, fallen dann beim Internetzugang erhebliche Kosten an, weshalb das Galaxy den automatischen E-Mail-Abruf deaktiviert. Sofern Sie nicht genau wissen, was Sie tun, sollten Sie deshalb diese Option auf *Manuell* stehen lassen. Der E-Mail-Abruf ist ja dann weiterhin über die ↻-Schaltleiste möglich.

- *Spitzenzeit*: Legen Sie jeweils separat für die Spitzenzeit und der Nebenzeit die Abrufhäufigkeit fest.

Unter *Spitzentermineinstellungen*:

- *Intervall festlegen*: Nachrichtenabrufrythmus innerhalb der Spitzenzeit.

- *Wochentage*: Die Wochentage, an denen die Spitzenzeit-Funktion angewendet wird. Nicht markierte Wochentage gelten als außerhalb der Spitzenzeit (Nebenzeit).

- *Spitzenzeit*: Uhrzeitbereich, in der die Spitzenzeit Verwendung findet.

10.4 E-Mail-Anwendung in der Praxis

10.4.1 E-Mail-Ordner

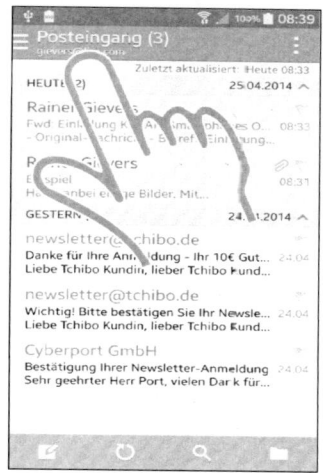  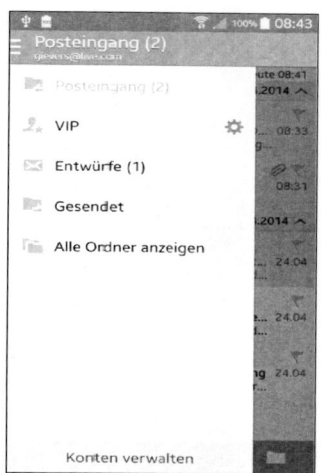

❶ Die Nachrichten verwaltet die E-Mail-Anwendung in Ordnern, zwischen denen man über das obere Ausklappmenü (Pfeil) umschaltet.

❷ Alternativ führen Sie eine horizontale Wischgeste vom linken Bildschirmrand aus durch, was die Ordnerauflistung öffnet beziehungsweise schließt.

❸ Das Menü ist unterteilt in:

- *VIP*: Sammelt die Nachrichten von Absendern, die Sie als wichtig markiert haben (siehe Kapitel *10.4.4 VIP*).

- *Gesendet*: Von Ihnen verschickte E-Mails.

- *Alle Ordner anzeigen*: Andere Ansicht der Ordnerstruktur.

Unter *Alle Ordner anzeigen*:

- *Posteingang*: Empfangene E-Mails.

- *Entwürfe*: E-Mails, die Sie für späteren Versand erstellt haben.

- *Postausgang*: Von Ihnen erstellte E-Mails, die auf den Versand warten.

- *Gesendet*: Verschickte E-Mails

- *Papierkorb*: Gelöschte E-Mails.

- *Junk*: Als Spam eingestufte E-Mails.

Die E-Mail-Anwendung blendet im Auswahlmenü immer nur die genutzten Ordner ein. Gehen Sie auf *Alle Ordner anzeigen* für die Anzeige der ausgeblendeten (❸).

❶❷ Die E-Mail-Ordner zeigen Sie sich alternativ über die Schaltleiste am unteren Bildschirmrand an.

10.4.2 E-Mails abrufen

❶ Betätigen Sie ↻ (Pfeil) für den E-Mailabruf. Alternativ können Sie auch in den Einstellungen (siehe Kapitel *10.3.2 Konto-Einstellungen*) festlegen, wie häufig der automatische Mail-Abruf erfolgt.

❷ Hat der Abruf geklappt, dürfte es im Fenster ungefähr so wie hier aussehen. Alle Nachrichten werden mit Absender, Empfangsdatum und Betreff anzeigt. Gelesene Nachrichten hebt die E-Mail-Anwendung mit einem dunkelgrauen Hintergrund besonders hervor. Tippen Sie eine Nachricht an, so wird sie angezeigt.

❸ Um Speicherplatz zu sparen und weil meist ohnehin nur die neuesten Nachrichten gelesen werden, zeigt das Galaxy ältere Nachrichten nicht an. Sobald Sie allerdings zum Ende der Nachrichtenauflistung rollen, lädt das Handy die nächsten älteren Nachrichten vom E-Mail-Konto nach. Während des Ladevorgangs erscheint dann ein Hinweis (Pfeil).

10.4.3 E-Mails lesen und beantworten

❶ Tippen Sie die anzusehende E-Mail an.

❷❸ In vielen Nachrichten sind eingebettete Bilder enthalten, die zunächst nicht angezeigt werden. Aktivieren Sie die Bilderanzeige über *Bilder anzeigen*.

❶ Weitere Funktionen erhalten Sie über die Schaltleisten unten (Pfeil):

- ↩: Erstellt eine Antwort-Nachricht an den Absender.

- ↩↩: Allen Antworten, deren E-Mail-Adresse in der Nachricht enthalten sind. Wir raten von dieser Funktion ab, da die Gefahr besteht, dass unbeabsichtigt Dritte Ihre Antwort erhalten.

- ➡: E-Mail an einen weiteren Empfänger weiterleiten.

- 🗑 (am oberen rechten Bildschirmrand: Löscht eine Nachricht aus dem Posteingang. Siehe *10.4.6 E-Mails löschen*.

- ★ (unter dem Betreff): E-Mail als Favorit markieren (siehe Kapitel *10.5.5* Favoriten).

- ‹ ›: Zur vorherigen/nächsten Nachricht umschalten.

❷ Das ⋮-Menü:

- *Als ungelesen markieren*: Setzt den Lesestatus auf »ungelesen« zurück (anschließend Wechsel zur nächsten Nachricht).

- *Verschieben*: E-Mail in einen anderen Ordner verschieben. Macht genau genommen nur Sinn, wenn Sie eine bereits gelöschte Mail wieder aus dem *Papierkorb*-Ordner »retten« möchten.

- *E-Mail speichern*: Nachrichtentext als Datei im Verzeichnis */sdcard/Saved Email* speichern.

- *Als VIP hinzufügen*: Der Absender wird als wichtig eingestuft. Siehe auch Kapitel *10.4.4 VIP*.

- *Drucken:* Sendet die Nachricht an einen Drucker. Siehe auch *Praxisbuch Teil 2*, Kapitel *34.10 Drucker*.

❸ Ein weiteres ⫶-Menü aktivieren Sie unterhalb der Titelzeile:

- *Schriftgröße*: Schrift in der E-Mail-Anwendung anpassen.

- *Einstellungen*: Hierauf geht bereits Kapitel *10.3 E-Mail-Konto bearbeiten* ein.

❶ Häufig sind E-Mails für die Anzeige auf großen PC-Bildschirmen optimiert. Verwenden Sie dann die Wischgeste (mit angedrücktem Finger auf dem Display in eine Richtung ziehen), um die E-Mail zu lesen. Wenn Sie sich bereits am Zeilenende/Zeilenanfang befinden, blättert die Wischgeste zur nächsten/vorherigen Mail.

❷❸ Alternativ aktivieren Sie in ⫶/*Einstellungen/Anzeige* die Option *Anzeige autom. anpassen*. Der Nachrichtentext wird dann auf eine Bildschirmseite verkleinert. Ziehen Sie zwei gleichzeitig auf dem Display gedrückte Finger auseinander, beziehungsweise zusammen, so vergrößert/verkleinert das Handy die Nachrichtenanzeige.

10.4.4 VIP

Wenn Sie beruflich oder privat sehr viele Nachrichten erhalten, dürften Sie vielleicht schon mal eine wichtige übersehen haben. Damit Ihnen das nicht mehr passiert, können Sie mit der VIP-Funktion bestimmte Absender als »wichtig« festlegen. Nachrichten von den wichtigen Absendern landen dann nicht nur im Posteingang, sondern auch in einem eigenen Ordner.

❶ So legen Sie einen Absender (genauer gesagt, seine E-Mail-Adresse) als wichtig fest: Gehen Sie in der Nachrichtenansicht auf ⋮/*Als VIP hinzufügen*.

❷ Umgekehrt entfernen Sie über ⋮/*Von VIP-Liste entfernen* einen Absender wieder aus der Hauptsender-Liste.

❸ Ein Symbol weist neben der E-Mail-Adresse auf den Hauptsenderstatus des Absenders hin.

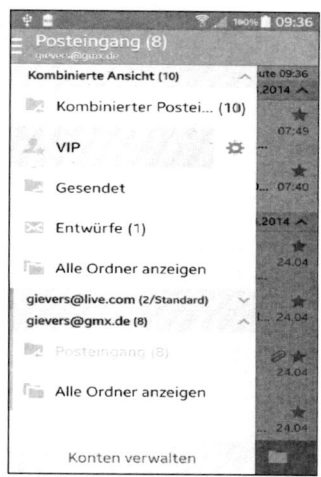 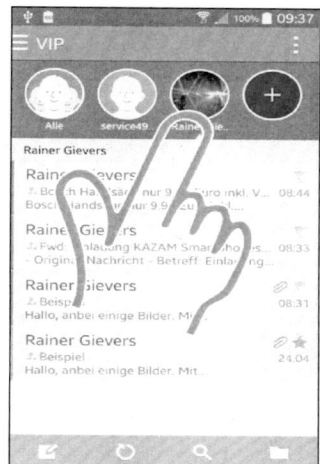 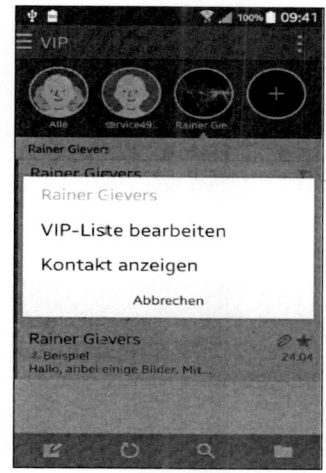

❶❷ Rufen Sie das Ordner-Ausklappmenü auf und wählen Sie *VIP*. Es werden nun alle Nachrichten von Absendern anzeigt, die Sie als wichtig einstufen. Über die Kontakt-Schaltleisten am oberen Bildschirmrand beschränken Sie die E-Mail-Auflistung auf bestimmte Absender (*Alle* listet dagegen alle Nachrichten auf).

❸ Tippen und halten Sie den Finger auf einer Kontakt-Schaltleiste am oberen Bildschirmrand, um dann mit *VIP-Liste bearbeiten* einen Absender aus der VIP-Liste zu entfernen.

❶❷❸ Unter ⋮/*Einstellungen*/*VIP-Einstellungen* konfigurieren Sie:

- *Als Standardordner festlegen*: Anzeige des VIP-Ordners mit den herausgefilterten Nachrichten, wenn Sie die E-Mail-Anwendung öffnen.

- *E-Mail-Benachrichtigungen*: Auf neu erhaltene E-Mails der VIPs erfolgt eine Benachrichtigung.

- *Benachrichtigungston; Vibrieren*: Benachrichtigung bei neu vorliegenden Nachrichten von den VIPs.

10.4.5 Spam

Als »Spam« bezeichnet man unerwünschte E-Mails von meist dubiosen Absendern, in denen häufig für Ramsch-Produkte geworben wird. Das Galaxy bietet zwar keinen Textfilter, der automatisch verdächtige E-Mails aussortiert, kann aber zumindest bestimmte Absender herausfiltern.

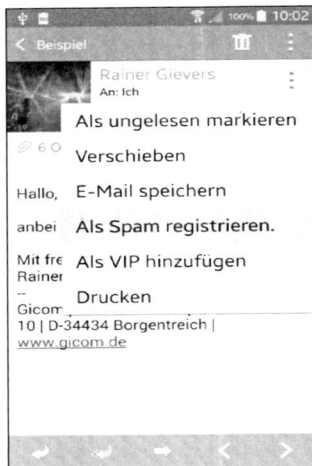 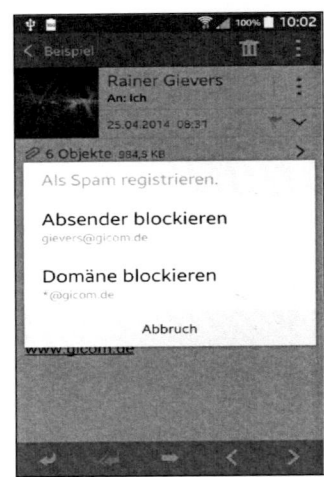

❶ Stoßen Sie mal auf eine unerwünschte Nachricht, dann rufen Sie ⁞/*Als Spam registrieren* auf.

❷ Zur Auswahl stehen *Absender blockieren* und *Domäne blockieren*. Wir empfehlen, nur in Ausnahmefällen Letzteres auszuwählen, denn wenn es sich um einen E-Mail-Anbieter wie GMX oder T-Online handelt, landen später mit Sicherheit auch legitime Nachrichten im Spam-Ordner.

Die »Domäne« ist der Adressbestandteil hinter dem »@«, im Beispiel von GMX und T-Online also *@gmx.de* und *@t-online.de*.

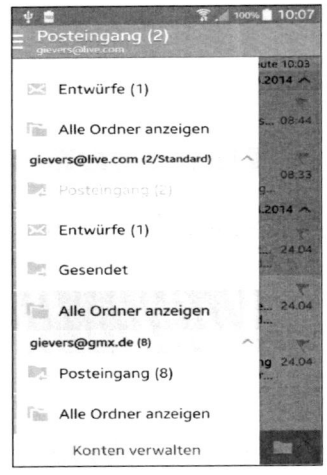  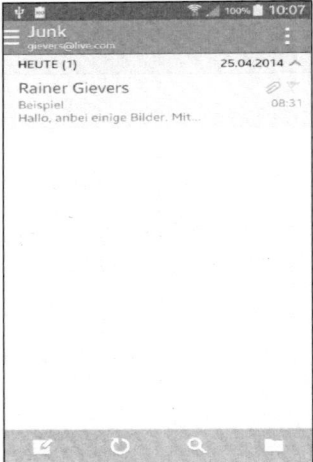

❶❷❸ Die von der E-Mail-Anwendung als Spam markierten Nachrichten zeigen Sie sich an, indem Sie das Ausklappmenü öffnen und dann auf *Alle Ordner anzeigen/Junk* gehen.

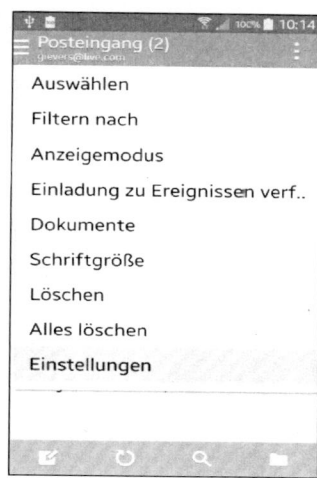

❶❷ Die Spam-Absender verwalten Sie in ⋮/*Einstellungen/Spam-Adressen*.

❸ Fügen Sie über ➕ eine E-Mail-Adresse hinzu beziehungsweise entfernen Sie mit 🗑 einen oder mehrere Spam-Absender aus der Liste.

10.4.6 E-Mails löschen

Die Lösch-Funktion in der E-Mail-Anwendung ist eine Philosophie für sich... Empfangene E-Mails werden standardmäßig nämlich nicht vom Internet-E-Mail-Konto gelöscht und lassen sich somit erneut mit dem E-Mail-Programm auf dem Desktop-PC abrufen oder auf der Weboberfläche des E-Mail-Anbieters anzeigen.

❶❷ Wie die Nachrichtenlöschung auf Ihrem Internet-E-Mail-Konto gehandhabt wird, bestimmt die Option *E-Mail von Server löschen* (Sie finden die Option in ⋮/*Einstellungen/Konten verwalten/(Ihr Konto)/Weitere Einstellungen/Eingangsserver*). Zur Auswahl stehen dabei *Niemals* und *Bei Löschen aus Eingang*. Voreingestellt ist *Niemals*. Gelöschte E-Mails bleiben also im Internet-E-Mail-Konto erhalten.

❸ Löschen Sie eine E-Mail, beispielsweise mit 🗑 in der Nachrichtenansicht, so verschwindet die E-Mail zudem nicht sofort aus der Nachrichten-Anwendung, sondern landet im *Papierkorb*-Ordner.

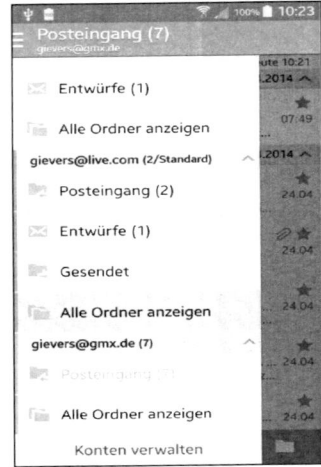 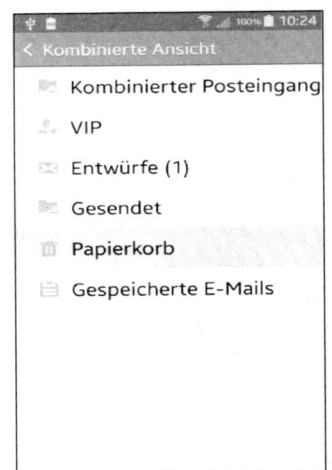 

❶❷❸ Sie können sich davon auch selbst überzeugen, indem Sie das Ordner-Ausklappmenü aufrufen und dann auf *Alle Ordner anzeigen/Papierkorb* gehen.

> E-Mail-Programme auf dem PC löschen standardmäßig alle empfangenen Mails vom Internet-E-Mail-Konto. Die E-Mail-Anwendung auf dem Galaxy erkennt das und entfernt bei sich die gelöschten Nachrichten ebenfalls. Wundern Sie sich also nicht, wenn auf dem Galaxy nach dem E-Mail-Abruf plötzlich alle Nachrichten verschwunden sind!

❶❷ Einzelne E-Mails löschen Sie in der Nachrichtenauflistung mit einer Wischgeste nach rechts/links.

10.4.7 Dateianlagen

In E-Mails enthaltene Dateianlagen kann man anzeigen und weiterverarbeiten.

❶ Über Dateianlagen informiert ⊘ (Pfeil) in der Nachrichtenauflistung.

❷ Tippen Sie auf die *x Objekte*-Schaltleiste (Pfeil), worauf die Dateianhänge zu sehen sind.

❸ Zum Anzeigen in der jeweiligen Anwendung tippen Sie *Vorschau* an, während *Speichern* die Datei(en) jeweils im */Download*-Verzeichnis ablegt.

10.4.8 Absender ins Telefonbuch aufnehmen

❶ Tippen Sie den Absendernamen an (Pfeil).

❷ Betätigen Sie *Neuer Kontakt*. Soll die E-Mail-Adresse dagegen einem bereits vorhandenen Kontakt hinzugefügt werden, dann gehen Sie auf *Vorhandene aktualisieren*.

10.5 E-Mail erstellen und senden

❶ ✍ erstellt eine neue Nachricht.

❷ Hier sind der Betreff, der Empfänger, sowie der Nachrichtentext einzugeben.

❸ Sobald Sie einige Buchstaben in das *An*-Feld eingetippt haben, öffnet sich die Empfängerliste. Sofern Sie keinen Kontakt aus dem Telefonbuch verwenden möchten, geben Sie die E-Mail-Adresse von Hand komplett selbst ein.

❶ Geben Sie noch Betreff und Nachrichtentext ein. Betätigen Sie nun ✉ (oben rechts). Die neue E-Mail wird sofort verschickt.

❷❸ Weitere Empfänger lassen sich bei Bedarf übrigens hinzufügen, indem Sie in das *An*-Eingabefeld (Pfeil) tippen und dann einfach die Mail-Adresse, beziehungsweise den Kontaktnamen eingeben, worauf wiederum die Kontaktauswahl erscheint.

 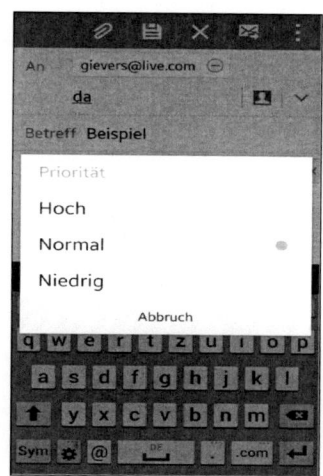

❶ Weitere Funktionen im ⋮-Menü:

- *E-Mail an mich senden*: Fügt als zusätzlichen Empfänger Ihre eigene E-Mail-Adresse hinzu. Sinnvoll, wenn Sie Ihre E-Mails sowohl auf dem Galaxy als auch mit Ihrem Heim-PC abrufen, weil Sie dann auch auf dem Heim-PC wissen, was Sie geschrieben haben, denn die von Ihnen auf dem Handy gesendeten E-Mails lassen sich ja nicht mit dem PC-E-Mail-Programm abrufen.

- *E-Mail planen*: Eine Uhrzeit festlegen, zu der das Galaxy die Nachricht verschickt.

- *Priorität* (❷): Weist der Nachricht eine Priorität *(Hoch, Normal* oder *Niedrig)* zu. Einige E-Mail-Programme werten die Priorität aus und heben dann die Nachricht hervor. Wir empfehlen allerdings, auf diese Funktion zu verzichten.

- *Sicherheitsoptionen*: Ermöglicht es, E-Mails zu verschlüsseln. Wir gehen in diesem Buch auf diese, für den Unternehmenseinsatz gedachte, Funktion nicht weiter ein.

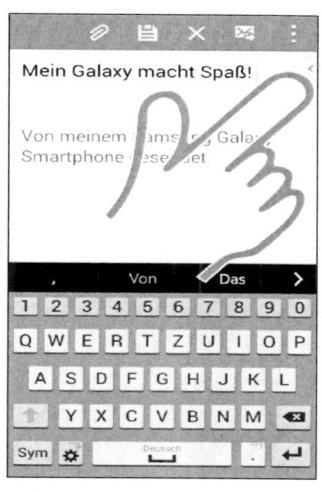 

❶ Betätigen Sie, während Sie sich im Nachrichteneditor befinden, die etwas versteckte **‹**-Schaltleiste.

❷ Es erscheint eine Symbolleiste, über die Sie Skizzen und Bilder einfügen, sowie Schriftart und Schriftfarbe ändern. Mit einer Wischgeste nach links/rechts zeigen Sie die restlichen Symbole an.

10.5.1 Cc/Bcc

❶❷ Eine Besonderheit sind die *Cc/Bcc*-Eingabefelder, die Sie durch Tippen auf ∨ (Pfeil) aktivieren:

- *Cc*: Der Begriff Cc steht für »Carbon Copy«, zu deutsch »Fotokopie«. Der ursprüngliche Adressat (im *An*-Eingabefeld) sieht später die unter *CC* eingetragenen weiteren Empfänger. Die *CC*-Funktion ist beispielsweise interessant, wenn Sie ein Problem mit jemandem per E-Mail abklären, gleichzeitig aber auch eine zweite Person von Ihrer Nachricht Kenntnis erhalten soll.

- *Bcc*: Im Bcc (»Blind Carbon Copy«)-Eingabefeld erfassen Sie weitere Empfänger, wobei der ursprüngliche Adressat im *An*-Feld nicht mitbekommt, dass auch noch andere Personen die Nachricht erhalten.

10.5.2 Geplanter Versand

Setzen Sie den geplanten Versand ein, um eine Nachricht nicht sofort, sondern zu einer bestimmten Uhrzeit zu verschicken.

❶ Gehen Sie auf ⋮/*E-Mails planen*.

❷ Stellen Sie Datum und Uhrzeit ein. Schließen Sie den Bildschirm mit *OK*.

❸ Ein ✉-Symbol (Pfeil) weist nun auf die Zeitverzögerung hin. Senden Sie die E-Mail dann wie gewohnt mit der ✉-Schaltleiste.

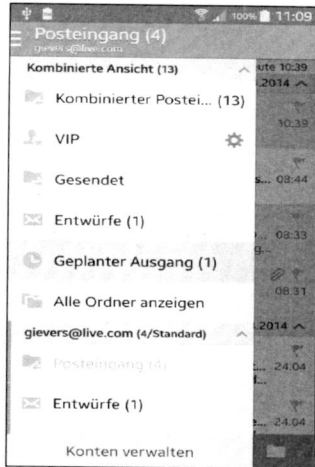 

❶❷ Falls Sie die Nachricht noch bearbeiten oder doch nicht senden möchten, so finden Sie sie im *Geplanter Ausgang*-Ordner im Ausklappmenü.

10.5.3 Entwürfe

 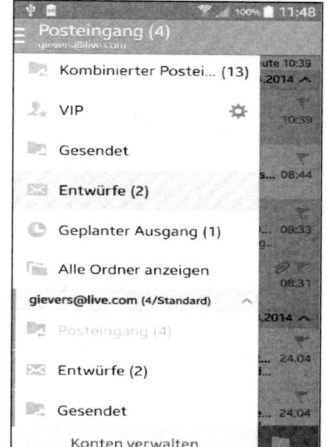 

❶ Betätigen Sie während der Nachrichtenerstellung statt ✉ die 💾-Schaltleiste.

❷❸ Möchten Sie den Entwurf später senden, rufen Sie das Ordner-Ausklappmenü auf und gehen auf *Entwürfe*. Die hier abgelegten Nachrichtenentwürfe können Sie nach dem Antippen wie gewohnt bearbeiten und dann verschicken.

10.5.4 E-Mail-Anhänge

  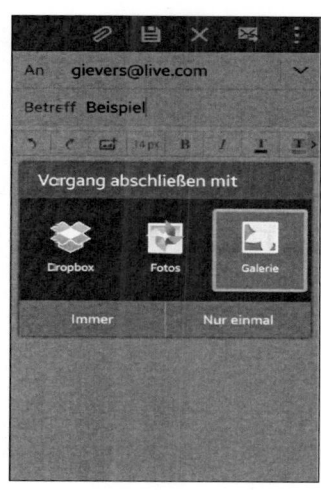

❶ Über ✐ fügen Sie eine Datei als Anhang hinzu.

❷❸ Im Beispiel wählen wir *Eigene Bilder* und dann *Galerie*. Betätigen Sie *Nur einmal*.

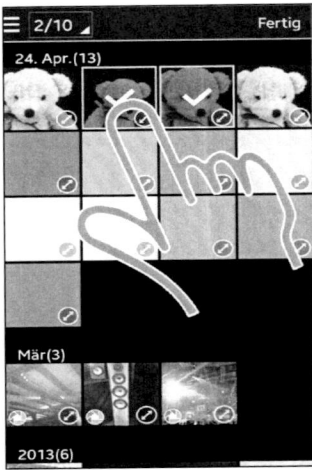 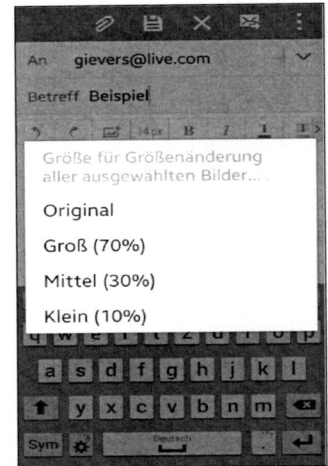 

❶ Markieren Sie ein oder mehrere Fotos (tippen Sie jeweils in die Bildmitte, da Betätigen von ⊘ die Vollbildansicht öffnet). Tippen Sie danach auf *Fertig*.

❷ Bei Bedarf verkleinern Sie die Bilder auf 10% bis 70% über den folgenden Dialog, ansonsten wählen Sie *Original*.

❸ Die Bilder landen als Anhang in der E-Mail und lassen sich nun mitverschicken. Die »-«-Schaltleiste entfernt ein angehängtes Bild wieder.

10.5.5 Favoriten

Sie können Nachrichten, die in irgendeiner Weise wichtig sind, als »Favoriten« markieren, um sie später schneller wiederzufinden.

❶❷ Tippen Sie in der Nachrichtenauflistung beziehungsweise in der Nachrichtenansicht den Stern an (Pfeil), um die jeweilige Nachricht als Favorit zu markieren. Erneutes Antippen löscht den Stern wieder.

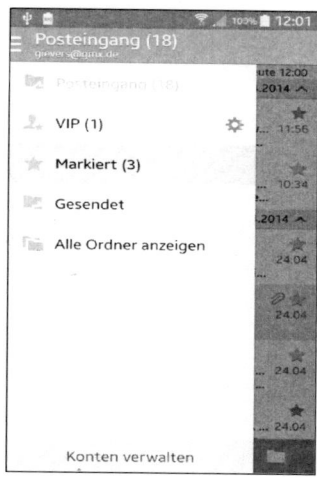 

❶❷ Die markierten Nachrichten zeigen Sie über *Markiert* im Ausklappmenü an.

  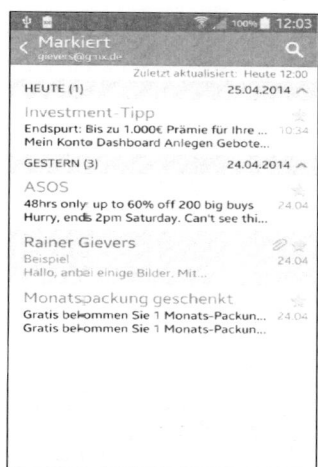

❶❷ Alternativ: Gehen Sie auf ⋮/*Sortieren* und dann *Markiert* auswählen.

❸ Das Handy listet nun die Favoriten als erste Einträge auf.

10.5.6 Stapelvorgänge

Wenn eine Aktion wie Löschen, Markierung hinzufügen, usw. auf mehrere Nachrichten anzuwenden ist, verwenden Sie die Stapelvorgänge.

❶ Tippen und halten Sie den Finger über einer zu markierenden Nachricht, bis diese »abgehakt«
ist.

❷ Weitere Nachrichten markieren Sie durch kurzes Antippen. Über die Schaltleisten am unteren Bildschirmrand können Sie dann die Nachrichten löschen oder verschieben, als gelesen/un-gelesen oder Favoriten markieren.

❸ Den Markierungsmodus verlassen Sie gegebenenfalls mit der *x ausgewählt*-Schaltleiste (Pfeil). Alternativ betätigen Sie die ⮌-Taste.

10.5.7 E-Mail-Ansichten

 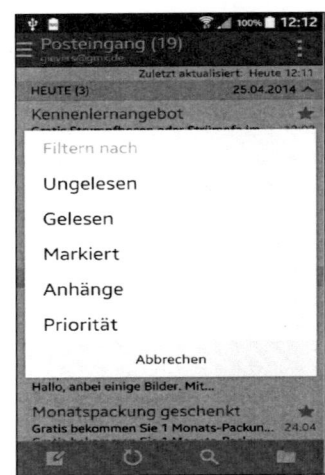

❶❷ Passen Sie die E-Mail-Auflistung über ⋮/*Sortieren* nach Ihren Bedürfnissen an.

❶❷ Standardmäßig erfolgt die Auflistung nach Datum. Tippen Sie Überschriften an (Pfeil), was diese zusammenklappt und für mehr Übersicht sorgt.

❸ Führen Sie eine Wischgeste von oben nach unten mit **zwei gleichzeitig** auf das Display ge-drückten Fingern durch, worauf alle Nachrichten zusammengeklappt werden.

❶❷ Eine weitere Option ist die Verlaufsansicht, bei der das Handy jeweils alle empfangenen Mails nach Absender sortiert im Posteingang anzeigt. Gehen Sie dafür auf ⋮/*Anzeigemodus* und aktivieren Sie im Dialog *Konversationsansicht*.

❶ Die Nachrichtenauflistung erfolgt nun nach Absender. Wählen Sie einen der Einträge aus.

❷ Alle mit dem Kontakt ausgetauschten Nachrichten werden als untereinander aufgelistet. Nach Antippen eines Nachrichtenkopfs wird die zugehörige Nachricht ausgeklappt.

10.6 E-Mails auf dem Startbildschirm

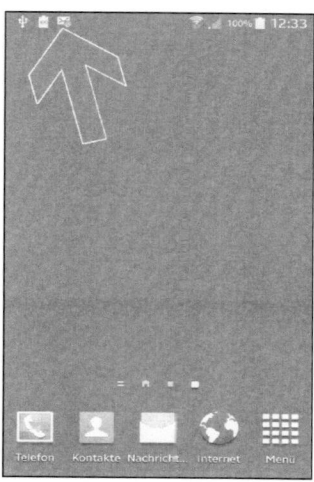 

❶❷ Über neu vorhandene E-Mails informiert die Titelleiste (Pfeil). Öffnen Sie das Benachrichtigungsfeld und gehen Sie auf den E-Mail-Eintrag, worauf der Posteingang anzeigt wird.

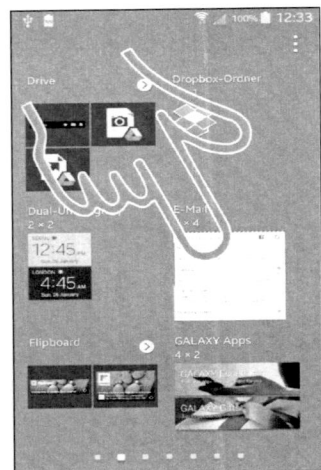 

❶❷ Verwenden Sie das *E-Mail*-Widget um den Posteingang direkt im Startbildschirm anzuzeigen.

Wie Sie Widgets anlegen, erfahren Sie im Kapitel *3.7.3 Widgets*.

11. Webbrowser

Das Galaxy besitzt mit dem hier vorgestelltem Webbrowser »Internet« und Google Chrome (siehe Kapitel *12 Chrome-Webbrowser*) gleich zwei verschiedene Webbrowser, die sich funktionell kaum unterscheiden. Welchen davon Sie in der Praxis nutzen, ist Geschmackssache, allerdings dürfte Google Chrome auf dem Handy für Anwender besonders interessant sein, die bereits den Chrome-Browser auf dem PC einsetzen.

Beachten Sie auch Kapitel *11.6 Internet-Browser und Chrome gleichzeitig nutzen*, in dem auf die Besonderheiten bei der gleichzeitigen Nutzung von Google Chrome und dem »Internet«-Browser eingegangen wird.

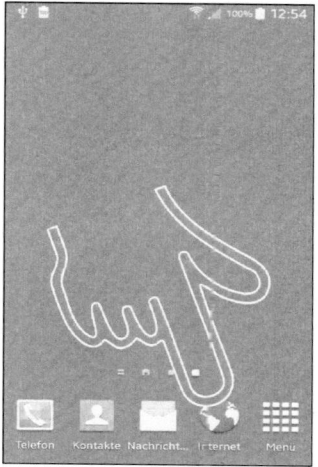 

❶❷ Sie starten den Webbrowser unter *Internet* aus dem Startbildschirm beziehungsweise Hauptmenü.

Damit man den Browser nutzen kann, muss eine Internetverbindung (siehe Kapitel *7 Internet einrichten und nutzen*) aktiv sein.

❶❷ Beim ersten Start lädt der Browser eine Samsung-Webseite als Startseite. Tippen Sie in die Adresszeile, um eine Webadresse einzugeben (wenn gerade eine größere Webseite angezeigt wird, ist eventuell die Adresszeile nicht sichtbar, führen Sie dann eine vertikale Wischgeste von oben nach unten durch). Betätigen Sie dann die *Öffnen*-Taste (Pfeil) auf dem Tastenfeld.

❸ Die Webadresse wird geladen und angezeigt. Weil viele Webseiten für PC-Bildschirme optimiert sind, sehen Sie nur einen Teilausschnitt, den Sie einfach ändern, indem Sie mit dem Finger auf den Bildschirm drücken und dann in die gewünschte Richtung ziehen.

Wie Sie eine andere Startseite einstellen, erläutert Kapitel *11.4 Einstellungen*.

Besonders bei der Webseitenanzeige kann eine horizontale Bildschirmorientierung optimaler sein. Halten Sie dafür einfach das Galaxy waagerecht statt aufrecht.

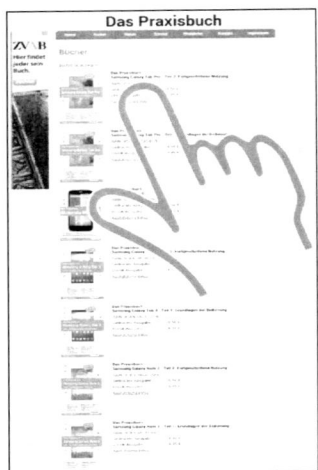

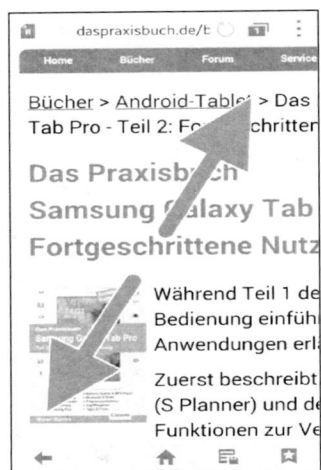

❶❷ Doppeltippen Sie auf einen Bildschirmbereich, um ihn auf lesbare Größe aufzuziehen. Auch hier lässt sich der Webseitenausschnitt durch Halten und Ziehen des Fingers verändern. Erneutes Doppeltippen in das Browserfenster schaltet wieder auf die Vorschau zurück.

❸ Auch das sogenannte »Kneifen« wird unterstützt: Tippen und halten Sie Mittelfinger und Daumen gleichzeitig auf dem Bildschirm und ziehen Sie beide auseinander, was in die Webseite hereinzoomt. Ziehen Sie dagegen die beiden Finger zusammen, zoomen Sie wieder heraus. Es ist egal, ob Sie nun vertikal oder waagerecht »kneifen«.

Unter *Standard-Zoom* in den Einstellungen konfigurieren Sie, wie stark der Webseitenbereich vergrößert wird. Siehe Kapitel *11.4 Einstellungen*.

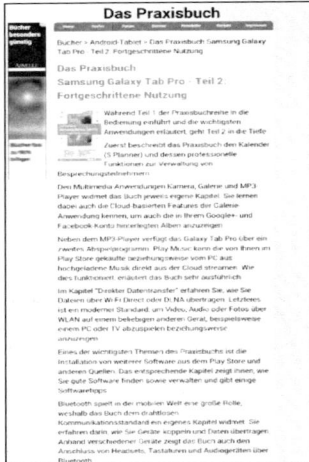
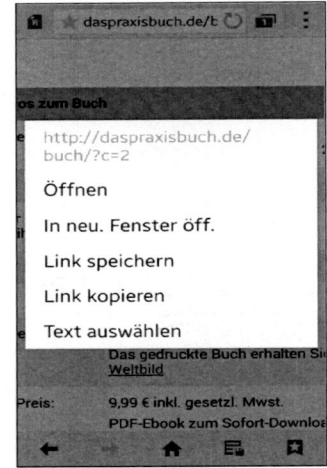

❶❷ Einem Link folgen Sie, indem Sie ihn antippen.

❸ Tippen und halten Sie den Finger über einem Link für weitere Funktionen:

- *Öffnen*

- *In neu. Fenster öff.*: Öffnet den Link in einem neuen Browser-Tab.

- *Link speichern*: Speichert die Webseite als HTML-Datei auf der Speicherkarte im Verzeichnis \download.

- *Link kopieren*: Kopiert die Webadresse des Links in die Zwischenablage, von wo man sie später in andere Anwendungen wieder einfügen kann.

- *Text auswählen*: Text auswählen, um ihn in die Zwischenablage zu kopieren.

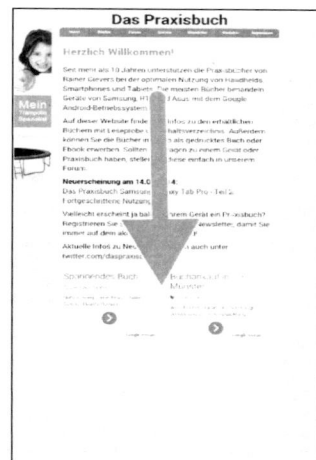 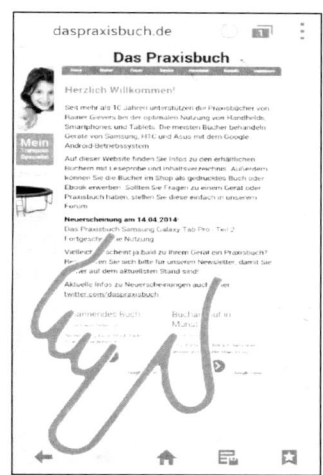 

❶❷ Die Schaltleisten am unteren Bildschirmrand sind häufig ausgeblendet und erscheinen erst nach einer vertikalen Wischgeste von oben nach unten.

Die Schaltleisten:

- ←: Zur letzten Webseite zurückkehren. Verwenden Sie dafür alternativ die ⤺-Taste. Beachten Sie aber, dass der Browser verlassen wird, wenn Sie die ⤺-Taste drücken, während die zuerst aufgerufene Seite angezeigt wird.

- →: Bringt Sie eine Seite vorwärts (dies funktioniert nur, wenn Sie zuvor eine Seite zurückgeblättert hatten).

- ⌂: Startseite, standardmäßig die Samsung-Website, anzeigen. Die Startseite ändern Sie in den Einstellungen (siehe Kapitel *11.4 Einstellungen*).

- ▤: Von Ihnen gespeicherte Webseiten auflisten.

- ▨: Lesezeichenverwaltung (siehe Kapitel *11.2 Lesezeichen*),

❷ Bereits während der Eingabe einer Webadresse macht der Browser Vorschläge, wobei Sie anhand der vorangestellten Symbole erkennen, woher diese stammen:

- ☆: Lesezeichen (»Favorit«).

- ◷: Verlauf (eine bereits von Ihnen besuchte Webseite).

- ◉: Mit Google nach dem Begriff suchen.

- ⚲: Suchvorschlag von Google aufrufen. Tippen Sie das dahinter stehende ↖ an, um weitere Vorschläge zum Suchbegriff zu erhalten.

Wählen Sie in der Liste einfach die anzuzeigende Webseite aus.

11.1 Fenster (Tabs)

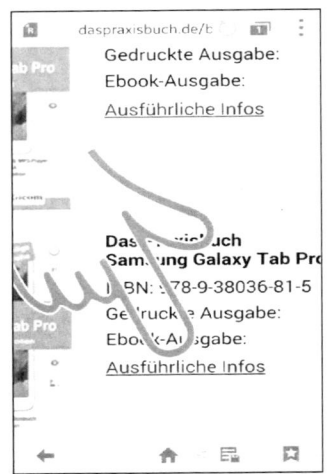 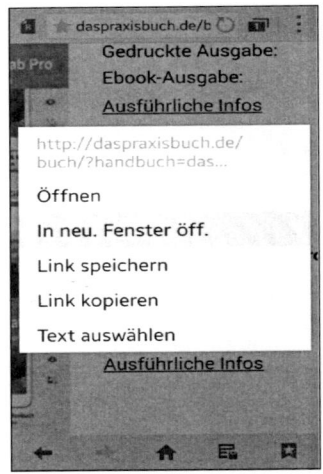 

❶❷ Manchmal ist es sinnvoll, mehrere Browserfenster gleichzeitig offen zu haben. In diesem Fall tippen und halten Sie einen Finger über dem Link, bis das Popup-Menü erscheint. Wählen Sie dann *In neu.Fenster öff.*

❸ Sie befinden sich nun im neu geöffneten Browserfenster (Browser-Tab).

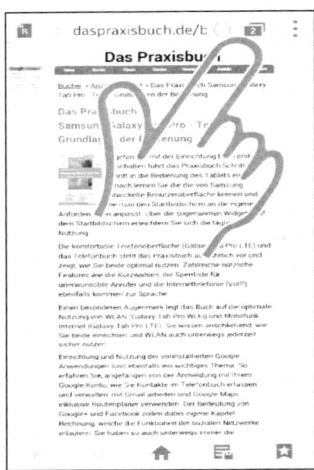 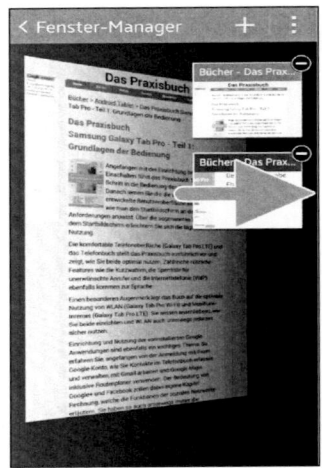 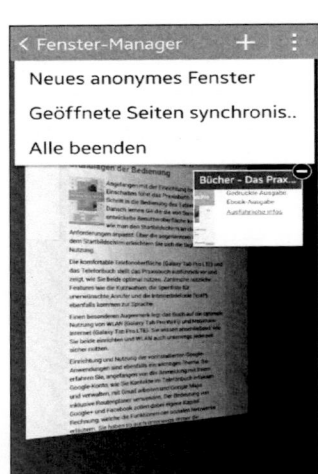

❶ So wechseln Sie zwischen den Browser-Tabs: Gehen Sie auf 🔳 (eventuell vorher eine vertikale Wischgeste von oben nach unten auf dem Bildschirm durchführen, um die Symbolleiste anzuzeigen).

❷ Es erscheint die Vorschau der aktiven Fenster, worin Sie das anzuzeigende antippen. Eine Wischgeste nach rechts schließt einen Browser-Tab. Dies geschieht auch mit den »-«-Schaltleisten.

❸ Weitere Funktionen:

- ╋: Neues Browser-Tab erstellen.

- ⋮/*Neues anonymes Fenster*: Aktiviert den sogenannten Inkognito-Modus. Sie browsen anonym, das heißt, der Browser speichert nach Verlassen des Inkognito-Tabs keine Daten und löscht von Websites angelegte Cookies.

- ⋮/*Geöffnete Seiten synchronisieren*: Speichert die Seiten in Ihrem Samsung-Konto.

- ⋮/*Alle beenden:* Schließt alle geöffneten Tabs.

Es dürfen maximal 16 Browser-Tabs gleichzeitig geöffnet sein.

11.2 Lesezeichen

❶ Für die Lesezeichenverwaltung betätigen Sie die ⚑-Schaltleiste (Pfeil).

❷ Tippen Sie ein Lesezeichen an, damit die zugehörige Webadresse im Browser geladen wird.

> Zu Lesezeichen, die Sie bereits mal besucht haben, zeigt die Lesezeichenverwaltung ein Vorschaubild statt des Platzhalters an.

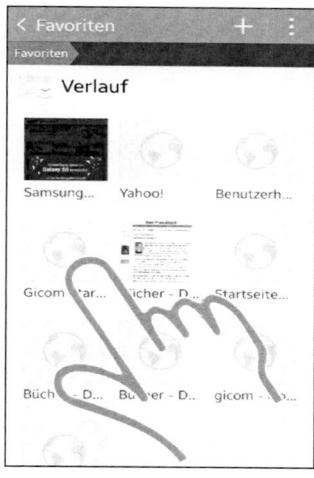 

❶ Tippen und halten Sie den Finger über einem Lesezeichen, worauf die Lesezeichenverwaltung auf den Markierungsmodus umschaltet.

❷ Markieren Sie bei Bedarf weitere Lesezeichen durch Antippen. Die verfügbaren Schaltleisten:

- ⌂: Legt das Lesezeichen als Startseite fest, die automatisch beim Aufruf des Browsers geladen und angezeigt wird.

- 🗑: Lesezeichen löschen.

❸ Das ⋮-Menü:

- *Senden via*: Links per Bluetooth, E-Mail, usw. an jemand anders versenden.

- *Löschen*

- *Listenansicht/Miniaturansicht*: Zwischen Listenansicht und Vorschaubildern umschalten.

- *Ordner erstellen*: Unterordner in den Lesezeichen erstellen.

- *Reihenf. änd.*: Passen Sie die Lesezeichenreihenfolge in der Auflistung an.

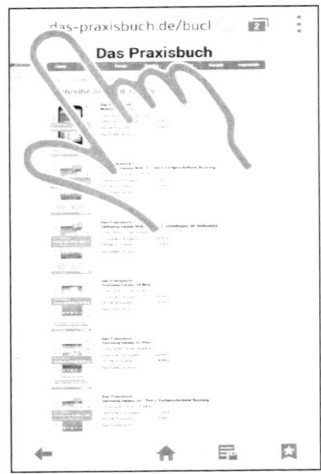

❶ So speichern sie ein Lesezeichen: Tippen Sie oben in der Adressleiste den Stern an (Pfeil).

❷ Anschließend geben Sie dem Lesezeichen noch einen Namen und betätigen *Speichern*.

Die Lesezeichen werden mit Ihrem Samsung-Konto synchronisiert, das heißt, wenn Sie sich auf einem anderen Samsung-Handy bei Ihrem Samsung-Konto anmelden, sind dort im Browser Ihre Lesezeichen verfügbar. Wenn Sie dies nicht möchten, müssen Sie in Ihrem Samsung-Konto (siehe Kapitel *16 Das Samsung-Konto*) die Lesezeichen-Synchronisierung deaktivieren.

11.3 Dateien herunterladen

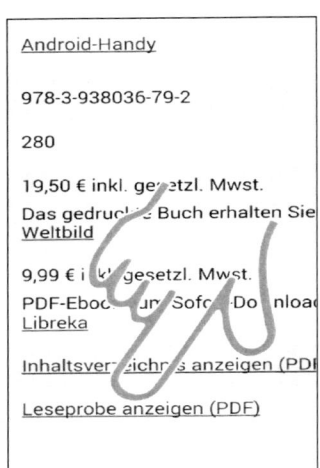

❶ Wenn Sie einen Link antippen, der auf eine Datei verweist, lädt der Browser diese automatisch herunter.

❷❸ Nach dem Download aktivieren Sie das Benachrichtigungsfeld und gehen auf die heruntergeladene Datei, welche dann im entsprechenden Anzeigeprogramm geöffnet und angezeigt wird.

Alle heruntergeladenen Dateien landen im Verzeichnis \download auf der Speicherkarte.

Sie können die heruntergeladenen Dateien auch in der *Downloads*-Anwendung aus dem Hauptmenü anzeigen.

11.4 Einstellungen

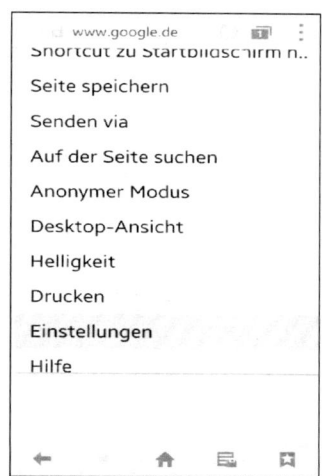 

❶ Für die Browserkonfiguration gehen Sie auf ⋮/*Einstellungen*.

❷ Die hier angebotenen Optionen:

- *Konto*: Verwaltet die Synchronisation der Lesezeichen mit Ihrem Samsung-Konto (siehe Kapitel *16 Das Samsung-Konto*).

- *Startseite festlegen*: Sie stellen hier ein, welche Webseite beim Browserstart als Startseite angezeigt wird.

- *Formular automatisch ausfüllen*: Tippen Sie in ein Webformular, das Sie bereits in der Vergangenheit mal ausgefüllt hatten, so schlägt der Browser die alte Eingabe vor, welche sich dann übernehmen lässt.

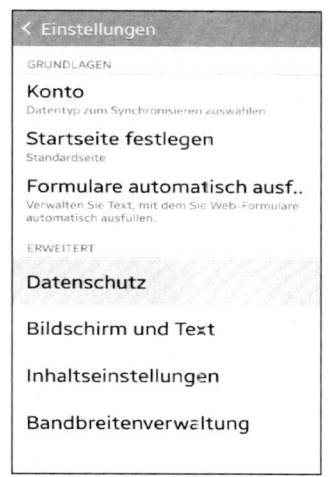  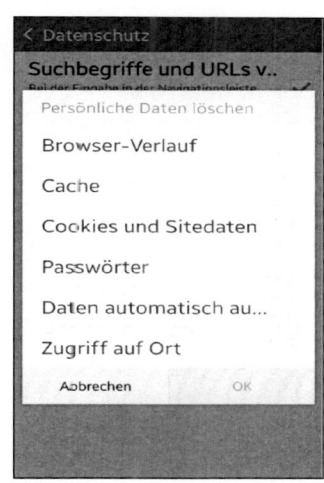

❶❷ Unter *Datenschutz* stellen Sie ein:

- *Suchbegriffe und URLs vorschlagen*: Die hier erfassten Texte mit Ihren Adressdaten schlägt der Browser automatisch vor, wenn Sie in ein passendes Eingabefeld tippen (zum Beispiel Adressfelder in einem Online-Shop).

- *Verfügbare Links vorladen*: Lädt verlinkte Webseiten im Hintergrund, damit sie schneller beim Antippen der Links zur Verfügung stehen. Wir raten davon wegen des erhöhten Datentransfers ab.

- *Formulardaten speichern*: In Eingabefeldern der Webseiten erfasste Texte, beispielsweise Suchanfragen auf der Google-Website, speichert der Browser zwischen. Wenn andere Personen Ihr Handy ebenfalls nutzen, sollten Sie diese Funktion aus Vertraulichkeitsgründen deaktivieren.

- *Passwörter merken*: Konfiguriert, ob in Webformularen eingegeben Passwörter, zwischengespeichert und das nächste Mal automatisch eingefügt werden. Sofern das Galaxy von mehreren Personen genutzt wird, sollten Sie diese Option deaktivieren.

- *Persönliche Daten löschen* (❸): Löscht vom Browser gespeicherte Daten wie den Verlauf, Cache, Cookies, usw.

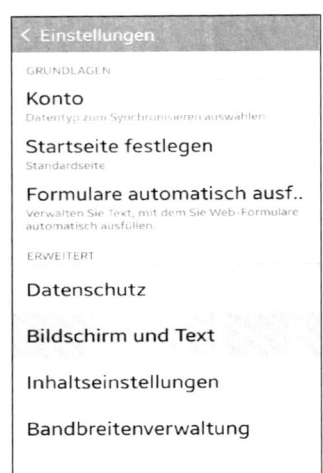

❶❷ Unter *Bildschirm und Text* konfigurieren Sie:

- *Textskalierung*: Relative Größe des angezeigten Textes (Standard: 100%). Am besten nicht verändern.

- *Zoomen erzwingen*: Manche für Mobilgeräte optimierte Webseiten werden standardmäßig in einer auf das Gerät abgestimmten Größe geöffnet und ermöglichen dann eventuell keinen Zoom. Aktivieren Sie diese Option, um das Zoomen trotzdem auf allen Webseiten zu ermöglichen.

- *Textcodierung*: Sofern in einer Webseite nicht angegeben ist, welcher Zeichensatz für die Anzeige zu verwenden ist, können Sie diese hier festlegen. Sie sollten die Textcodierung besser nicht ändern.

- *Vollbild*: Blendet die Statusleiste aus, wenn eine für Handys Webseite den sogenannten Vollbildmodus anfordert.

- *Text vergrößern*: Passt die Webseitenanzeige an den Bildschirm des Galaxy an.

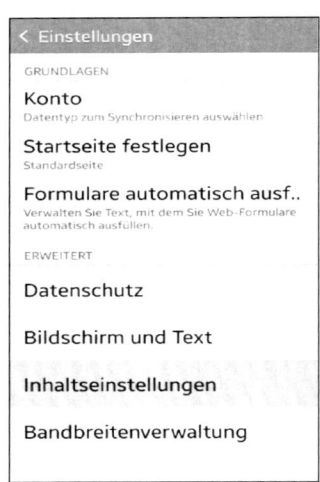

❶❷ Das *Inhaltseinstellungen*-Menü:

Unter *INHALTSEINSTELLUNGEN:*

- *Cookies akzeptieren*: Wie bereits oben erwähnt, sind Cookies wichtig, damit man von Webseiten eindeutig zugeordnet werden kann. Insbesondere Websites, in die man sich über Login und Passwort einloggen kann, sowie Webshops, sind häufig auf Cookies angewiesen. Sie sollten also die Option *Cookies akzeptieren* nicht deaktivieren.

- *Standortzugriff aktivieren*: Google kann für Suchanfragen Ihren aktuellen (GPS-)Standort auswerten. Dazu müssen Sie GPS auf dem Handy eingeschaltet haben (GPS-Schaltleiste im Benachrichtigungsfeld muss aktiv sein).

- *JavaScript aktivieren*: JavaScript ist eine Programmiersprache, die in Webseiten eingebettet sein kann, um dort interaktive Funktionen zu realisieren. Dazu gehören zum Beispiel Eingabefeldprüfungen. Weil sonst viele Webseiten nicht mehr funktionieren, sollten Sie JavaScript immer aktiviert haben.

- *Pop-ups blockieren*: Viele Websites öffnen Popup-Fenster, beispielsweise mit Werbung, wenn man sie besucht. Deshalb werden Popup-Fenster standardmäßig blockiert.

- *Website-Einstellungen*: Listet die Websites auf, die den Standortzugriff (GPS-Position des Galaxy wird an die Website übermittelt) nutzen. Dort können Sie die Standortzugriffe auch wieder entfernen.

Unter *WEB-BENACHRICHTIGUNGEN*:

- *Benachrichtigungen aktivieren; Benachrichtigungen löschen*: Nicht von Samsung dokumentiert.

Unter *EINSTELLUNGEN ZURÜCKSETZEN*:

- *Einstellungen zurücksetzen*: Falls Sie Änderungen an den Browsereinstellungen vorgenommen haben, setzen Sie sie hiermit wieder zurück.

❶❷ Das *Bandbreitenverwaltung*-Menü:

- *Webseiten vorladen*: Wenn Sie die Google-Suche verwenden, versucht der Browser zu erraten, welche Seite Sie als Nächstes aufrufen könnten und lädt diese bereits im Hintergrund. Für Sie hat dies eine schnelleren Seitenaufruf zur Folge. Beachten Sie allerdings den erhöhten Datentransfer, der dadurch entsteht.

- *Bilder laden*: Hierüber können Sie festlegen, ob in Webseiten eingebettete Bilder angezeigt werden. Bilder stellen ca. 80 Prozent des Datenvolumens beim Websurfen dar. Insbesondere bei Mobilfunkverbindungen kann es sich deshalb lohnen, die Bilderanzeige zu deaktivieren, um einen schnelleren Seitenaufbau zu erhalten.

- *Seiten im Überblick öffnen*: Deaktivieren Sie diese Option, wenn Sie es nicht möchten, dass der Browser neu geöffnete Webseiten als verkleinerte Vorschau anzeigt.

11.5 Anzeige optimieren

11.5.1 Desktop-Anzeige

 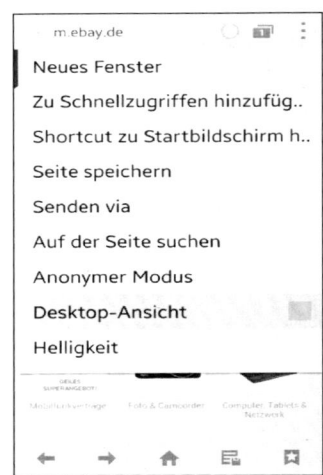 

❶ Viele Websites werten den verwendeten Browser aus und optimieren dann die Webseiten-anzeige für die Besucher entsprechend. Ein gutes Beispiel ist Ebay, wo man mit Smartphones nur eine vereinfachte und funktionsbeschränkte Weboberfläche zu sehen bekommt.

❷❸ Eine vollwertige Anzeige erhalten Sie im Browser, wenn Sie ⋮/*Desktop-Ansicht* aktivieren.

11.5.2 Optimierte Anzeige

❶❷ Bei manchen Webseiten erscheint in der Browser-Adresszeile ein R-Symbol. Tippen Sie darauf, worauf der »Reader« die Seite übersichtlich in einer Spalte anzeigt.

11.6 Internet-Browser und Chrome gleichzeitig nutzen

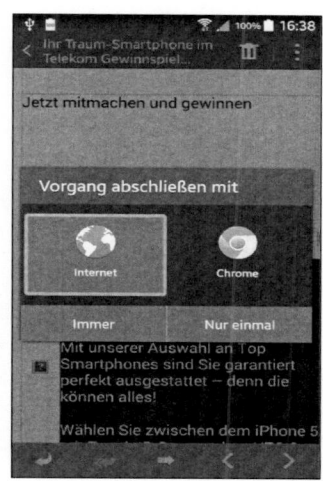 

❶ Wenn Sie in einer anderen Anwendung, sei es Gmail oder einer SMS, einen Link antippen, erscheint zunächst ein Auswahlmenü mit den installierten Webbrowsern *Chrome* oder *Internet*. Wählen Sie einen davon aus. Anschließend betätigen Sie *Immer* oder *Nur einmal*. Durch *Immer* legen Sie sich auf einen Browser fest, sodass künftig beim Antippen eines Links nicht mehr die Browserabfrage erscheint, sondern der Link sofort im eingestellten Browser geladen wird.

❷ Sofern Sie *Immer* gewählt haben, erfolgt ein Hinweis darauf, wie man die dauerhafte Verknüpfung mit dem jeweiligen Browser aufhebt. Beachten Sie dazu *Praxisbuch Teil 2*, Kapitel *34.6 Anwendungen als Standard*.

12. Chrome-Webbrowser

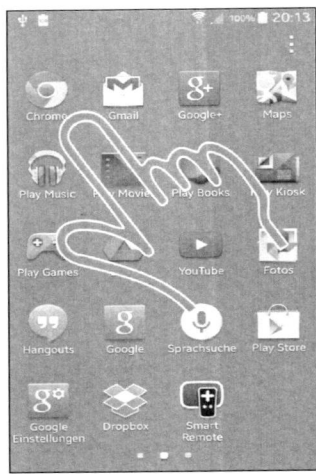

❶❷ Sie starten den Webbrowser über *Chrome* aus dem Hauptmenü.

Damit man den Browser nutzen kann, muss eine Internetverbindung (siehe Kapitel *7 Internet einrichten und nutzen*) aktiv sein.

Wie Sie eine andere Startseite einstellen, erläutert Kapitel *11.4 Einstellungen*.

Die Synchronisation der Lesezeichen mit dem Google-Konto können Sie später jederzeit in den Google-Kontoeinstellungen (siehe Kapitel *15.1 Das Google-Konto*) aus- oder einschalten.

Hinweis: Neben dem Chrome-Browser ist auf dem Galaxy mit *Internet* ein weiterer Webbrowser vorhanden. Beachten Sie dazu auch Kapitel *11 Webbrowser*und *11.6 Internet-Browser und Chrome gleichzeitig nutzen*.

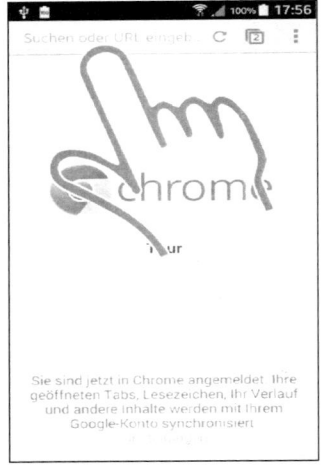

❶ Tippen Sie in die Adresszeile, um eine Webadresse einzugeben – falls bereits eine Webseite angezeigt wird, müssen Sie eventuell erst mit dem Finger auf dem Bildschirm nach unten ziehen (Wischgeste), um die Adressleiste anzuzeigen.

❷ Nach Eingabe der Webadresse betätigen Sie die *Öffnen*-Taste (Pfeil) auf dem Tastenfeld. Bereits während der Eingabe macht der Browser Vorschläge, wobei Sie anhand der vorangestellten Symbole erkennen, woher diese stammen:

- 🌐: Webseite
- ★: Lesezeichen (»Favorit«)
- 🕐: Verlauf (eine bereits von Ihnen besuchte Webseite)
- 🔍: Websuche (in Google gefundene Suchbegriffe).

Wählen Sie in der Liste einfach die anzuzeigende Webseite aus.

❸ Die Webadresse wird geladen und angezeigt. Bei manchen Webseiten, die für PC-Bildschirme optimiert sind, sehen Sie nur einen Teilausschnitt, den Sie einfach ändern, indem Sie mit dem Finger auf den Bildschirm drücken und dann in die gewünschte Richtung ziehen (»Wischgeste«).

> Wie Sie eine andere Startseite einstellen, erläutert Kapitel *11.4 Einstellungen*.
>
> Besonders bei der Webseitenanzeige kann eine horizontale Bildschirmorientierung optimaler sein. Halten Sie dafür einfach das Handy waagerecht statt senkrecht.

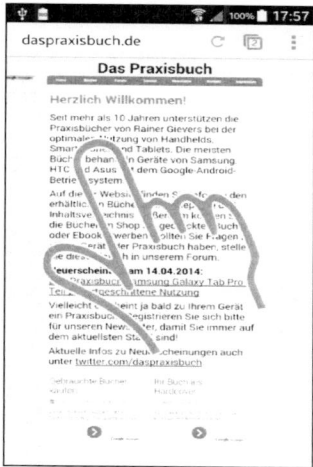

❶ Doppeltippen Sie auf einen Bildschirmbereich, um ihn auf lesbare Größe aufzuziehen. Erneutes Doppeltippen in das Browserfenster schaltet wieder auf die Vorschau zurück.

❷ Durch »Kneifen« ändern Sie die Anzeige: Tippen und halten Sie Mittelfinger und Daumen gleichzeitig auf dem Bildschirm und ziehen Sie beide auseinander, was in die Webseite hereinzoomt. Ziehen Sie dagegen die beiden Finger zusammen, zoomen Sie wieder heraus. Es ist egal, ob Sie nun vertikal oder waagerecht »kneifen«.

> Unter *Standardzoom* in den Einstellungen konfigurieren Sie, wie stark der Webseitenbereich vergrößert wird. Siehe Kapitel *11.4 Einstellungen*.

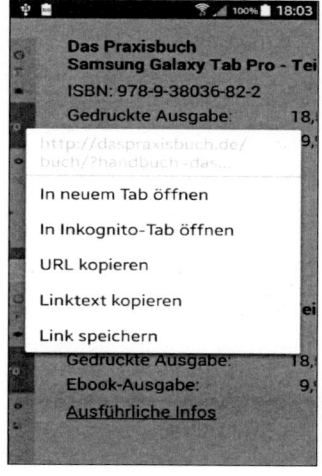

❶ Einem Link folgen Sie, indem Sie ihn antippen.

❷ Tippen und halten Sie den Finger über einem Link für weitere Funktionen:

- *Im neuen Tab öffnen*: Öffnet den Link in einem neuen Browser-Tab.

- *In Inkognito-Tab öffnen*: Öffnet den Link im privaten Modus, bei der alle Cookies oder andere Daten wieder gelöscht werden, wenn man den Tab später schließt.

• *Linktext kopieren*: Kopiert die Webadresse des Links in die Zwischenablage, von wo man sie später in andere Anwendungen wieder einfügen kann.

• *Link speichern*: Speichert die Webseite auf der Speicherkarte im Verzeichnis *\download*.

❸ Verwenden Sie die ⟲-Taste, um zur letzten angezeigten Seite zurückzukehren. Beachten Sie aber, dass der Browser verlassen wird, wenn Sie die ⟲-Taste drücken, während die zuerst aufgerufene Seite angezeigt wird. Alternativ verwenden Sie dafür im ⋮-Menü (eventuell einmal auf dem Display nach unten wischen, bevor Sie ⋮ betätigen) die ←-Schaltleiste (Pfeil). → bringt Sie dagegen eine Seite vorwärts (dies funktioniert nur, wenn Sie zuvor eine Seite zurückgeblättert hatten).

❶ Viele Websites werten den verwendeten Browser aus und optimieren dann die Webseiten für die Besucher entsprechend. Ein gutes Beispiel ist Ebay, wo man mit Smartphones und Tablets nur eine vereinfachte und funktionsbeschränkte Weboberfläche zu sehen bekommt.

❷❸ Eine vollwertige Anzeige erhalten Sie im Browser, wenn Sie ⋮/*Desktop-Version* aktivieren. Beachten Sie, dass sich dann die Ladezeiten erhöhen.

12.1 Tabs

Heutzutage bietet jeder PC-Webbrowser die Möglichkeit, mehrere Webseiten gleichzeitig anzuzeigen, wobei die sogenannten Tabs zum Einsatz kommen. Sofern Sie bereits Tabs auf dem PC-Webbrowser genutzt haben, dürften Sie also vieles wiedererkennen.

 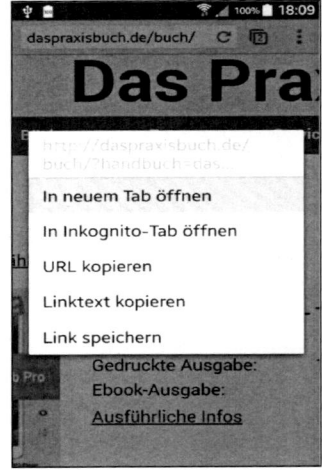

❶❷ Tippen und halten Sie einen Finger über dem Link, bis das Popup-Menü erscheint. Wählen Sie dann *In neuem Tab öffnen*. Der Browser-Tab wird im Hintergrund geöffnet.

Einen leeren Tab öffnen Sie mit ⋮/*Neuer Tab*.

❶ Wieviele Tabs gerade offen sind, erfahren Sie oben rechts. Tippen Sie auf die ☐-Schaltleiste für die Tab-Übersicht.

❷ Antippen eines Tabs zeigt diesen im Vollbild an. Schließen Sie hier Tabs mit der ✕-Schaltleiste.

❸ Das Löschen eines Tabs erfolgt durch eine Wischgeste von links nach rechts oder umgekehrt.

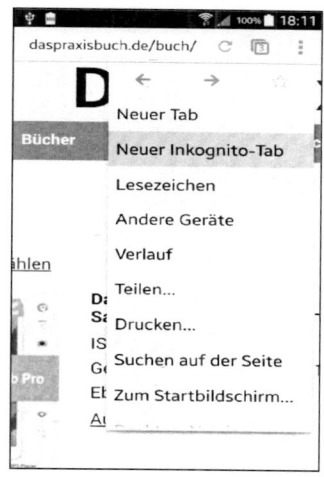 

❶❷ Eine Besonderheit ist der Inkognito-Modus, den Sie über ⋮/*Neuer Inkognito-Tab* aktivieren: In diesem Tab surfen Sie anonym, das heißt, der Browser speichert nach Verlassen des Inkognito-Tabs keine Daten und löscht von Websites angelegte Cookies.

❶ Zwischen den Inkognito-Tabs und den normalen Browser-Tabs wechseln Sie, indem Sie zuerst die ⬚-Schaltleiste (Pfeil) betätigen.

❷ Anschließend führen Sie eine Wischgeste von links nach rechts aus, worauf Sie sich wieder in der Tab-Übersicht befinden.

12.2 Lesezeichen

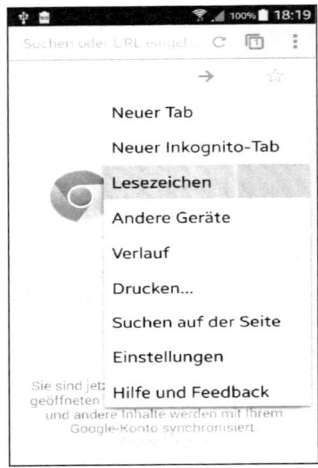 

❶ Mit ⋮/*Lesezeichen* öffnen Sie die Lesezeichenverwaltung.

❷ Über die Register am unteren Bildschirmrand (Pfeil) schalten Sie um zwischen:

- ■■■: Zuletzt besuchte Webseiten.

- ★: Lesezeichen.

- ฏ: Andere Geräte: Ermöglicht den Datenaustausch mit dem Chrome-Browser auf dem PC (siehe Kapitel *12.6 Lesezeichen des PCs auf dem Galaxy nutzen*)

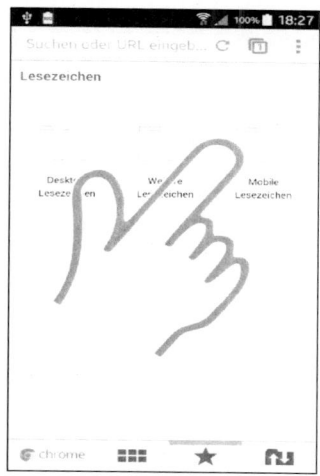 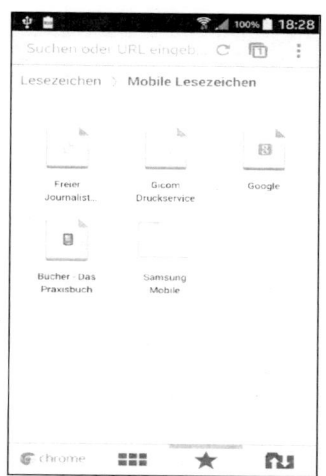 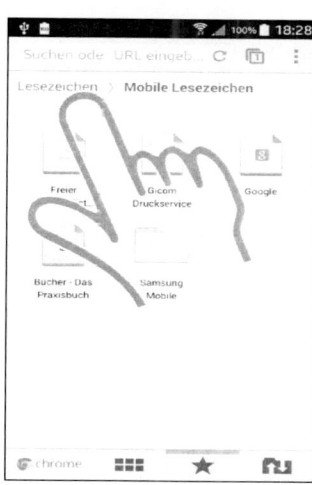

❶❷ Die Lesezeichen sind unterteilt zwischen *Desktop-Lesezeichen, Weitere Lesezichen* und *Mobile Lesezeichen*. Ihre auf dem Handy gespeicherten Lesezeichen finden Sie unter *Mobile Lesezeichen* (Pfeil).

❸ In die Ordner-Übersicht kehren Sie mit der *Lesezeichen*-Schaltleiste zurück.

Der *Desktop-Lesezeichen*-Ordner enthält Lesezeichen des Chrome-Browsers auf Ihrem Desktop-PC. Siehe dazu auch Kapitel *12.6 Lesezeichen des PCs auf dem Galaxy nutzen*.

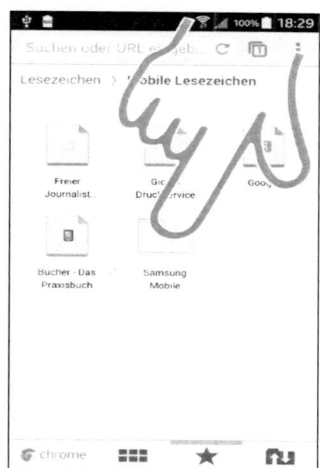 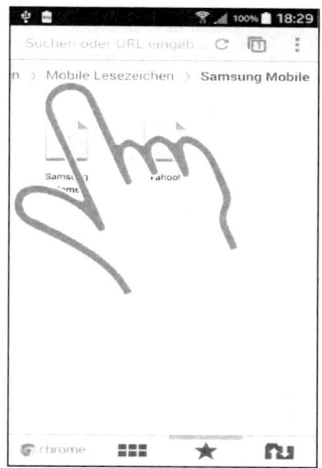

❶ Lesezeichen lassen sich auch in Unterordnern verwalten. Ein Beispiel dafür ist der *Samsung Mobile*-Ordner. Wenn Sie diesen antippen, wird der Inhalt angezeigt.

❷ Einen Ordner verlassen Sie durch Antippen von *Mobile Lesezeichen* beziehungsweise *Lesezeichen* am oberen Bildschirmrand.

 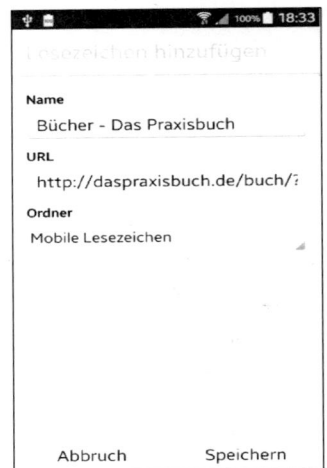

❶ So speichern sie ein Lesezeichen: Aktivieren Sie das ⁝-Menü und tippen Sie darin ⭐ an.

❷ Anschließend geben Sie dem Lesezeichen noch einen Namen und betätigen *Speichern*.

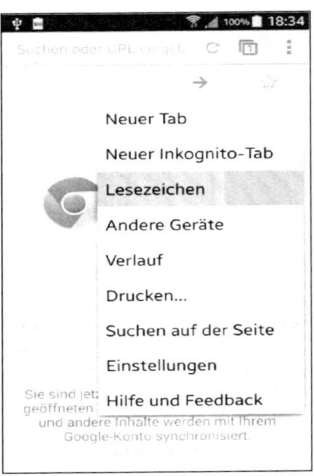 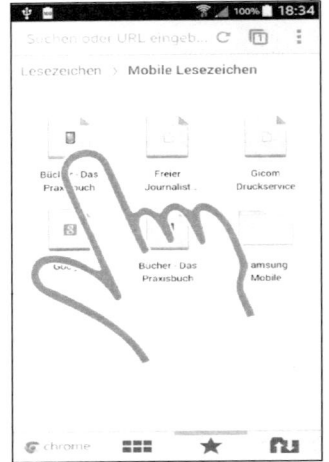 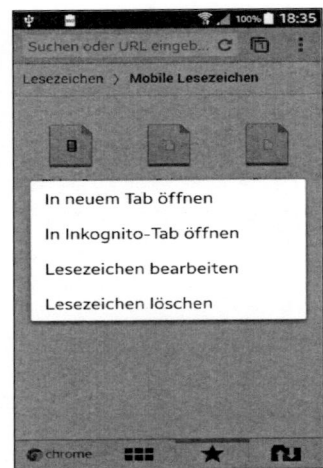

❶ Rufen Sie mit ⁝/*Lesezeichen* die Lesezeichenverwaltung auf und tippen Sie den *Mobile Lesezeichen*-Ordner an.

❷ Tippen Sie in der Lesezeichenverwaltung ein Lesezeichen an, damit die zugehörige Webadresse im Browser geladen wird.

❸ Halten Sie den Finger über einem Lesezeichen für diese Funktionen gedrückt:

- *In neuem Tab öffnen*: Öffnet den Link in einem neuen Browser-Tab.

- *In Inkognito-Tab öffnen*: Öffnet den Link im privaten Modus, bei der alle Cookies oder andere Daten wieder gelöscht werden, wenn man den Tab später schließt.

- *Lesezeichen bearbeiten*: Bezeichnung und Webadresse bearbeiten.

- *Lesezeichen löschen*

Die Lesezeichen werden mit Ihrem Google-Konto synchronisiert, das heißt, wenn Sie sich auf einem anderen Android-Gerät bei Ihrem Google-Konto anmelden, sind dort im Browser Ihre Lesezeichen verfügbar. Wenn Sie dies nicht möchten, müssen Sie in Ihrem Google Konto (siehe Kapitel *15.1.2 Weitere Kontenfunktionen*) die Lesezeichen-Synchronisierung (*Chrome synchronisieren*) deaktivieren.

12.3 Dateien herunterladen

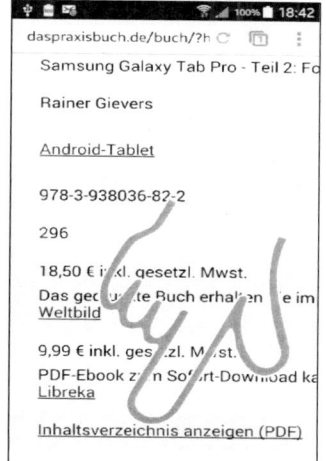  

❶ Wenn Sie einen Link antippen, der auf eine Datei verweist, lädt der Browser diese automatisch herunter.

❷❸ Nach dem Download aktivieren Sie das Benachrichtigungsfeld und gehen auf die heruntergeladene Datei, welche dann im entsprechenden Anzeigeprogramm geöffnet und angezeigt wird.

> Alle heruntergeladenen Dateien landen im Verzeichnis \download auf der Speicherkarte.
>
> Sie können die heruntergeladenen Dateien auch in der *Downloads*-Anwendung aus dem Hauptmenü anzeigen.
>
> Bei einigen Dateitypen erscheint die Warnmeldung »*Dateien dieses Typs können Schäden auf Ihrem Mobilgerät verursachen*« vor dem Download. Sofern Sie sicher sind, dass die herunterzuladende Datei aus einer vertrauten Quelle stammt (beispielsweise von der Website eines seriösen Unternehmens), können Sie aber ruhig *OK* betätigen.

12.4 Einstellungen

 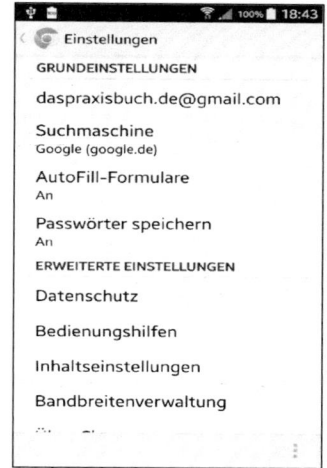 

❶ Für die Browserkonfiguration gehen Sie auf ⋮/*Einstellungen*.

❷ Die hier angebotenen Optionen:

Unter *GRUNDEINSTELLUNGEN:*

- *(Ihr Konto)@gmail.com*: Verwaltet die Synchronisation der Lesezeichen mit dem Google-Konto, sowie mit dem Chrome-Browser auf dem PC (siehe Kapitel *12.6 Lesezeichen des PCs auf dem Galaxy nutzen*)

- *Suchmaschine* (❸): Stellt die zu verwendende Suchmaschine ein (die Suche erfolgt automatisch, wenn Sie einen Begriff in der Browser-Adresszeile eingeben).

- *AutoFill-Formulare*: Die hier erfassten Texte mit Ihren Adressdaten schlägt der Browser automatisch vor, wenn Sie in ein passendes Eingabefeld tippen (zum Beispiel Adress-felder in einem Online-Shop).

- *Passwörter speichern*: Verwaltet alle Passwörter, die zwischengespeichert und das nächste Mal automatisch eingefügt werden. Sofern das Galaxy von mehreren Personen genutzt wird, sollten Sie diese Option deaktivieren.

Unter *ERWEITERTE EINSTELLUNGEN:*

- *Datenschutz*: Löschen Sie hier vom Chrome-Browser gespeicherte Daten und stellen Sie ein, ob der Browser bei der Adresseingabe Vorschläge macht.

- *Bedienungshilfen*: Standardschriftgröße bei den angezeigten Webseiten.

- *Inhaltseinstellungen*: Cookies, Übermittlung des Standorts, JavaScript, usw. zulassen.

- *Bandbreitenverwaltung*: Wenn Sie die Google-Suche verwenden, versucht der Browser zu erraten, welche Seite Sie als Nächstes aufrufen könnten und lädt diese bereits im Hintergrund. Für Sie hat dies eine schnelleren Seitenaufruf zur Folge. Beachten Sie allerdings das erhöhte Datenvolumen, das dadurch übertragen wird.

12.4.1 Datenschutz

 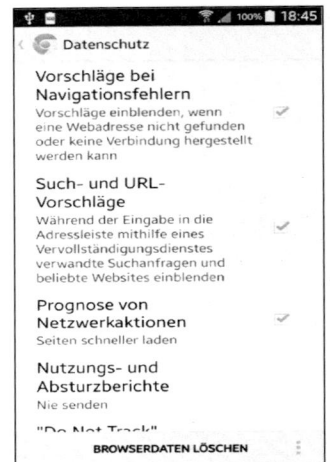 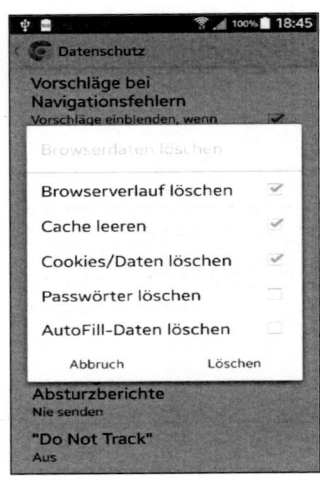

❶❷ Das *Datenschutz*-Menü konfiguriert:

- *Vorschläge bei Navigationsfehlern*: Wenn Sie eine Webadresse falsch eingeben, sodass sie nicht geladen werden kann, erscheint normalerweise die Meldung »Diese Webseite ist nicht verfügbar«. Aktivieren Sie *Vorschläge bei Navigationsfehlern*, so macht der Chrome-Browser Vorschläge wie die Webadresse korrekt lauten könnte.

- *Such- und URL-Vorschläge*: Schon während der Eingabe einer Webadresse, be-ziehungsweise von Suchbegriffen macht der Browser Vorschläge zu den möglicherweise gesuchten Webseiten, die man dann direkt anzeigen lassen kann.

- *Prognose von Netzwerkaktionen*: Nicht von Google dokumentiert.

- *Nutzungs- und Absturzberichte*: Legt fest, ob der Chrome-Browser anonyme Nutzungs-berichte an Google senden darf, die Google dann für Optimierungen verwendet.

- *"Do Not Track"*: Der Browser sendet an aufgerufene Webseiten einen Befehl, dass diese keine Benutzerdaten auswerten darf (beispielsweise für Werbung). Siehe auch *de.wikipedia.org/wiki/Do_Not_Track*.

❸ Betätigen Sie *BROWSERDATEN LÖSCHEN* unten im Bildschirm für das Auswahlmenü:

- *Browserverlauf löschen*: Die Adressen einmal besuchter Seiten speichert der Browser zwischen und zeigt sie dann als Auswahl an, wenn Sie eine ähnliche Webadresse in der

Adresszeile angeben.

- *Cache leeren*: Um den Aufbau der Webseiten zu beschleunigen, verwendet der Browser, ebenso wie der Internet Explorer oder Firefox auf dem Desktop-PC, einen Cache. Rufen Sie eine Webseite zum zweiten Mal auf, wird der Browser zuerst überprüfen, ob die bereits gespeicherte Seite im Cache aktuell ist und gegebenenfalls die Seite daraus laden und anzeigen. Sie können sich sicher vorstellen, dass somit das Surfen erheblich beschleunigt wird. Einen Nachteil hat der Cache allerdings auch: Die gespeicherten Seiten benötigen auf dem Galaxy Speicherplatz, der nicht mehr für andere Programme zur Verfügung steht. Ab und zu sollten Sie daher den Cache über das Menü löschen.

- *Cookies/Daten löschen*: Cookies sind Daten, die von Webseiten auf Ihrem Gerät abgelegt werden, um Sie bei einem späteren Besuch wiedererkennen zu können. Es dürfte nur sehr selten Sinn machen, die vom Browser angelegten Cookies zu löschen.

- *Passwörter löschen; AutoFill-Daten löschen*: Enfernt die automatisch vom Browser gespeicherten Daten, die Sie in Eingabefeldern eingetippt hatten.

12.4.2 Inhaltseinstellungen

❶❷ In den *Inhaltseinstellungen* konfigurieren Sie:

- *Cookies zulassen*: Wie bereits oben erwähnt, sind Cookies wichtig, damit man von Webseiten eindeutig zugeordnet werden kann. Insbesondere Websites, in die man sich über Login und Passwort einloggen kann, sowie Webshops, sind häufig auf Cookies angewiesen. Sie sollten also die Option *Cookies zulassen* nicht deaktivieren.

- *JavaScript aktivieren*: JavaScript ist eine Programmiersprache, die in Webseiten eingebettet sein kann, um dort interaktive Funktionen zu realisieren. Dazu gehören zum Beispiel Eingabefeldprüfungen. Weil sonst viele Webseiten nicht mehr funktionieren, sollten Sie JavaScript immer aktiviert haben.

- *Pop-ups blockieren*: Viele Websites öffnen Popup-Fenster (Tabs), beispielsweise mit Werbung, wenn man sie besucht. Deshalb werden Popup-Fenster standardmäßig blockiert.

- *Geschützte Inhalte:* Einige Websites, insbesondere Videostreaming-Portale verlangen eine eindeutige Identifizierung ihrer Nutzer. Wir empfehlen allerdings *Geschützte Inhalte* deaktiviert zu lassen.

- *Google Übersetzer*: Für Besucher ausländischer Websites bietet Google eine Übersetzungsfunktion an, die automatisch alle Texte in Deutsch anzeigt.

- *Google-Standorteinstellungen*: Google kann für Suchanfragen Ihren aktuellen (GPS-)Standort auswerten, genauso verwenden manche Websites Ihren Standort, um für Ihre Standort optimierte Angebote bereitzustellen. Ein Beispiel dafür ist die Google-Suchmaschine selbst (❸).

12.5 Lesezeichen-Widget

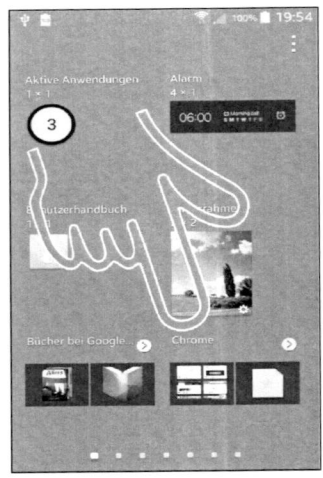 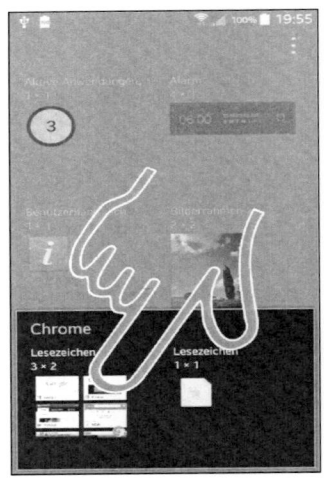 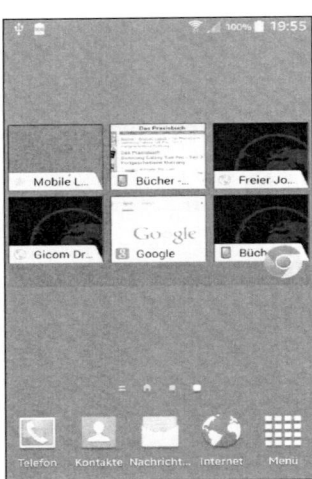

❶❷ Der schnelle Aufruf von Lesezeichen aus dem Startbildschirm ist über den *Lesezeichen*-Schnellzugriff beziehungsweise das *Lesezeichen*-Widget möglich. Gehen Sie dazu auf *Chrome* in den Widgets. Wie Sie diese auf dem Startbildschirm anlegen, erfahren Sie im Kapitel *3.7.3 Widgets*.

12.6 Lesezeichen des PCs auf dem Galaxy nutzen

Auch für den PC gibt es eine Version des Chrome-Browsers (falls Sie ihn installieren möchten, geben Sie einfach »Google Chrome« in der Google-Suchmaschine ein, worauf Ihnen Download-Möglichkeiten angezeigt werden). Die Lesezeichen und Lesezeichen lassen sich zwischen Chrome auf dem Handy und dem PC synchronisieren, sodass Sie auf beiden Geräten immer auf dem gleichen Stand sind.

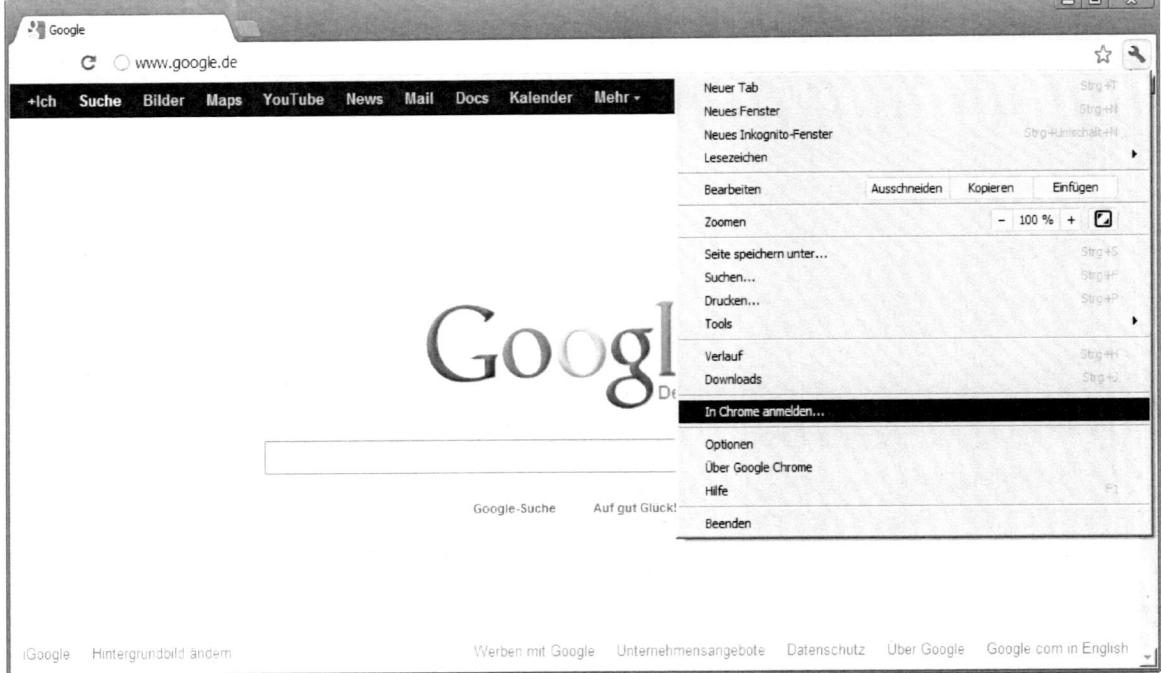

Auf dem PC klicken Sie im Chrome-Webbrowser oben rechts auf 🔧 für das Menü und gehen dort auf *In Chrome anmelden* – wenn Sie bereits angemeldet sind, erscheint als Menüeintrag stattdessen *Angemeldet als (Ihr Kontoname)@googlemail.com*.

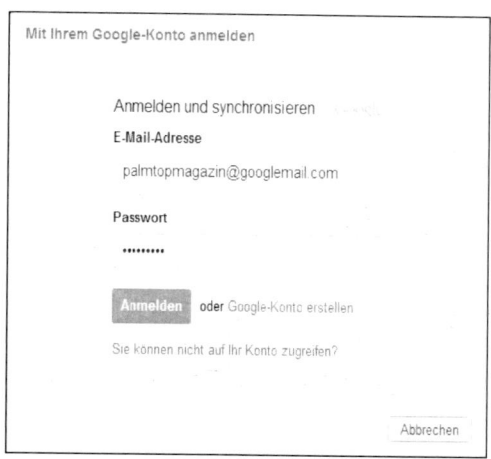

Melden Sie sich mit Ihren Google-Kontodaten an (dem gleichen Google-Konto wie bei Chrome auf dem Handy).

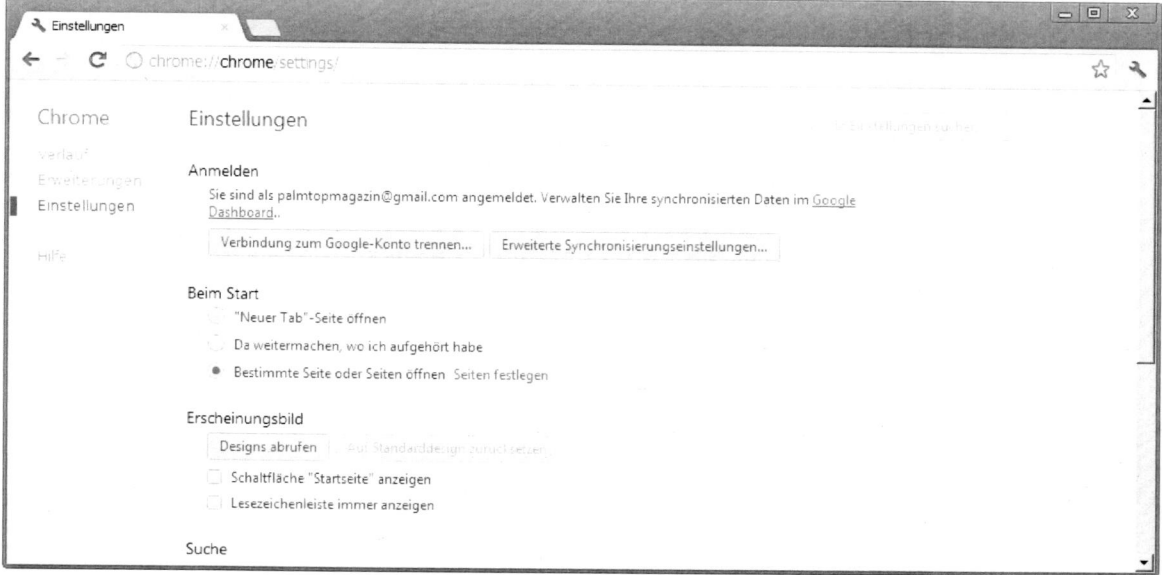

Für die Feineinstellung klicken Sie auf *Erweiterte Synchronisierungseinstellungen*...

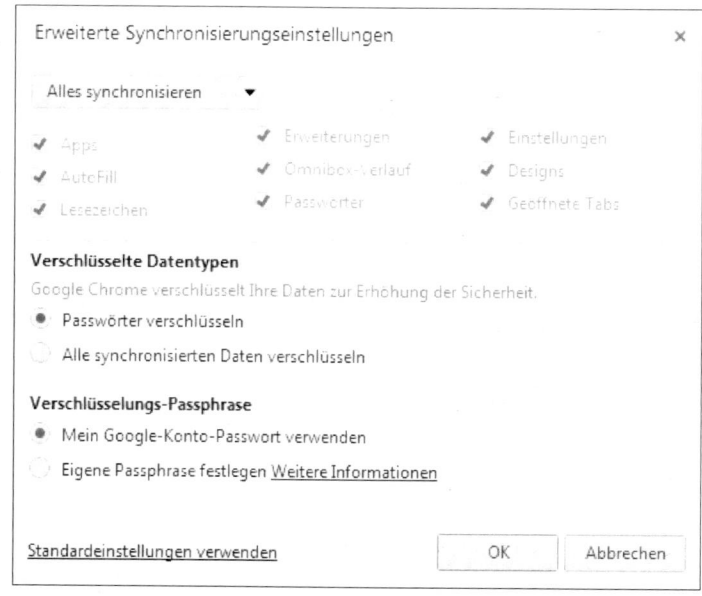

... stellen Sie dann das oberste Auswahlmenü von *Alles synchronisieren* auf *Auswahl synchronisieren* und deaktivieren Sie bei den nicht abzugleichenden Chrome-Funktionen die Abhakkästchen. Schließen Sie den Dialog dann mit *OK*.

Wir empfehlen, keine der Chrome-Funktionen zu deaktivieren, beziehungsweise nur solche Funktionen zu deaktivieren, bei denen Sie sicher sind, dass Sie sie nicht brauchen. Es ist natürlich möglich, über das ✎/*Angemeldet als xyz@gmail.com*-Menü jederzeit diese Synchronisation zu ändern, beziehungsweise auszuschalten.

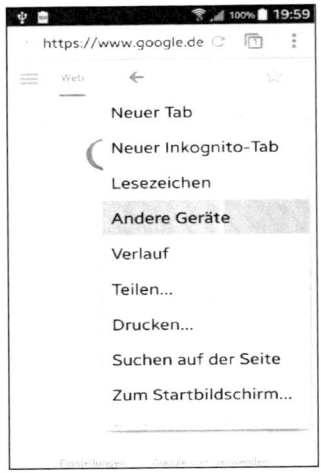
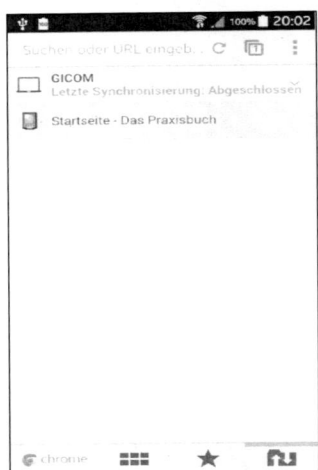

❶ Rufen Sie ⋮/*Andere Geräte* auf.

❷ Die gerade in Chrome auf dem PC angezeigte(n) Webseite(n) finden Sie unter dem PC-Namen, im Beispiel *GICOM*. Tippen Sie sie an, um die jeweilige Webseite auch auf dem Handy aufzurufen.

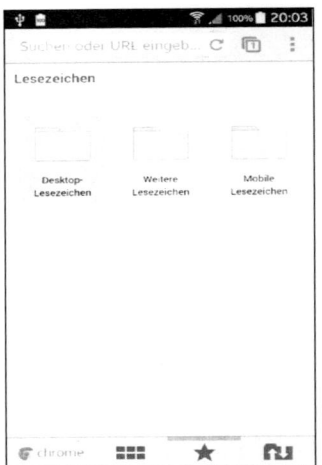
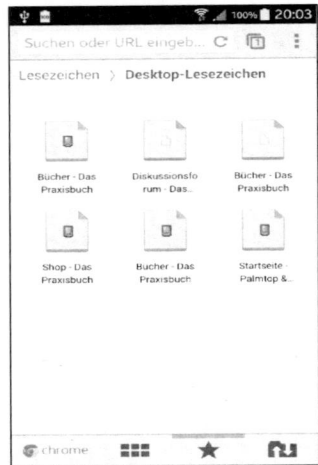

❶ Auch der Zugriff auf die Lesezeichen des Chrome-Browsers auf dem PC ist möglich: Aktivieren Sie mit ⋮/*Lesezeichen* die Lesezeichenverwaltung. Falls dann die mobilen Lesezeichen angezeigt werden, tippen Sie oben links auf *Lesezeichen* (Pfeil).

❷❸ Gehen sie auf *Desktop-Lesezeichen*.

13. Google Maps

Google Maps zeigt nicht nur Straßenkarten, sondern auch Satellitenansichten an und dient als mobiles Navigationsgerät. Beachten Sie, dass Google Maps die Kartenausschnitte jeweils aus dem Internet lädt, also eine WLAN- oder Mobilfunkverbindung bestehen muss.

Google Maps können Sie auch auf dem Desktop-PC im Webbrowser nutzen: Geben Sie dort *maps.google.de* als Webadresse ein.

> Sofern Sie keine Datenflatrate (»Datenvertrag«) in Ihrem Mobilfunkvertrag haben und kein WLAN nutzen, sollten Sie auf die Verwendung von Google Maps verzichten, da schon bei geringer Nutzung mehrere Megabyte an Datenvolumen zusammenkommen.

13.1 Google Maps nutzen

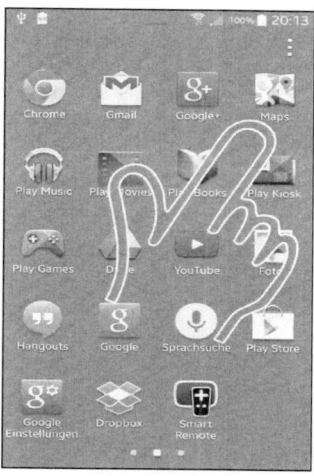  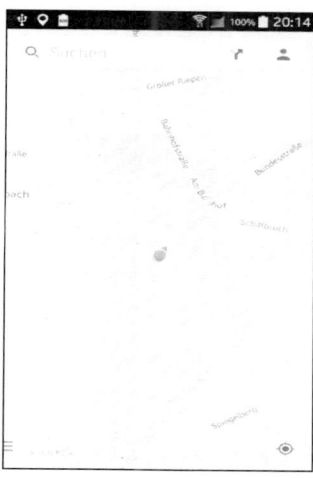

❶ Sie starten das Programm unter *Maps* im Hauptmenü.

❷❸ Betätigen Sie *Akzeptieren und weiter*, danach gegebenenfalls *Ja, aktivieren* damit das Programm startet.

 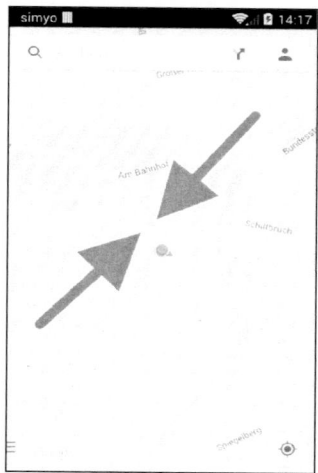

❶ Mit angedrücktem Finger bewegen Sie den angezeigten Kartenausschnitt, der dann aus dem Internet nachgeladen wird.

❷ Zum Vergrößern/Verkleinern des Kartenausschnitts verwenden Sie die »Kneifen«-Geste, bei der Sie den auf dem Display angedrückten Daumen und den Zeigefinger nach außen oder innen ziehen. Auch schnelles zweimaliges Antippen einer Kartenstelle vergrößert die Ansicht.

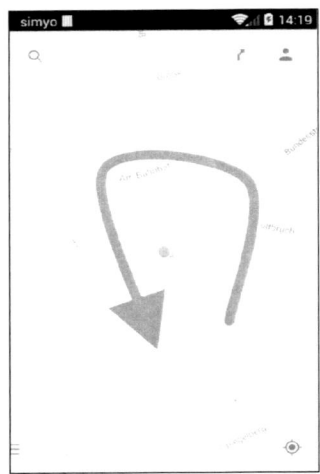 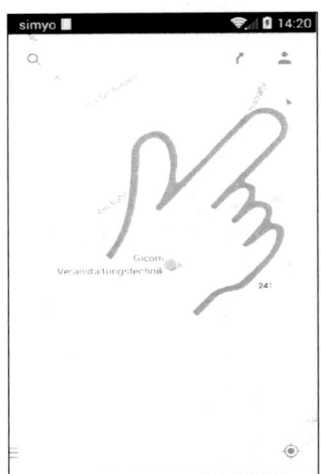

❶ Bei Google Maps ist Norden immer oben. Fußgänger dürften deshalb die Drehfunktion begrüßen: Tippen Sie mit zwei Fingern, zum Beispiel Daumen und Zeigefinger, auf das Display und drehen Sie beide Finger dann um sich selbst. Der Kartenausschnitt dreht sich mit. Als Fußgänger richten Sie so den Kartenausschnitt genau in Gehrichtung aus.

❷ Eine Kompassnadel oben rechts zeigt nun die Nord/Süd-Achse an. Tippen Sie darauf, richtet sich der Kartenausschnitt wieder nach Norden aus.

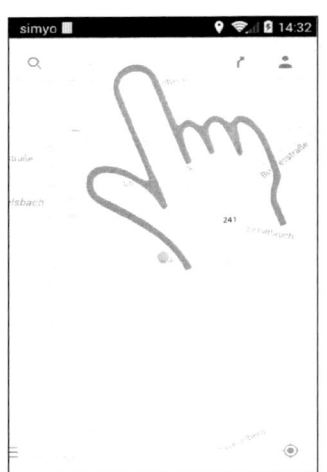 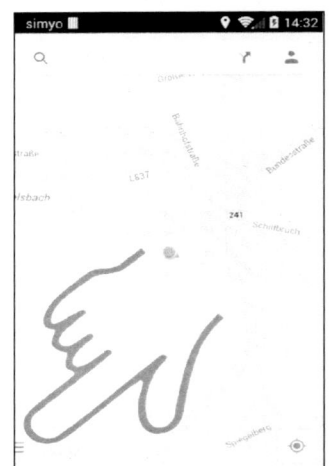 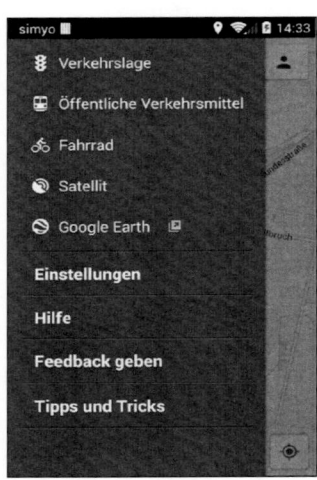

❶ Die Bedienelemente am oberen Bildschirmrand:

- ᛩ (Suche): Nach Orten, Firmen, Adressen oder Sehenswürdigkeiten suchen.

- ᛉ (Route): Plant eine Route und gibt Ihnen eine Wegbeschreibung.

- ᛛ (Verlauf): Listet Ihre Favoriten (siehe Kapitel *13.10.1 Markierungen*, sowie die zuletzt gesuchten Orte und Points of Interest auf.

- ◉ (»Mein Standort«, unten rechts im Bildschirm): Zeigt nach Antippen Ihre vom GPS-Empfänger ermittelte Position auf der Karte an. Dazu muss allerdings der GPS-Empfang (siehe nächstes Kapitel) aktiviert sein.

❷❸ Tippen Sie auf ☰ (Pfeil), worauf sich das Ausklappmenü mit weiteren Funktionen öffnet. Zum Schließen des Menüs tippen Sie einfach ☰ erneut an.

Mit *Verkehrslage, Öffentliche, Fahrrad* und *Satellit* blenden Sie verschiedenen Overlays (»Überlagerungen«) ein. *Google Earth* startet die unter gleichem Namen im Google Play Store erhältliche Anwendung, welche eine über Google Maps hinausgehende 3D-Kartenansicht bietet.

13.2 Einstellungen

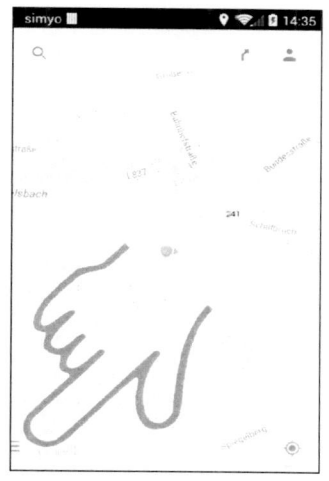  

❶ Öffnen Sie das Ausklappmenü über die ☰-Schaltleiste.

❷ Gehen Sie auf *Einstellungen*.

❸ Die verfügbaren Optionen:

- *Konto wechseln*: Die Maps-Anwendung speichert in Ihrem Google-Konto (siehe Kapitel *15.1 Das Google-Konto*) unter anderem Ihre Favoriten (siehe Kapitel *13.10.1 Markierungen*) und andere von Ihnen vorgenommene Einstellungen. Sie können hier zu einem anderen Google-Konto wechseln.

- *Adressen bearbeiten*: Geben Sie Ihre Privat- und Geschäftsadresse an, welche von der Navigationsfunktion (siehe Kapitel *13.8 Navigation*) ausgewertet wird.

- *Google-Standorteinstellungen*: Diverse Einstellungen für Google Local, auf die Kapitel *13.10 Google Local* eingeht.

- *Tipps zur Standortgenauigkeit*: Sofern das Galaxy Ihre Position nicht exakt orten kann, gibt das Gerät hier Hinweise.

- *Google Maps-Verlauf*: Listet die von Ihnen in Google Maps aufgerufenen Orte auf.

- *Entfernungseinheiten*: Sie können die Anzeige zwischen Meilen und Kilometer umschalten.

- *Feedback geben; Zum Senden von Feedback schütteln*:

13.3 GPS-Empfang aktivieren

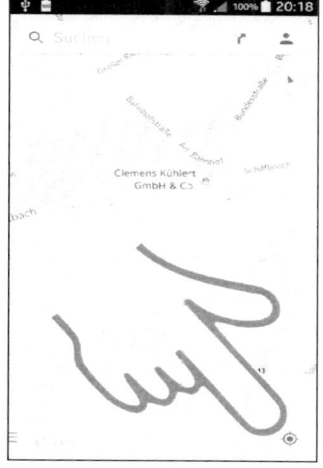  

❶ Viele Funktionen von Google Maps sind nur mit GPS sinnvoll nutzbar. Starten Sie Google

Maps, ohne dass der GPS-Empfang aktiv ist, so erscheint ein Hinweisdialog. Falls dies nicht der Fall ist, betätigen Sie die ⦿-Schaltleiste (Pfeil).

❷ Gehen Sie im Dialog auf *Einstellungen*.

❷ Betätigen Sie den Schalter, sodass er auf *AN* steht.

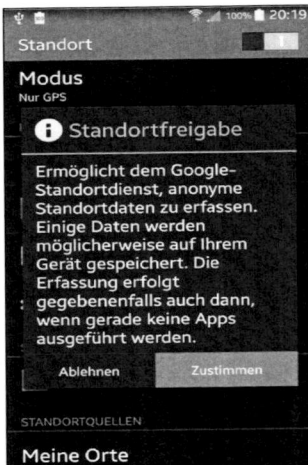 

❶❷ Betätigen Sie im folgenden Dialog *Zustimmen*. Anschließend verlassen Sie den Bildschirm wieder mit der ⮌-Taste.

Der GPS-Empfänger verbraucht relativ viel Strom, weshalb Sie ihn bei längerer Nichtnutzung deaktivieren sollten. Beachten Sie auch Praxisbuch Teil 2, Kapitel *34.4 GPS auf dem Galaxy nutzen*.

13.4 Eigene Position

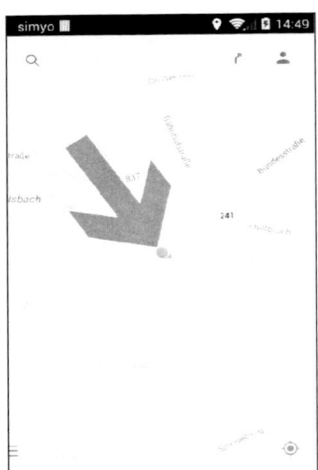 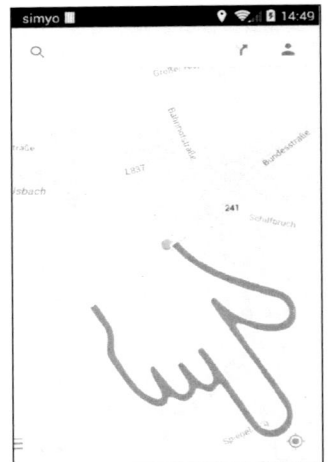 

❶ Ein blauer Punkt (Pfeil) zeigt auf der Karte Ihre aktuelle Position an.

❷❸ Über die ⦿-Schaltleiste schalten Sie in den Kompass-Modus, der die Karte immer in Blickrichtung anzeigt. Erneutes Betätigen der ⦿-Schaltleiste aktiviert wieder die Normalanzeige.

13.5 Kartenausschnitt offline speichern

Google Maps hat gegenüber normalen Navis den Vorteil, immer tagesaktuelle Karten bereitzustellen, welche aus dem Internet nachgeladen werden. Problematisch wird es nur, wenn man das Handy unterwegs nutzt, da dann ja das Fehlen des WLAN-Empfangs die Kartenaktualisierung verlangsamt, denn häufig steht dann nur eine langsame Mobilfunkverbindung zur Verfügung, mit der Google Maps kaum Spaß macht. Deshalb unterstützt Google Maps die lokale Speicherung der Kartendaten auf dem Gerät.

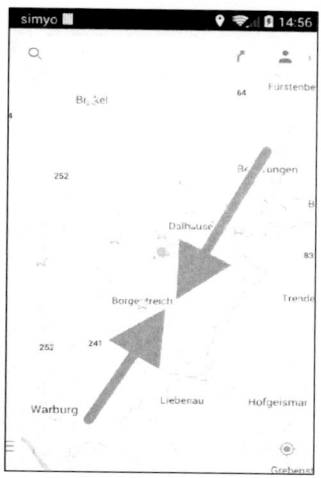 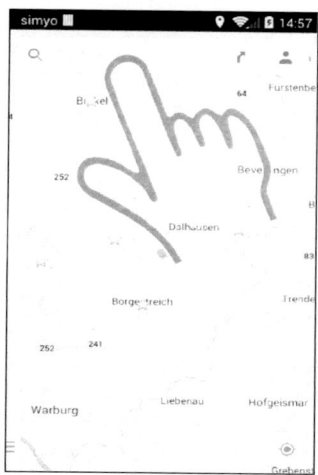

❶ Die Größe des lokal gespeicherten Kartenausschnitts stellen Sie ein, indem Sie den Kartenausschnitt vergrößern, beziehungsweise verkleinern (mit zwei Fingern auf das Display halten und dann beide auseinander-/zusammenziehen). Der Kartenausschnitt darf allerdings maximal ca. 40 x 40 Kilometer groß sein.

❷ Tippen Sie ins Suchfeld.

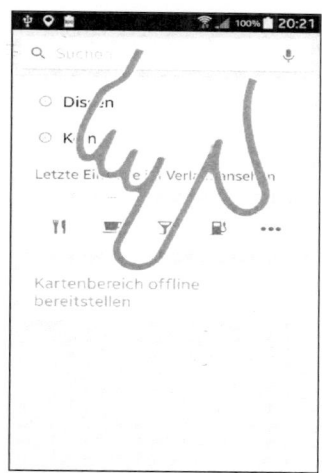 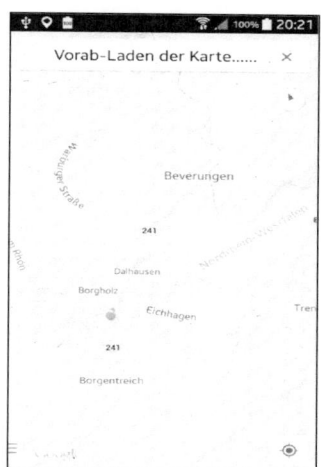

❶ Rollen Sie im Suchfeld ganz nach unten und betätigen *Kartenbereich offline bereitstellen*.

❷ Die Kartendaten werden geladen, was einige Zeit in Anspruch nimmt.

Leider ist es in Google Maps auch weiterhin nicht möglich, offline (ohne Internetverbindung) Routen zu berechnen oder zu navigieren.

13.6 Suche

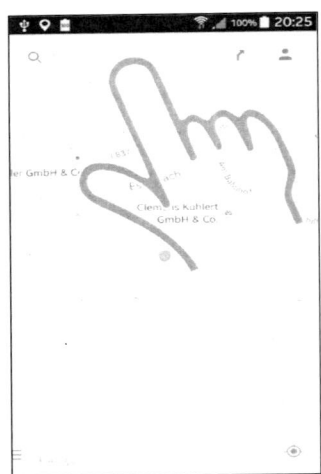 

❶ Gehen Sie ins Suchfeld (Pfeil), um Adressen oder Sehenswürdigkeiten (Points of Interest) aufzufinden.

❷ Geben Sie eine Adresse ein und bestätigen Sie mit Q im Tastenfeld. Eventuell macht das Programm hier schon Vorschläge, die Sie direkt auswählen können.

❶ Google Maps zeigt die Adresse mit einer Markierung in der Karte an. Am oberen Bildschirm-rand erscheint ein Ortshinweis, daneben die Fahrtzeit mit dem Auto. Tippen Sie auf den Orts-hinweis (Pfeil).

❷ Es öffnet sich ein Dialog mit weiteren Bedienelementen:

- *Speichern*: Den Ort als Favorit speichern. Siehe Kapitel *13.10.1 Markierungen*.

- *Teilen*: GPS-Position als Web-Link per Bluetooth, SMS oder E-Mail versenden.

- *5 h 14 min*: Fahrtzeit mit dem Auto. Tippen Sie darauf, damit Google Maps eine Routenberechnung durchführt. Siehe dazu auch Kapitel *13.8 Navigation*.

- *Street View* (Vorschaubild antippen): Aktiviert Street View (fotografische Anzeige des Straßenverlaufs). Dieser Menüpunkt ist nur sichtbar, wenn zum Fundort Street View-Bilder vorliegen.

❶❷ Häufig findet Google Maps auch mehrere Orte oder Points of Interest, die dann mit Symbolen in der Karte angezeigt werden. Wenn Sie weitere Infos über einen Point of Interest haben möchten, tippen Sie ihn an.

Tipp 1: Geben Sie im Suchfeld auch die Postleitzahl ein, wenn zu vermuten ist, dass eine gesuchte Stadt mehrfach vorkommt.

Tipp 2: Möchten Sie beispielsweise wissen, welche Sehenswürdigkeiten es in einer bestimmten Region/Stadt gibt, dann wechseln Sie zuerst den entsprechenden Kartenausschnitt (Sie können auch die Stadt suchen) und geben dann im Suchfeld einen allgemeinen Begriff wie »Museum« ein.

Zum Löschen der Suchergebnisse in der Karte tippen Sie oben rechts neben dem Suchfeld die ✕-Schaltleiste an.

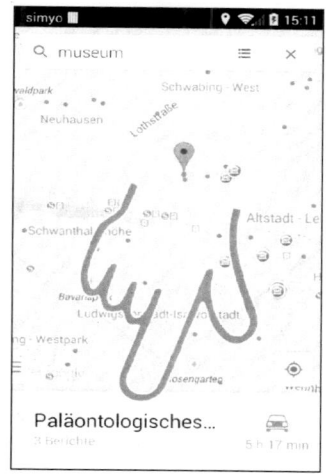  

❶ Tippen Sie den Dialog am unteren Bildschirmrand für weitere Infos zum Standort, Öffnungszeiten, Bewertungen, usw. an.

❷❸ Weitere Infos stehen Ihnen mit einer Wischgeste von unten nach oben zur Verfügung.

❶❷ ☰ listet alle gefundenen Points of Interest auf. Wählen Sie anschließend einen Listeneintrag aus, zu dem Sie Details wissen möchten.

❸ Zwischen den Suchergebnissen schalten Sie alternativ durch eine Wischgeste nach rechts/links im unteren Bildschirmbereich um.

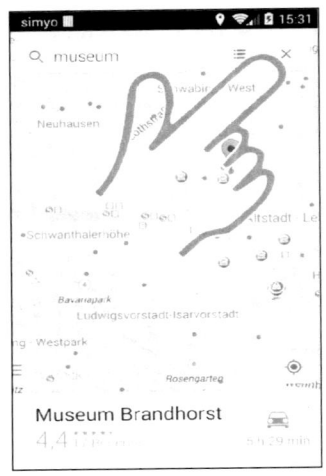

✕ (Pfeil) beendet die Suche.

13.7 Google Street View

Street View zeigt den Straßenverlauf in einer 360-Grad-Panorama-Ansicht an. Die dazu verwendeten Fotos wurden von Google mit speziell ausgerüsteten Kamera-Autos erstellt, welche 20 deutsche Großstädte durchfahren haben.

Google hat leider aus unternehmenspolitischen Gründen das Street View-Projekt in Deutschland eingestellt (Quelle: *de.wikipedia.org/wiki/Google_Street_View*), zeigt aber weiterhin die bereits vorhandenen Street View-Panoramabilder an.

13.7.1 Street View auf dem PC

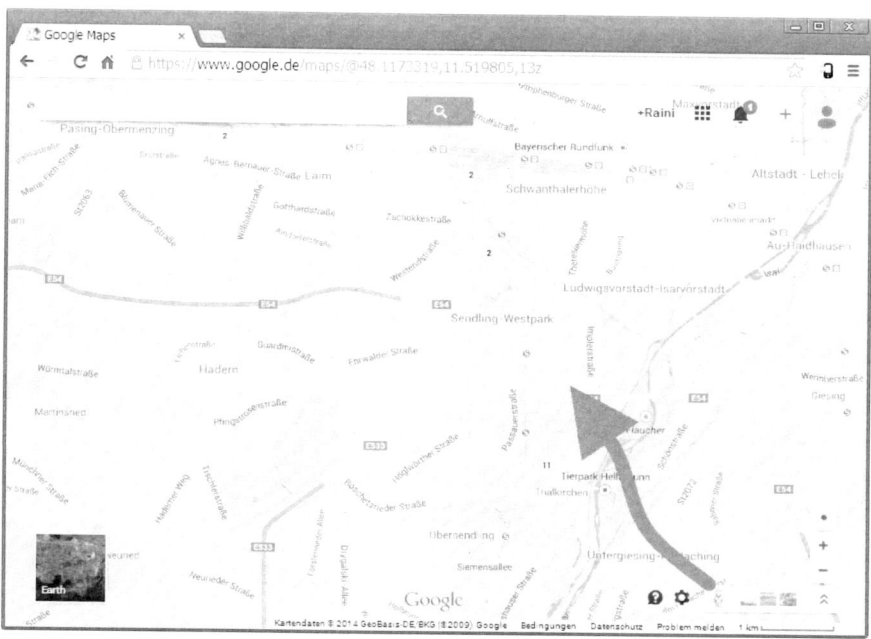

Street View können Sie auch auf dem PC nutzen: Geben Sie dort *maps.google.de* im Webbrowser ein und verschieben Sie mit der Maus den Kartenausschnitt auf eine Großstadt, im Beispiel *München*. Ziehen Sie dann mit gedrückter linker Maustaste den »Peg Man« auf eine Karten-position.

Tipp: Google Maps zeigt alle Kartenbereiche, für die Street View-Fotos vorliegen, dunkelblau an, wenn Sie den »Peg Man« in die Karte ziehen. Wenn Sie zuvor einen besonders großen Kartenausschnitt, beispielsweise auf ganz Deutschland in der Karte herauszoomen, sehen Sie auf einem Blick, welche deutschen Städte und Regionen in Street View vertreten sind.

Street View zeigt nun den Kartenbereich als Panorama-Ansicht.

Manche Häuser in Street View sind »verpixelt«, das heißt man sieht nur einen unscharfen Um-riss. Grund dafür ist eine Einigung zwischen Google und den deutschen Datenschützern, der-zufolge Hausbewohner Ihr Grundstück bei Street View »verpixeln« lassen konnten.

13.7.2 Street View auf dem Handy

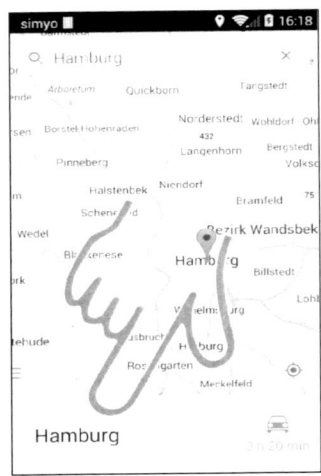  

❶ Street View können Sie auf verschiedene Weisen aktivieren: Wenn Sie zuvor nach einem Ort gesucht hatten (siehe Kapitel *13.6 Suche*), dann tippen Sie einfach unten auf den Ortsnamen.

❷❸ Ist Street View verfügbar, erscheint im Menü ein Vorschaubild, auf das Sie tippen.

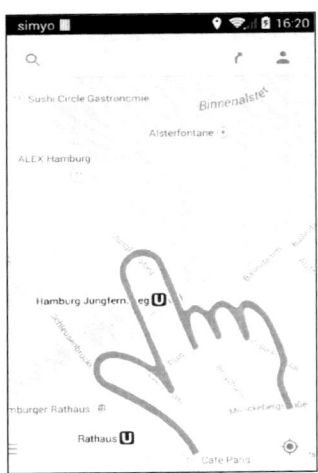 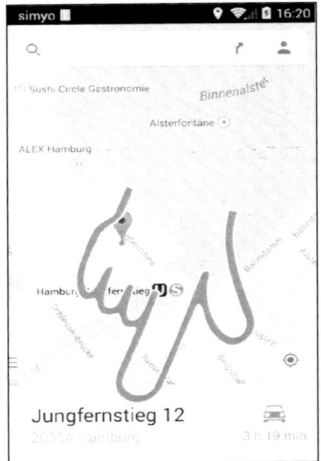

❶❷ Alternativ tippen und halten Sie mit dem Finger auf einen angezeigten Point of Interest oder einen Kartenbereich und tippen das Popup am oberen Bildschirmrand an. Anschließend gehen Sie darin auf *Street View*.

❶ In der Panorama-Ansicht verschieben Sie mit angedrücktem Finger den Bildausschnitt.

❷ Tippen Sie zweimal schnell hintereinander auf einen Bildbereich, um der Straße zu folgen.

❸ Tippen Sie einmal kurz auf den Bildschirm, worauf unten links ein Symbol erscheint (Pfeil). Diesen tippen Sie an für den Kompassmodus. Dabei wird immer das Panorama-Bild angezeigt, in dessen Richtung Sie das Handy halten. Ideal, um sich in einer Stadt zu orientieren.

Die ⤺-Taste beendet den Street View-Modus und schaltet wieder auf die Kartenansicht zurück.

13.8 Navigation

Google Maps Navigation stellt eine vollwertige Alternative zu normalen Autonavigationsgeräten dar, wobei man allerdings den Nachteil in Kauf nehmen muss, dass laufend Kartenmaterial aus dem Internet nachgeladen wird. Man kommt also um einen Datenvertrag, den viele Netzbetreiber bereits ab rund 5 Euro pro Monat anbieten, nicht vorbei. Dafür ist allerdings das Kartenmaterial immer auf dem aktuellsten Stand. Für den Praxiseinsatz empfiehlt sich der Kauf einer Universal-Halterung für das Auto.

13.8.1 Routenplaner

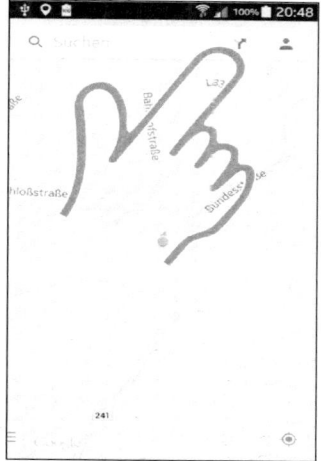 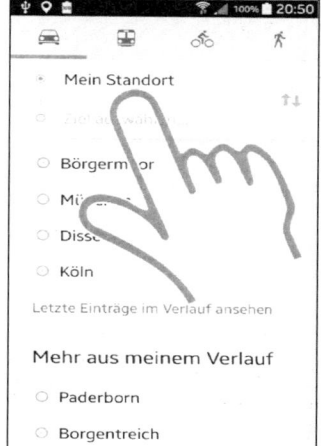 

❶ ⅄ (Pfeil) berechnet den optimalen Fahrtweg zwischen zwei Orten.

❷ Tippen Sie auf das erste Eingabefeld *Mein Standort*.

❸ Geben Sie den Startort ein (falls Sie Ihre aktuelle, per GPS ermittelte Position verwenden möchten, geben Sie hier nichts ein).

Wichtig: Wenn Sie tatsächlich anschließend navigieren möchten, müssen Sie *Mein Standort* **leer lassen**, weil sonst nur eine Routenvorschau möglich ist.

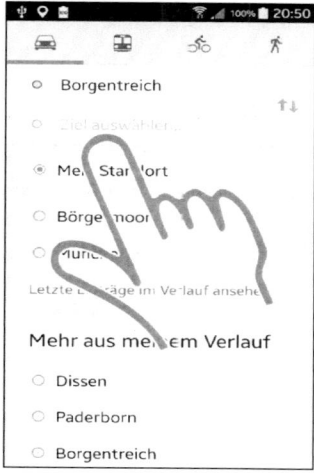 

❶ Danach tippen Sie auf *Ziel auswählen*.

❷ Geben Sie auch hier eine Adresse beziehungsweise eine Stadt ein.

 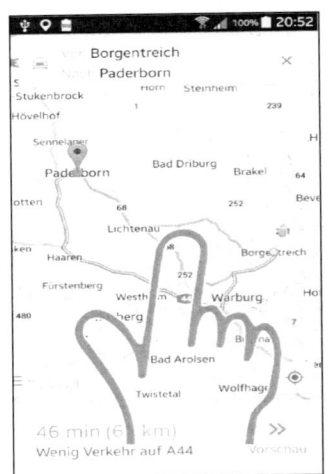

❶ Insbesondere bei längeren Strecken gibt es meist mehrere mögliche Fahrtmöglichkeiten, zwischen denen Sie mit einer Wischgeste im unteren Bildschirmbereich umschalten.

❷ Alternativ: Google Maps blendet in der Kartenansicht mögliche Routen ein. Tippen Sie darin einfach einen der grauen Routenvorschläge an.

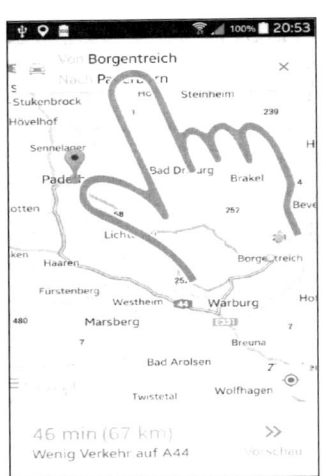 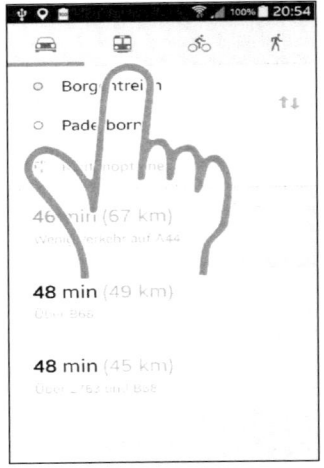 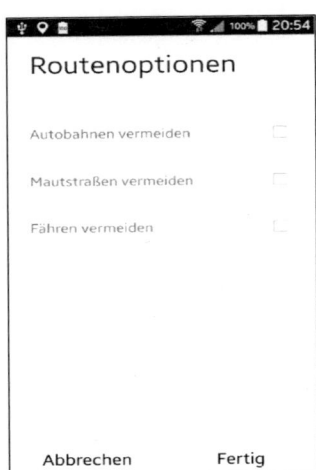

❶❷ Weitere Optionen erhalten Sie nach Antippen der Routenübersicht am oberen Bildschirmrand. Hier wählen Sie über die Pictogramme die Art Ihres Fahrzeugs (Auto, LKW/Bus, Fahrrad oder Fußgänger), was direkte Auswirkungen auf die empfohlenen Routen hat. Rufen Sie die *Routenoptionen* auf, wenn Sie Autobahnen, Mautstraßen oder Fähren meiden möchten (❸).

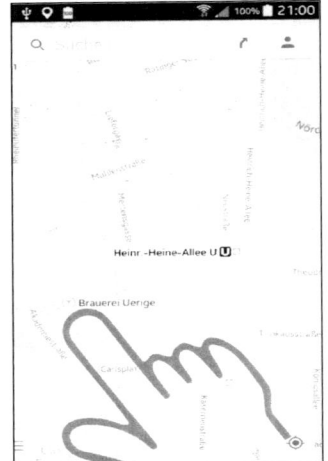 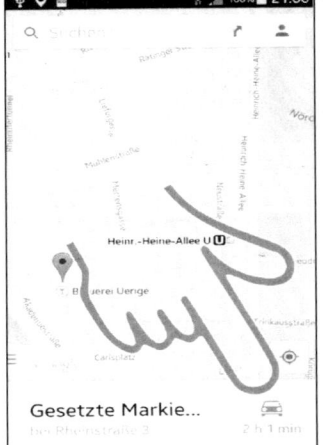 

❶ Alternativ tippen und halten Sie den Finger auf einem Point of Interest, beziehungsweise

Kartenbereich, bis am unteren Bildschirmrand das Popup erscheint.

❷ Danach gehen Sie auf 🖼️, worauf der zuvor im Popup angezeigte Ort als Zielort übernommen wird.

❸ Wählen Sie, falls nötig wie zuvor bereits beschrieben, einen der Routenvorschläge aus.

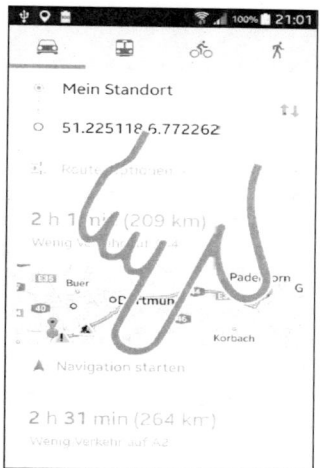

❶❷ Betätigen Sie *Navigation starten*, worauf Google Maps in den Navigationsmodus wechselt. ✕ (unten links) beendet den Routenplaner.

> Da die Navigation innerhalb von Google Maps abläuft, stehen dort viele der bereits ab Kapitel *13 Google Maps* beschriebenen Funktionen zur Verfügung. Zum Beispiel können Sie mit angedrücktem Finger den Kartenausschnitt verschieben, oder durch »Kneifen« mit zwei Fingern im Kartenmaterial heraus- und hineinzoomen.

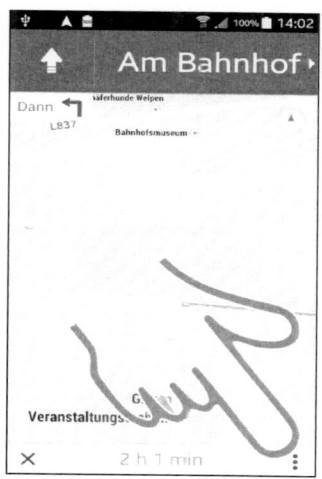
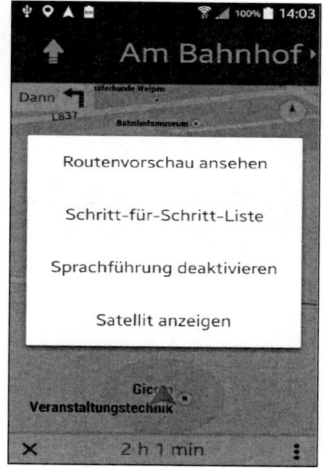
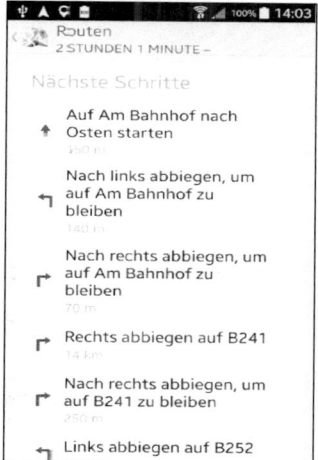

❶❷❸ Eine ausführliche Auflistung aller Routenanweisungen erhalten sie vor dem Navigationsstart über ⋮ (unten rechts). Gehen Sie dann auf *Schritt-für-Schritt-Liste*.

  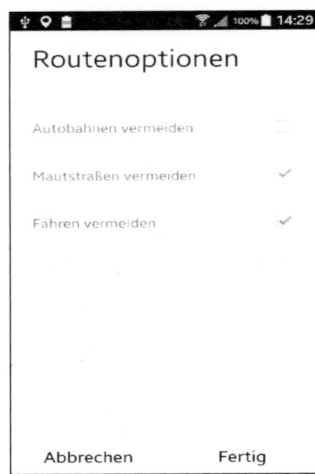

❶ Tippen Sie in den oberen Bildschirmbereich für die Routenoptionen (wenn Sie diesen nicht sehen, weil Sie sich schon im Navigationsbildschirm befinden, einfach einmal die ⤺-Taste betätigen).

❷ Sie können hier unter anderem über die Schaltleisten am oberen Bildschirmrand die genutzten Verkehrsmittel einstellen. Außerdem lässt sich der Zielort ändern, beziehungsweise mit ↑↓ eine Rückfahrt durchführen. *Routenoptionen* ermöglicht es, Autobahnen oder Mautstraßen zu vermeiden (❸). Die Schaltleisten mit den Zeitangaben wählen eine der möglichen Routen aus (siehe dazu auch Kapitel *13.8.2 Navigation in der Praxis*).

13.8.2 Navigation in der Praxis

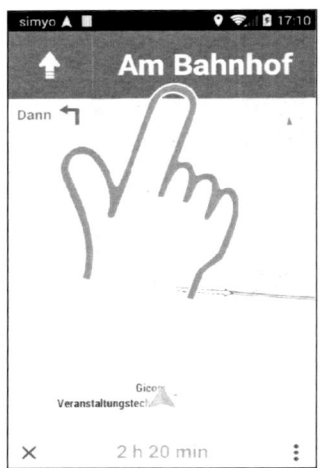  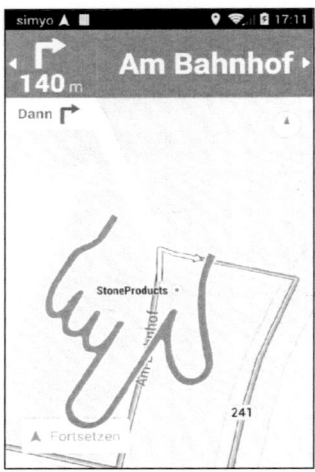

❶❷ Tippen Sie mehrmals hintereinander die Fahrtanweisung, beziehungsweise die Dreiecke links und rechts am oberen Bildschirmrand an, so können Sie die einzelnen Fahrtanweisungen vor und zurück »blättern«.

❸ Antippen von *Fortsetzen* (Pfeil) oder Betätigen der ⤺-Taste schaltet wieder auf Ihre aktuelle Position um.

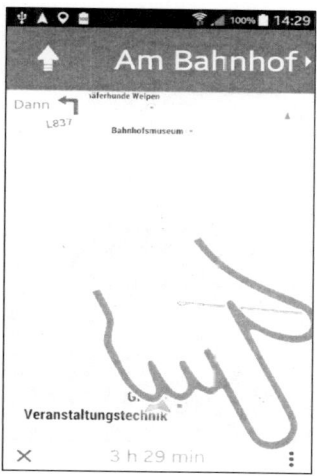
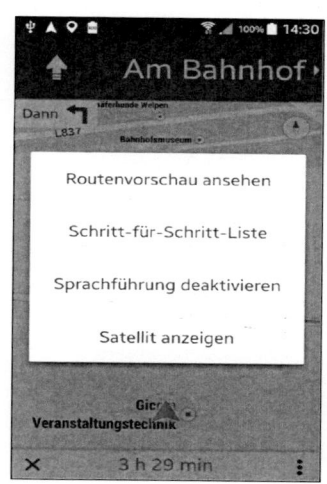

❶❷ Betätigen Sie ⋮ für weitere Optionen:

- *Routenvorschau ansehen*: Komplette Route im Überblick auf Karte anzeigen. Die ⟲-Taste bringt Sie wieder in die Kartenansicht zurück.

- *Schritt-für-Schritt-Liste*: Auflistung aller Routenanweisungen.

- *Sprachführung deaktivieren; Sprachführung aktivieren*: Schaltet die Sprachausgabe aus/ein.

- *Satellitenansicht anzeigen; Satellitenansicht ausblenden*: Satellitenbild einblenden. Beachten Sie, dass dabei das aus dem Internet übertragene Datenvolumen stark ansteigt!

❶ Fast immer existieren alternative Routen. Zwischen den Routenvorschlägen schalten Sie mit einer Wischgeste im unteren Bildschirmbereich um.

❷❸ Sie können die Route auch visuell auswählen, indem Sie sie einfach antippen (um den Routenverlauf zu kontrollieren, ist es hier zudem möglich, mit einer Kneifgeste beziehungsweise Doppeltippen den Kartenausschnitt zu verkleinern/vergrößern).

Hinweis: Die farbigen Strecken (schwarz, rot, orange oder grün) weisen auf die aktuelle Verkehrslage hin. Die Daten stammen von Android-Handys/Tablets, welche in anonymer Form ihre Position an Google-Server übermitteln, woraus Google den Verkehrsfluss ermittelt. Es sind nur Strecken eingefärbt, für die genügend Daten vorliegen.

Eine Streckenänderung während der Navigation ist nicht möglich. Sie müssen für diesen Fall den Navigationsmodus mit der ✕-Taste unten links beenden und dann die Routenplanung erneut aufrufen.

13.9 Satellitenansicht

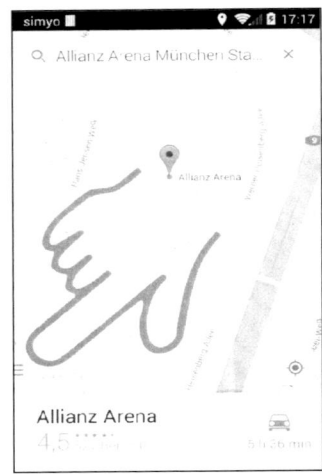 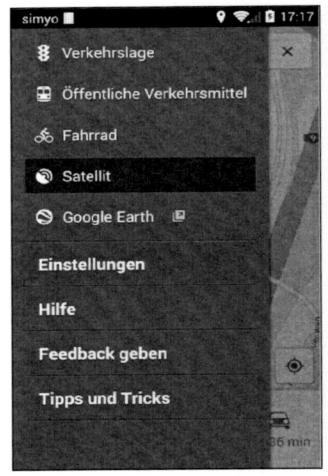 

❶❷ Aktivieren Sie über ☰ (Pfeil) das Ausklappmenü, worin Sie auf *Satellit* gehen.

❸ Die Satellitenansicht ist insbesondere dann praktisch, wenn man sich genau orientieren will, weil die normale Kartenansicht kaum Hinweise auf die Bebauung und markante Gelände-merkmale gibt.

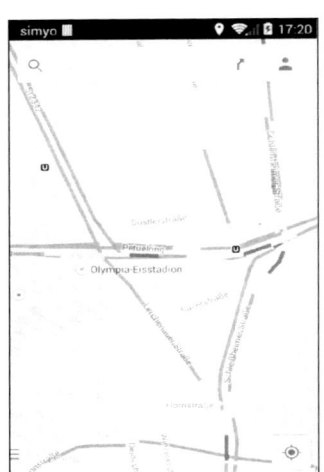 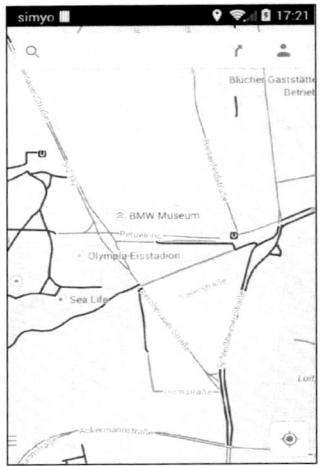

❶ *Verkehrslage* aus dem Ausklappmenü blendet die aktuelle Straßenlage in der Kartenanzeige ein, wobei das Verkehrsgeschehen mit schwarz (Stau), rot/orange (zähflüssig) oder grün (freie Fahrt) bewertet wird. Für die Staudaten, welche Google Maps im Minutentakt aktualisiert, wertet Google das Bewegungsprofil von Android-Handys und Tablets aus. Jedes Android-Gerät sendet ja in anonymisierter Form im Minutenabstand seine aktuelle, per GPS ermittelte Position an die Google-Server, woraus sich dann ein Bewegungsmuster errechnen lässt. Leider müssen dafür genügend Handys/Tablets auf einer Strecke vorhanden sein, weshalb der Staudienst nur in Ballungsräumen zur Verfügung steht.

❷ Verwenden Sie *Fahrrad* aus dem Ausklappmenü, um Fahrradtouren anhand der aus-gewiesenen Fahrradwege zu planen.

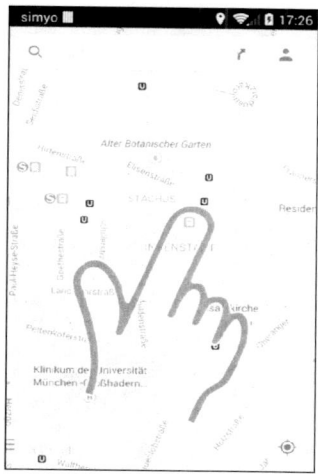
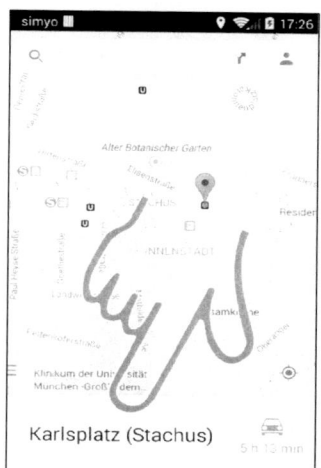
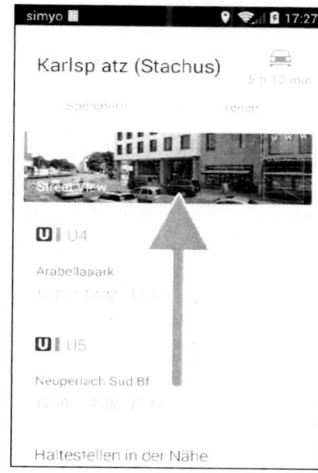

❶❷ Ebenfalls praktisch ist die Kartenansicht *Öffentliche*. Google Maps zeichnet dann alle Haltestellen öffentlicher Verkehrsmittel ein. Tippen Sie auf eine Haltestelle und dann oben im Popup auf deren Namen, um Infos zu den Abfahrtszeiten und nächstgelegenen Haltestellen zu erhalten. Gegebenenfalls müssen Sie mit einer Wischgeste von unten nach oben durch die Haltestellenliste rollen.

13.10 Google Local

Der Suchmaschinenbetreiber Google führt eine riesige Datenbank mit den Standorten von »Points of Interest« (POIs), darunter Unternehmen, Sehenswürdigkeiten, Restaurants, usw. Wenn Sie eine Suche, beispielsweise nach »Restaurant«, in Google Maps durchführen, greift Google Maps auf diese Datenbank zurück und listet die Fundstellen auf. Mit einem Fingerdruck kann man sich dann die Position eines Restaurants in der Karte, sowie weitere Infos, darunter auch Kundenbewertungen, Öffnungszeiten und Telefonnummern anzeigen. Diese Suche beschreibt bereits Kapitel *13.6 Suche*. Google Local vereinfacht die Suche und arbeitet mit Google Maps zusammen, um die Kartenposition anzuzeigen.

> Tipp: Sofern Sie eine Firma betreiben und noch nicht bei Google Local gelistet werden, sollten Sie sich unter der Webadresse *www.google.de/local/add* kostenlos registrieren und Ihre Daten hinterlegen.

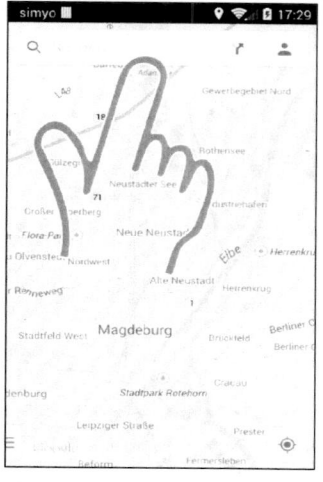
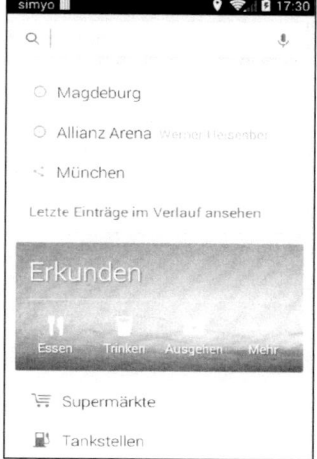

❶❷ Die Funktionen von Google Local stehen automatisch nach Antippen der Suchleiste zur Verfügung.

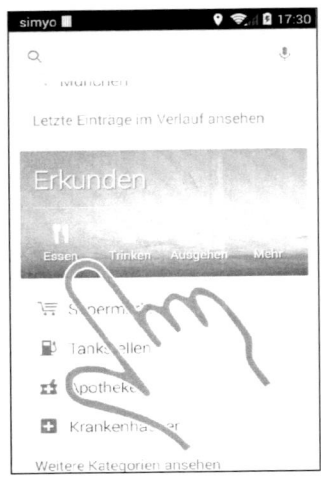
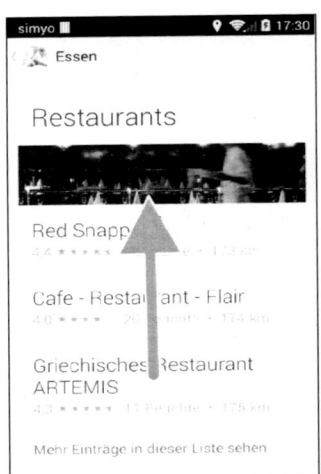

❶ Geben Sie entweder einen Suchbegriff ein oder tippen Sie auf eine der vorgegebenen Schaltleisten, im Beispiel *Essen* (über ••• listen Sie weitere Suchvorschläge auf).

❷ Google Local listet die Fundstellen nach Entfernung von Ihrem aktuellen Standort sortiert, auf. Mit einer Wischgeste rollen Sie durch die einzelnen Points of Interest. Tippen Sie einen Point of Interest an, zu dem Sie weitere Informationen benötigen.

> Etwas simpler ist die Option, einfach in den Kartenbereich zu wechseln, für den Sie Points of Interest suchen (zum Beispiel mit der im Kapitel *13.6 Suche* beschriebenen Suchfunktion), die Suche mit ✕ beenden, die Suchleiste eneut antippen und dann eine der Schaltleisten, beispielsweise für Restaurants zu betätigen.
>
> Alle Points of Interest erscheinen zudem direkt in der Karte, wenn Sie tief genug hereinzoomen.
>
> Weitere verfügbare Funktionen beschreibt bereits Kapitel *13.6 Suche*.

13.10.1 Markierungen

Points of Interest, die Sie häufiger benötigen, können Sie für spätere Verwendung markieren. Die Markierungen werden dann in Ihrem Google-Konto und nicht nur lokal auf Ihrem Galaxy gespeichert.

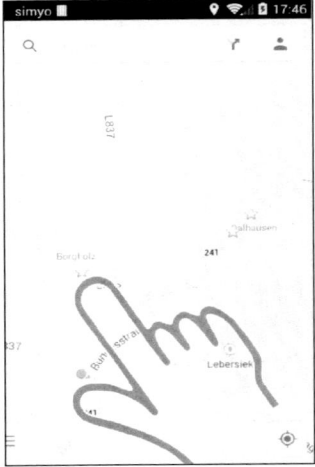

❶ In der Detailansicht setzen Sie eine Markierung durch Aktivieren des »Sterns« (Pfeil).

❷ In der Kartenansicht von Google Maps sind die markierten Orte mit einem Stern hervorgehoben. Tippen sie darauf für weitere Infos.

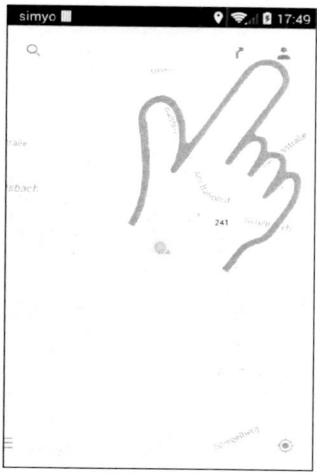 

❶❷ 👤 listet alle mit Stern markierten Orte unter *Gespeicherte Orte in der Nähe* auf.

13.10.2 Google Maps Widget

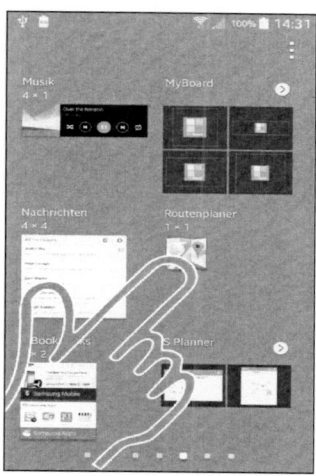 

❶❷ Für den Startbildschirm bietet Google Maps das *Routenplaner*-Widget an, welches den Weg zum eingestellten Ort berechnet und automatisch die Navigation startet.

Wie Sie Widgets einrichten, erfahren Sie im Kapitel *3.7 Startbildschirm konfigurieren*.

14. Dropbox

Dropbox ist ein Online-Dienst der Dateien Ihres PCs, Handys oder Tablets im Internet speichert und auch anderen Nutzern zur Verfügung stellen kann.

Für den sinnvollen Einsatz muss man die Dropbox-Software auf dem PC installieren, welche einen speziellen Ordner auf dem Desktop anlegt – alle Dateien, die Sie in diesen Ordner kopieren, werden dann automatisch bei Dropbox hochgeladen. Bei Dropbox erhalten Sie ein Konto, mit dem Ihre Dateien verknüpft sind, das heißt, niemand anders hat auf Ihre Dateien Zugriff. Es ist allerdings möglich, Dateien für andere Dropbox-Nutzer freizugeben und alternativ steht mit *Public* ein öffentlicher Ordner für Fotos, beziehungsweise andere Dateien zur Verfügung, der auch von Anwendern ohne Dropbox-Konto über die Dropbox-Weboberfläche nutzbar ist.

Das kostenlose Dropbox-Konto hat 2 GB Umfang, was für die meisten Anwender ausreichend sein sollte, Sie können aber auch zusätzlichen Speicher dazu mieten. Das kostenlose Dropbox-Konto hat 2 GB Umfang, was für die meisten Anwender ausreichend sein sollte, Sie können aber auch zusätzlichen Speicher dazu mieten. Beim Galaxy S5 erhält man zudem für 2 Jahre kostenlos 50 GB Speicherplatz.

Weil Dropbox nur die Änderungen in den Dateien mit dem Dropbox-Konto abgleicht, geschieht die Synchronisation zwischen Dropbox-Konto und lokalem Dropbox-Ordner recht schnell. Einsatzgebiete für Dropbox sind zum Beispiel Anwender, die auch unterwegs auf ihre Dateien zugreifen möchten, ohne dafür immer einen USB-Stick mitführen zu müssen, oder ab und zu Dateien anderen zur Verfügung stellen. Verschieben Sie beispielsweise Word- und Excel-Dateien in den Dropbox-Ordner und bearbeiten Sie sie auch dort, so haben Sie unterwegs immer die aktuellste Dateiversion zur Verfügung.

> Beachten Sie, dass Dropbox Ihre Dateien im Dropbox-Konto zwar verschlüsselt abspeichert, es aber in der Vergangenheit bereits häufiger Fälle gegeben hat, in denen Dropbox Behörden Zugriff auf dort gespeicherte Dateien gab. Dem Einsatz in Unternehmen und Behörden dürfte zudem abträglich sein, dass Dropbox seinen Sitz in den USA hat, wo laxe Datenschutzgesetze gelten. Es steht Ihnen allerdings offen, Ihre Dateien vor dem Hochladen bei Dropbox mit einer zusätzlichen Software zu verschlüsseln (suchen Sie nach entsprechender Software im Google Play Store mit Begriffen wie »*crypt*« oder »*verschlüsseln*«).

14.1 Dropbox auf dem PC

Besuchen Sie mit Ihrem PC-Browser die Dropbox-Website unter *www.dropbox.com* und klicken Sie auf *Dropbox-Download* . Installieren Sie das heruntergeladene Programm.

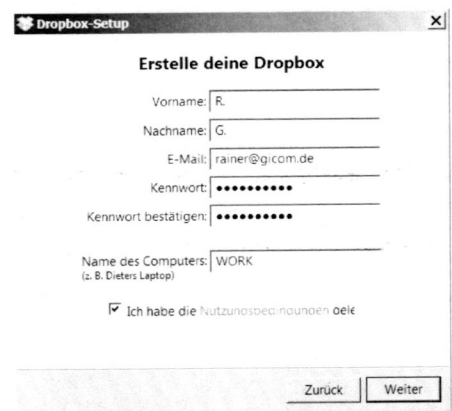

❶ Sofern Sie bereits auf dem Galaxy ein Dropbox-Konto angelegt hatten, aktivieren Sie *Ich habe bereits ein Dropbox*-Konto, andernfalls auf *Ich habe kein Dropbox*-Konto. Klicken Sie dann *Weiter*.

❷ Als neuer Dropbox-Nutzer erfassen Sie die abfragten Daten und klicken *Weiter*.

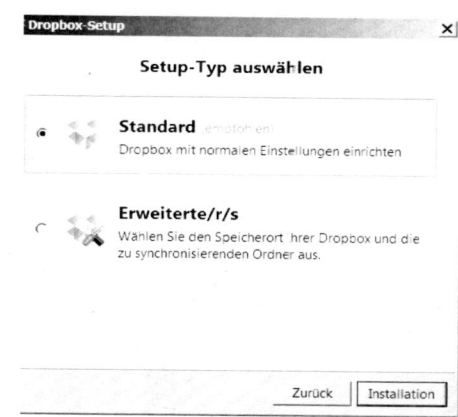

❶ Anschließend wählen Sie die Dropbox-Größe, in der Regel 2 GB aus. Klicken Sie auf *Weiter*.

❷ Lassen Sie die Voreinstellung *Standard* und betätigen Sie *Installation*. Es folgen verschiedene Informationsbildschirme, die Sie ebenfalls mit *Weiter* schließen.

Anschließend erhalten Sie in einem weiteren Dialog die Möglichkeit, durch die Eingabe Ihrer Handy-Nummer eine SMS mit Download-Link anzufordern. Betätigen Sie dort einfach ohne etwas einzugeben, *Weiter*. Es folgt nun eine Kurzanleitung, mit der sich Dropbox vorstellt, in der Sie jeweils *Nächste* klicken.

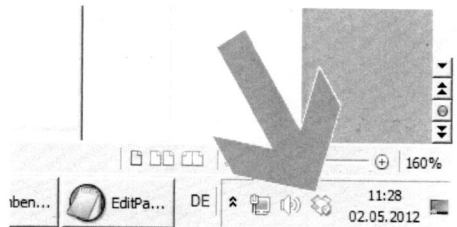

Klicken Sie auf das Dropbox-Symbol unten rechts in der Systemleiste, um den Dropbox-Ordner zu öffnen.

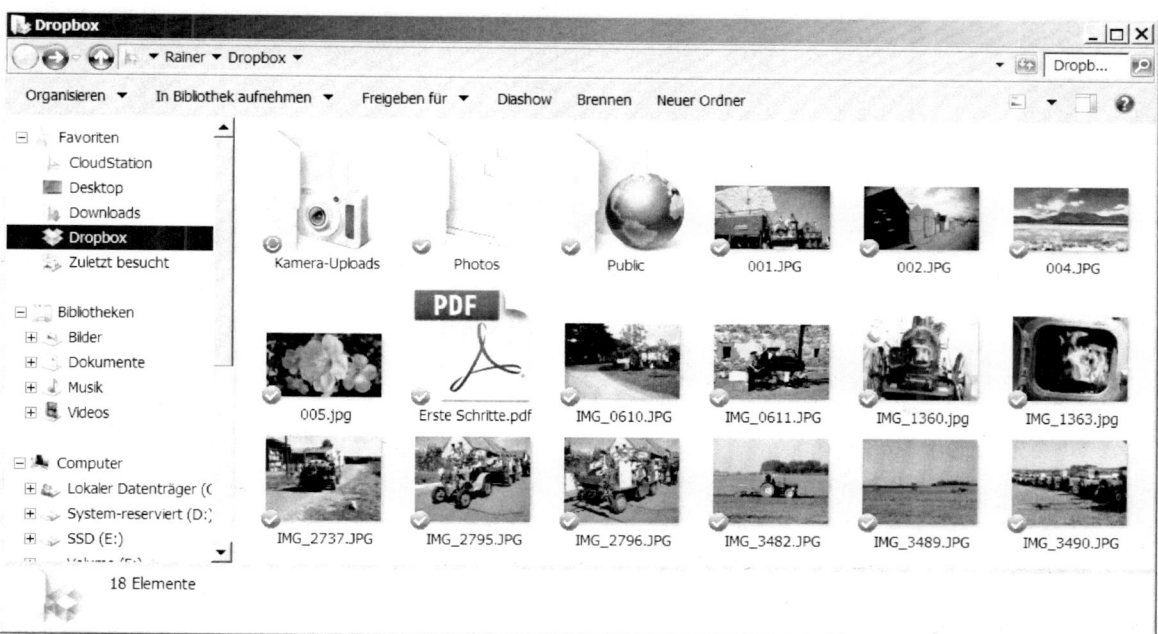

Im Windows-Explorer finden Sie den *Dropbox*-Ordner unter den *Favoriten*. Dort ist auch eine *Erste Schritte*-PDF-Datei zu finden, die Ihnen die Dropbox-Funktionen erläutert.

14.2 Dropbox auf dem Handy

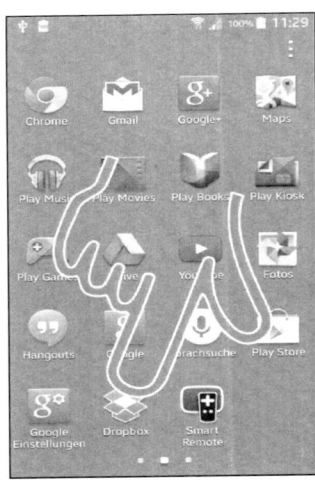  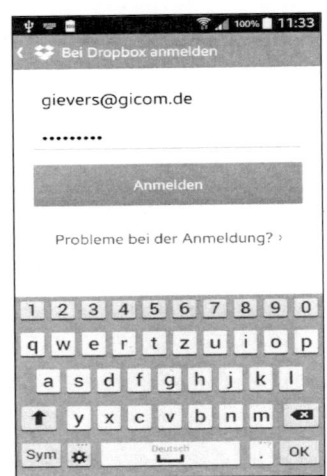

❶❷ Starten Sie *Dropbox* aus dem Hauptmenü und gehen Sie auf *Anmelden.*

❸ Geben Sie Login und Kennwort ein (dazu müssen Sie mit dem Finger jeweils in die Eingabe-felder tippen) und betätigen Sie *Anmelden*.

Die Konto-Anmeldung in der Dropbox-Anwendung ist nur einmalig notwendig, da Dropbox Ihre Login-Daten speichert.

 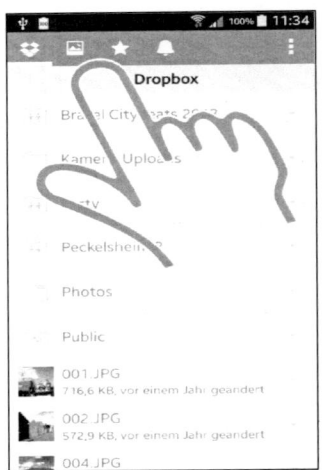

❶ Wählen Sie aus, ob Dropbox Ihre Dateien per WLAN (*Nur über WLAN hochladen*) oder zu-sätzlich auch per Mobilfunk-Internet (*Über WLAN oder Datentarif*) ins Dropbox-Internetkonto hochladen soll. Letzteres ist nur dann sinnvoll, wenn Sie einen Datenvertrag nutzen (siehe Kapitel *7.1.3.a Kostenfalle Standardvertrag*). Betätigen Sie dann *Überspringen* (falls Sie da-gegen Ihre anschließend mit der Kamera erstellten Fotos/Videos hochladen möchten, betätigen Sie *Kamera-Upload aktivieren*).

❸ Die Register in der Dropbox-Anwendung:

- 💙: Bei Dropbox hochgeladene Dateien, beziehungsweise angelegte Ordner.

- 🖼: Hochgeladene Fotos und Videos. Sofern Sie dem Programm die Erlaubnis erteilt haben, Mediendateien hochzuladen, so finden Sie sie hier.

- ⭐: Als Favoriten markierte Dateien.

- 🔔: Von anderen Dropbox-Nutzern für Sie freigegebene Dateien.

Dropbox ist leider extrem nervig, wenn es um die Fotos und Videos des Anwenders geht, denn bei jeder Möglichkeit ersucht das Programm um Erlaubnis, Ihre Mediendateien automatisch hochzuladen. Wir versuchen in diesem Buch, das Hochladen auf einzelne Mediendateien zu beschränken.

14.2.1 Datei hochladen

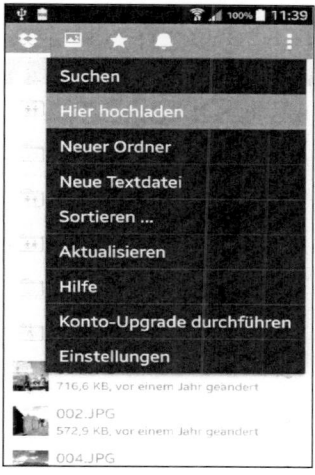  

❶ Im Beispiel möchten wir einige Fotos bei Dropbox hochladen. Dazu gehen wir in das 💟-Register und rufen ⋮/*Hier hochladen* auf.

❷ Wählen Sie *Fotos oder Videos*.

❸ Aktivieren Sie die Abhakkästchen bei den hochzuladenden Dateien. Anschließend betätigen Sie *Hochladen*.

Stellen Sie bei Bedarf vor dem Hochladen durch Antippen in eines der Dropbox-Verzeichnisse das Zielverzeichnis ein. Beachten Sie dabei, dass alle Dateien im *Public*-Ordner für jeden im Internet freigegeben werden. Alle anderen Ordner sind dagegen standardmäßig nur Ihnen zugänglich.

Im 💟-Register können Sie dem Upload zusehen.

Hinweis: Eine »richtige« Dateiverwaltung, die es ermöglicht, Dateien zwischen den Dropbox-Ordnern hin- und herzuverschieben, beziehungsweise zu kopieren, gibt es in der Android-Dopbox-Anwendung nicht. Verwenden Sie dafür stattdessen die Dropbox-Anwendung auf dem PC, auf der die Windows-üblichen Dateioperationen unterstützt werden, oder den im *Praxisbuch Teil 2*, Kapitel *30.5 Eigene Dateien* vorgestellten Datei-Manager.

14.2.2 Dateien freigeben

Das »Freigeben« von Dateien oder Ordnern an jemand anders besteht genau genommen darin, dass Sie dem Gegenüber eine Webadresse (»Freigabe«) bekannt machen, worüber er die Dateien abrufen kann.

 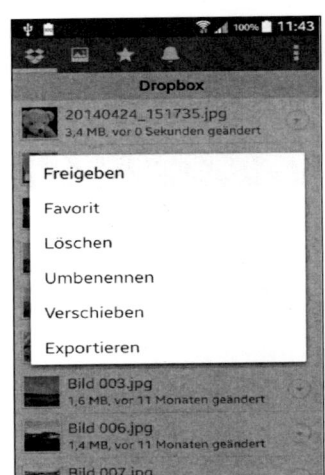

❶❷ So ermöglichen Sie anderen den Zugriff auf eine Datei oder einen Ordner: Tippen und halten Sie den Finger auf dem Objekt im ♥-Register, bis das Popup erscheint und gehen Sie dann auf *Freigeben*.

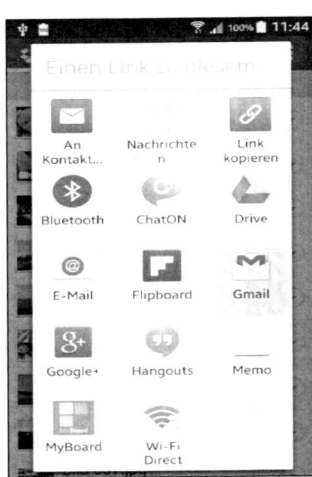 

❶❷ Im Beispiel gehen wir auf *Gmail*, um die Freigabe per E-Mail zu senden (eventuell vorher die *Alle ansehen*-Schaltleiste betätigen).

14.2.3 Einstellungen

 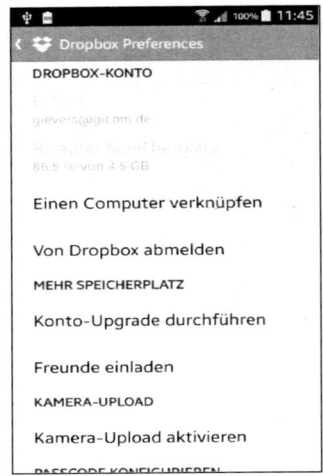

❶❷ In den ⋮/*Einstellungen* konfigurieren Sie:

Unter *DROPBOX-KONTO*:

- Anzeige des Benutzernames, mit dem Sie bei Dropbox angemeldet sind und des belegten

Speicherplatzes.

- *Einen Computer verknüpfen*: Falls Sie die Dropbox-Software auch auf Ihrem PC/Notebook nutzen möchten, können Sie hiermit die zugehörige Software installieren.

- *Von Dropbox abmelden*: Entfernt Ihr Dropbox-Konto. Dies ist nötig, falls Sie mal ein anderes Dropbox-Konto auf dem Tablet nutzen möchten.

Unter *MEHR SPEICHERPLATZ*:

- *Konto-Upgrade durchführen*: Erhöht kostenpflichtig den verfügbaren Speicherplatz.

- *Freunde einladen*: Senden Sie per E-Mail Einladungen an Kontakte aus dem Telefon-buch. Für jeden Kontakt, der dann Dropbox installiert, erhalten Sie für einige Zeit 500 MB weiteren Dropbox-Speicherplatz.

Unter *KAMERA-UPLOAD*:

- *Kamera-Upload aktivieren; Kamera-Upload deaktivieren*: Von Ihnen erstellte Fotos und Videos automatisch ins Dropbox-Konto hochladen. Hier stellen Sie auch ein, ob Bilder/Videos automatisch nur bei einer WLAN-Verbindung (*Nur Wi-Fi*) oder auch bei einer Mobilfunkverbindung erfolgen darf *(Wi-Fi oder Datenplan)*. Für Letzteres sollten Sie einen Datenvertrag (Internetflatrate) besitzen.

Unter *PASSCODE KONFIGURIEREN*:

- *App-Passcode erforderlich*: Schützen Sie die Dropbox-Anwendung durch ein Passwort vor fremden Nutzern, denen zufällig Ihr Galaxy in die Hände gefallen ist.

14.2.4 Dropbox in der Galerie-Anwendung

 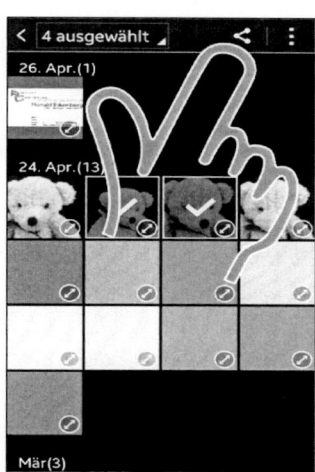 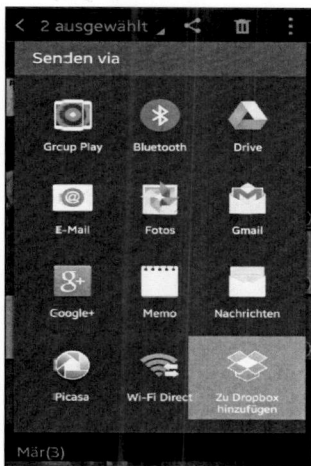

❶ So laden Sie Bilder von der Galerie-Anwendung aus bei Dropbox hoch: Rufen Sie ⋮/*Aus-wählen* auf.

❷❸ Nachdem Sie die hochzuladenden Fotos durch Antippen markiert haben, betätigen Sie ◂ und wählen *Zu Dropbox hinzufügen* aus.

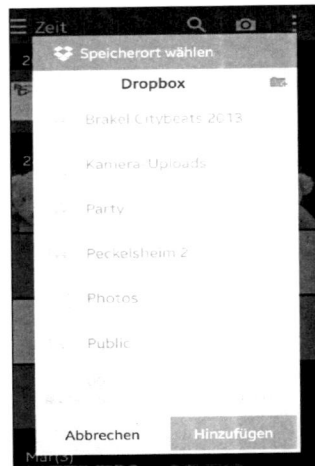 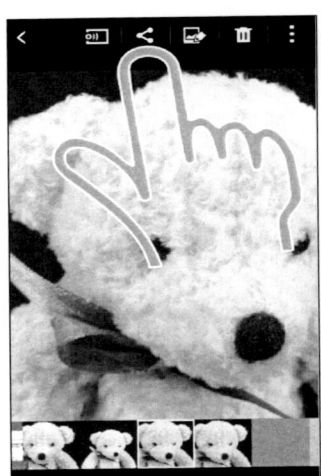 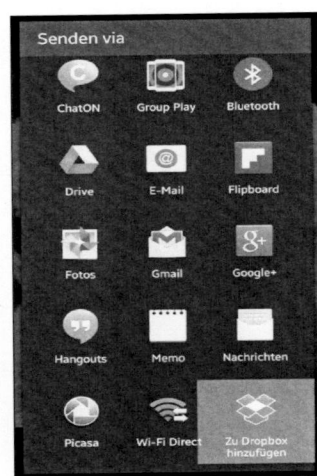

❶ Sie können nun das Dropbox-Verzeichnis auswählen und dann mit *Upload* den Hochladevorgang starten, der im Hintergrund abläuft.

❷❸ Auch in der Vollbildansicht lassen sich einzelne Bilder über **<**/*Zu Dropbox hinzufügen* bei Dropbox hochladen.

Beachten Sie: Bilder und Videos aus Google+-Webalben (siehe *Praxisbuch Teil 2*, Kapitel *20.7 Google+ Webalben*) lassen sich nicht in das Dropbox-Konto hochladen.

15. Soziale Netzwerke

Unter den sozialen Netzwerken im Internet versteht man Webdienste, die es ermöglichen, mit anderen Personen Nachrichten auszutauschen, ein eigenes Profil und Fotoalben zu verwalten. Einige der bekanntesten sozialen Netzwerke betreiben Google (auch wenn die meisten bei Google zuerst nur an die Suchmaschine denken), Facebook und Twitter. Das Galaxy bringt zahlreiche Funktionen mit, um die sozialen Netzwerke optimal zu nutzen.

15.1 Das Google-Konto

Google betreibt im Internet zahlreiche kostenlose Online-Dienste, wovon natürlich die Google-Suchmaschine die bekannteste ist. Weitere Web-Anwendungen sind unter anderem Gmail (E-Mail), Google Maps (Karten und Navigation), Youtube (Videos), Google– Webalben (Fotos) und das soziale Netzwerk Google+. Android bietet mit den gleichnamigen Anwendungen die Möglichkeit, Googles Web-Anwendungen direkt auf dem Tablet zu nutzen.

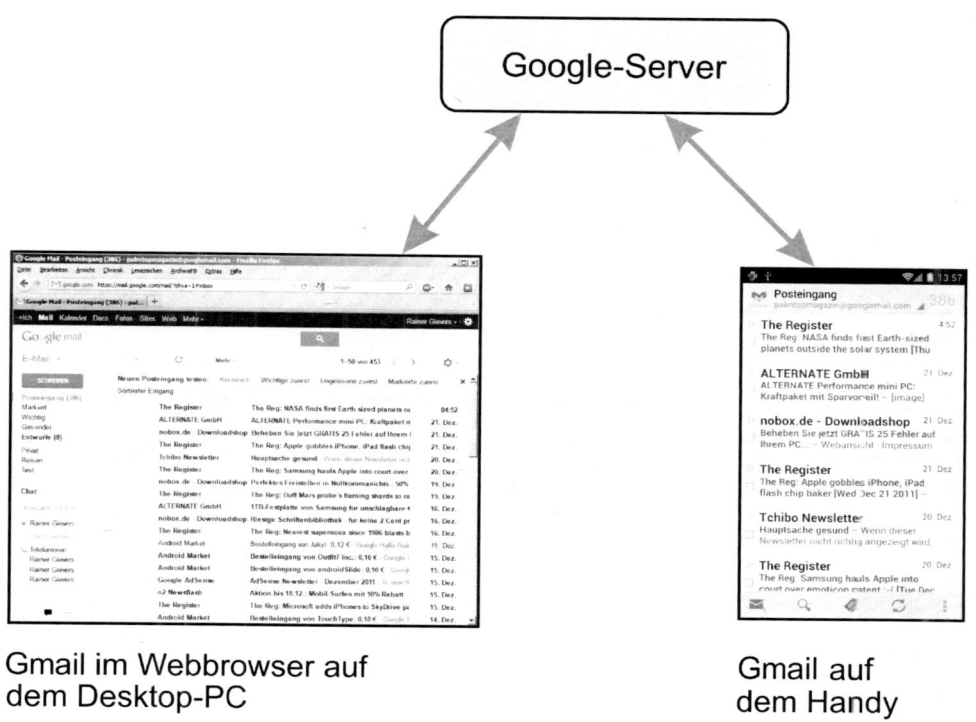

Gmail im Webbrowser auf
dem Desktop-PC

Gmail auf
dem Handy

Informationen, die Sie auf dem Handy oder im Web ändern, werden automatisch miteinander synchronisiert. Sie können also beispielsweise tagsüber während der Arbeit auf dem Galaxy E-Mails mit der Gmail-Anwendung verarbeiten, am Abend loggen Sie sich auf dem Desktop-PC-Webbrowser in die Gmail-Oberfläche ein und sehen den gleichen Nachrichtenstand wie auf dem Handy.

Auch wenn Sie kein Fan von Google sind, kommen Sie nicht darum herum, ein Konto bei Google zu eröffnen, denn Sie benötigen es spätestens, wenn Sie über den Google Play Store (siehe *Praxisbuch Teil 2*, Kapitel *31.1 Play Store*) weitere Spiele oder Anwendungen auf dem Gerät installieren wollen.

Als Erstnutzer registrieren Sie sich zuerst über Ihren PC-Browser auf der Google-Website (*www.google.de*). Klicken Sie dort oben rechts auf *Anmelden*. Auf dem Galaxy ist die Kontenerstellung zwar auch möglich, aber vergleichsweise unbequem.

15.1.1 Einrichtung in einer Google-Anwendung

Wenn Sie eine Google-Anwendung wie Gmail, Google Play Store, usw. starten, werden Sie aufgefordert, sich mit Ihrem Google-E-Mail-Konto anzumelden, sofern Sie dies nicht schon vorher getan hatten.

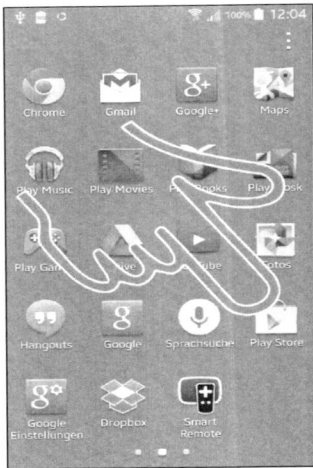 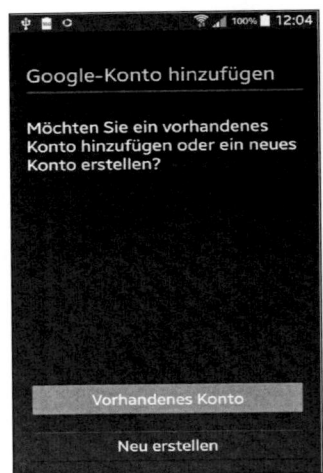

❶ Starten Sie jetzt eine Anwendung, die ein Google-Konto benötigt, im Beispiel *Play Store*, aus dem Hauptmenü.

❷ Betätigen Sie *Vorhandenes Konto.*

Falls direkt die Benutzeroberfläche des Programms angezeigt wird, ohne dass Ihre Login-Daten abgefragt werden, dann haben Sie bereits die nur einmalig notwendige Anmeldung durchgeführt, beispielsweise bei der Inbetriebnahme (siehe Kapitel *11 Erster Start*).

 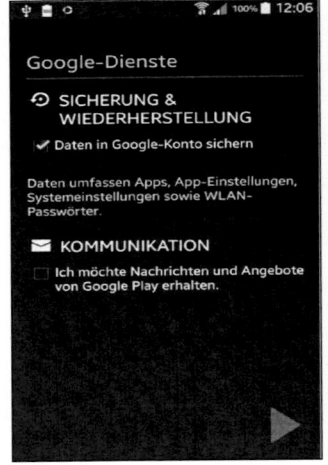 

❶ Geben Sie Ihre Gmail-Adresse und das Kennwort ein und betätigen Sie die ▶-Schaltleiste. Im Popup müssen Sie dann die Nutzungsbedingungen mit *OK* bestätigen.

❷ Praktischerweise führt das Handy automatisch eine Sicherung aller Ihrer Daten auf dem Handy mit Google-Servern durch, sodass im Falle eines Gerätewechsels oder eines Zurücksetzens des Handys alle Daten wiederhergestellt werden. Wenn Sie dies nicht möchten, deaktivieren Sie das Abhakkästchen bei *Sicherung*. Betätigen Sie ▶.

Sie brauchen nur den ersten Teil Ihrer Google-Mail-Adresse vor dem »@« einzugeben, denn »@gmail.com« wird automatisch ergänzt, wenn Sie ins Passwortfeld wechseln.

Die Anmeldung mit der Gmail-Adresse ist nur einmalig notwendig. Danach können sie Gmail, Google Play Store, usw. ohne erneute Anmeldung nutzen.

❸ Die Play Store-Anwendung (siehe *Praxisbuch Teil 2*, Kapitel *31.1 Play Store*) startet und lässt sich jetzt nutzen.

15.1.2 Weitere Kontenfunktionen

Ihre zuvor angelegtes Google-Konto verwalten Sie bequem über die *Einstellen*-Anwendung.

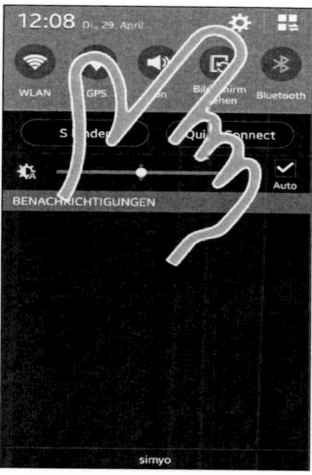 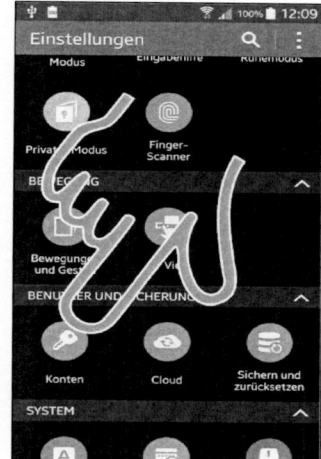 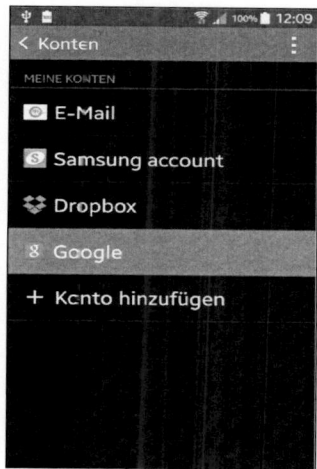

❶ Betätigen Sie ✿ im Benachrichtigungsfeld für die *Einstellungen*.

❷❸ Gehen Sie unter *BENUTZER UND SICHERUNG* auf *Konten/Google*.

❶ Folgende Menüs sind verfügbar:

- *(Ihr Konto)@gmail.com*: Ihr Google-Konto, siehe vorheriges Kapitel *15.1 Das Google-Konto*.

- *Suche*: Auf die Google-Suche bezogene Einstellungen.

- *Standort*: Bezieht sich ebenfalls auf die Google-Suche.

- *Google+*: Einstellungen für das soziale Netzwerk Google+.

- *Anzeigen* (❷): Einige Anwendungen wie der Google Play Store und Google Maps blenden Anzeigen (Banner) mit Werbung ein. Deaktivieren Sie *Google AdMob Ads*, wenn Sie nicht möchten, dass die Werbung personalisiert, also an Ihr Nutzungsprofil ausgerichtet wird.

In diesem Bildschirm sind viele Parameter einstellbar, die Google in den vorinstallierten Anwendungen wie Google Maps und der Google-Suche auswertet und in Ihrem Google-Konto speichert. Sie können die Einstellungen aber auch in den jeweiligen Anwendungen vornehmen.

 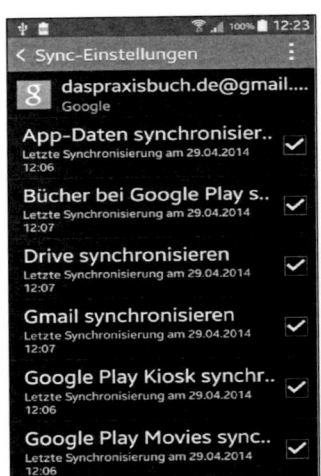

❶ Wählen Sie Ihr Google-Konto aus.

❷ Sie können nun den Datenabgleich konfigurieren:

- *App-Daten synchronisieren*: Fast alle Programme legen wichtige Daten im Geräte-speicher ab, beispielsweise Spielstände bei vielen Spielen, die dann beim nächsten Programmstart wieder zur Verfügung stehen. Das Galaxy kann diese Daten auch im Google-Konto ablegen, was den Vorteil hat, dass sie auch auf anderen Android-Handys und Tablets zur Verfügung stehen, wenn man dort das gleiche Programm installiert hat. Beachten Sie, dass zur Zeit davon noch kaum ein Programm Gebrauch macht.

- *Bücher bei Google Play synchronisieren*: Ebooks, die Sie im Google Play Store heruntergeladen haben (siehe *Praxisbuch Teil 2*, Kapitel *24.1 Ebooks auf dem Galaxy lesen*)

- *Drive synchronisieren:* Dateien mit Google Drive abgleichen (siehe *Praxisbuch Teil 2*, Kapitel *30.13 Google Drive*)

- *Gmail synchronisieren*: Nachrichten in Gmail (siehe Kapitel *9 Gmail*).

- *Google Play Kiosk synchronisieren*: Die Anwendung Google Kiosk zeigt aktuelle Nach-richten aus verschiedenen Zeitschriften an.

- *Google Play Movies synchronisieren:* Spielfilme für die »Videothek« (siehe *Praxisbuch Teil 2*, Kapitel *24.2 Google Play Video*).

- *Google+ Fotos synchronisieren*: Fotos in Google+ (siehe Kapitel *15.2 Google+*).

- *Google+ synchronisieren*: Das im Kapitel *15.2 Google+* vorgestellte soziale Netzwerk.

- *Kalender synchronisieren*: Kalendertermine (siehe *Praxisbuch Teil 2*, Kapitel *18 Kalender (S Planer)*).

- *Kontakte synchronisieren*: Kontakte aus dem Google-Konto (siehe Kapitel *15.1 Das Google-Konto*).

- *Personendetails synchronisieren:* Diese Option dient der Synchronisation Ihrer Google-Kontakte mit Google+. Sie haben dann auch in Google+ Zugriff auf Ihre Google-Kontakte, die sonst separat von Google+ im Telefonbuch verwaltet werden.

- *Chrome synchronisieren:* Lesezeichen im Chrome-Webbrowser (siehe Kapitel *12 Chrome-Webbrowser*).

- *Google Play Music synchronisieren*: Musik aus dem Google-Konto synchronisieren (siehe *Praxisbuch Teil 2*, Kapitel *22 Play Music*).

- *Picasa Webalben synchronisieren*: Wir gehen darauf im *Praxisbuch Teil 2*, Kapitel *20.7 Google+ Webalben* ein.

Das ⋮-Menü:

- *Jetzt synch.*: Alle im Bildschirm abgehakten Datentypen zwischen Google-Konto und

Galaxy synchronisieren.

- *Konto entfernen*: Das Google-Konto löschen. Im Internet-Google-Konto vorhandene Daten bleiben dabei natürlich erhalten. Führen Sie eine Anmeldung beim nächsten Mal bei Ihrem Google-Konto auf dem Galaxy oder einem anderen Android-Gerät durch, stehen alle Daten wieder nach der Synchronisation zur Verfügung.

Wichtig: Auf Ihrem Galaxy werden eventuell nicht alle hier aufgeführten Einträge aufgelistet. Dies liegt daran, dass Android den Datenabgleich erst zulässt, wenn Sie das entsprechende Programm mindestens einmal zuvor gestartet haben. Beispielsweise fehlt der *Chrome*-Eintrag, wenn Sie den Chrome-Webbrowser bisher noch nicht genutzt haben.

Die Reihenfolge der Einträge ist zufällig und wird deshalb bei Ihrem Gerät abweichen.

❶❷ Das *Suche*-Menü:

- *Google Now*: Google Now liefert situationsabhängig nützliche Infos, beispielsweise Wetterdaten oder die aktuelle Fahrzeit zur Arbeit. Siehe auch *Praxisbuch Teil 2*, Kapitel *29.10 Google Now*.

- *Suche im Telefon*: Die von der Google-Suche durchsuchten Datentypen (siehe auch Kapitel *3.13 Google-Suche*).

- *Sprache*: Diverse Einstellungen zur Sprachein- und Ausgabe.

- *Konten & Datenschutz*: Konfiguriert, welche auf und durch das Tablet erfassten Daten Google von Ihnen auswertet.

- *Hilfe & Feedback*: Öffnet die allgemeine Hilfeseite von Google im Webbrowser.

❸ Die Einstellungen unter *Konten & Datenschutz*:

- *Google-Konto*: Falls Sie auf dem Tablet mit mehreren Google-Konten gleichzeitig angemeldet sind, wählen Sie hier eines davon für die Verlaufsspeicherung aus. In der Google-Suche im Webbrowser (siehe Kapitel *12 Chrome-Webbrowser*) und von Google Now (siehe Praxisbuch Teil 2, Kapitel *29.10 Google Now*) erfasste Suchbegriffe beziehungsweise Standortdaten werden in diesem Konto abgelegt.

- *Teilen der Pendelstrecke*: Ihre in Google+ (siehe Kapitel *15.2 Google+*) verwalteten Freunde erhalten auf ihrem Android-Gerät in Google Now (siehe *Praxisbuch Teil 2*, Kapitel *29.10 Google Now*) einen Hinweis, wenn Sie zwischen Arbeit und zuhause pendeln. Wir raten von der Aktivierung dieser Funktion ab, weil dann unter Umständen Dritte erfahren, wann Sie nicht zuhause sind. Eine Erläuterung der Pendelfunktion finden Sie unter der Webadresse *support.google.com/websearch/answer/3311154*.

- *Google-Standorteinstellungen*: Ihren Standort anhand GPS und WLAN-Zugangspunkt ermitteln, siehe Kapitel *13.3 GPS-Empfang aktivieren*.

- *Webprotokoll; Webprotokoll verwalten:* Wenn aktiviert, speichert Google alle in der Google-Suche (sowohl über die Google-Schaltleiste, siehe Kapitel *3.13 Google-Suche*), als auch im Browser über Adressleiste eingegebenen Suchbegriffe. Die bisher durchgeführten Suchvorgänge werden auf dem Gerät gespeichert und bei Bedarf erneut im Suchfeld vorgeschlagen. Da die Suchbegriffe sehr sensible Daten darstellen, empfehlen wir *Webprotokoll* auf jeden Fall zu deaktivieren!

- *Auf google.com suchen*: Standardmäßig nutzt das Galaxy für die Suche den deutschen Suchindex von google.de. Nur in Ausnahmefällen könnte es interessant sein, ausschließlich über den englischsprachigen google.com-Index zu suchen. Beispielsweise sind die Suchergebnisse von google.com unzensiert (bei google.de sind einige Suchergebnisse aufgrund von Beschwerden der Rechteinhaber gesperrt, beispielsweise Links auf Musik- und Videodownloads, sowie illegale Inhalte).

- *SafeSearch-Filter*: Legt fest, ob auch nicht jugendfreie Webseiten von der Google-Suche angezeigt werden.

- *Kontakterkennung*: Diese Funktion ist nicht von Google dokumentiert.

- *Suchmaschinenspeicher*: Google beschleunigt die Suche auf dem Handy durch Vorabindizierung der relevanten Daten.

15.1.3 Datensicherung im Google-Konto

Android-Geräte wie das Galaxy sind auf die Kommunikation mit den Internetservern von Google angewiesen. Dies hat den Vorteil, dass Ihre Daten, darunter Kontakte, Kalendertermine, Browser-Lesezeichen, usw. automatisch bei Google unter Ihrem Google-Konto gespiegelt werden.

Beachten Sie, dass Programme von Drittanbietern, die Sie aus dem Google Play Store installiert haben, häufig nicht die Datensicherung im Google-Konto nutzen. In den Programmen vorgenommene Einstellungen und angelegte Daten gehen deshalb meist bei einem Zurücksetzen des Geräts verloren. Die zuvor von Ihnen installierten Programme werden Ihnen dagegen im Play Store nach dem Zurücksetzen zur erneuten Installation angeboten.

Haben Sie keinen Zugriff auf Ihr Handy, beispielsweise weil Sie es verloren haben, oder es defekt ist, dann können Sie jederzeit dessen Daten auf einem anderen Android-Handy (es muss noch nicht mal das gleiche Modell sein) wiederherstellen.

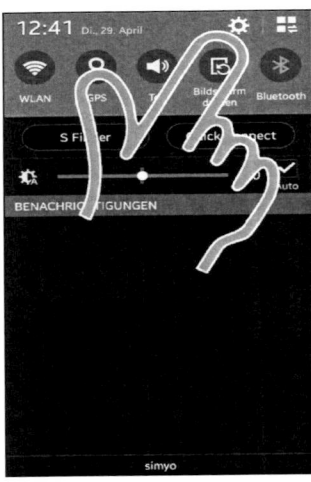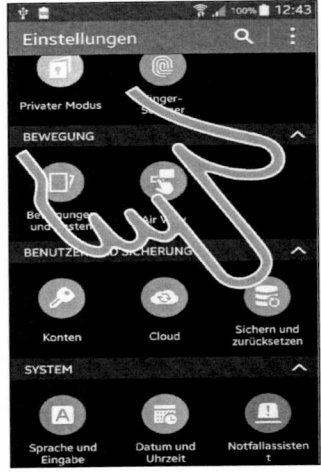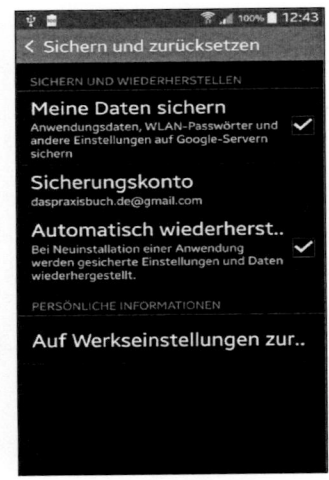

❶❷❸ Für die Sicherungseinstellungen rufen Sie das Benachrichtigungsfeld auf und gehen auf ✿ für die *Einstellungen*. Danach wählen Sie unter *BENUTZER UND SICHERUNG* das Menü *Sichern und Zurücksetzen* .

Die Funktionen:

- *Meine Daten sichern*: Sorgt dafür, dass Ihre Benutzerdaten automatisch im Hintergrund auf einem Google-Server in Ihrem Google-Konto gesichert werden.

- *Sicherungskonto*: Zeigt an, auf welchen Google-Konten Ihre Daten gesichert werden (wie

Sie ein Google-Konto anlegen, erfahren Sie im Kapitel *15.1 Das Google-Konto*).

- *Automatisch wiederherstellen*: Alle Einstellungen und Daten, die in Ihrem Google-Konto gesichert sind, werden automatisch wiederhergestellt, wenn Sie nach dem Zurücksetzen des Galaxy erneut mit Ihrem Google-Konto anmelden.

- *Auf Werkseinstellungen zurücksetzen*: Alle Daten löschen, worauf Sie das Galaxy im gleichen Zustand vorfinden, in dem Sie es erworben haben. Daten auf einer eingelegte Speicherkarte bleiben natürlich erhalten.

15.2 Google+

Mit Google+ greift Google seit einigen Jahren den Platzhirsch Facebook an. Vieles, was Sie von Facebook her kennen, stellt auch Google+ zur Verfügung, seien es Fotoalben oder Live-Chat. Bisher hat sich Google+ allerdings nicht gegen Facebook durchsetzen können und Facebook müsste schon große Fehler begehen, um seinen riesigen Vorsprung vor dem Nachzügler Google+ noch zu verlieren. Ein erster kluger Schritt von Google ist allerdings die Google+-Integration in den Android-Geräten, die viele Anwender veranlassen wird, Google+ zumindest mal auszuprobieren.

Bei Google+ ist manches anders als bei Facebook, was Einsteiger vielleicht erst einmal verwirren wird. Facebook verfolgt ein Zweiwege-Modell: Zwei Personen stimmen zu, sich gegenseitig als Freunde zu führen. Dadurch entsteht eine Gemeinschaft, deren Mitglieder sich gegenseitig schreiben, also eine Art von »in Kontakt bleiben«. Dagegen verhält sich Google+ wie eine Einbahnstraße: Man weist Personen seinen »Kreisen« zu. Die Veröffentlichungen der Personen erscheinen dann auf der eigenen Google+-Seite und man kann dann zum Beispiel Kommentare dazu abgeben und mit anderen darüber diskutieren. Facebook unterstützt natürlich auch private Gruppen, in denen nur eingeladene Kontakte schreiben und lesen können, allerdings müssen dazu die Teilnehmer erst einmal in der Freundesliste vorhanden sein.

Gegenüber den Betreibern von Facebook, die schon oft durch eigenmächtige Aktionen aufgefallen sind, beispielsweise Umstellungen der Datenschutzeinstellungen ohne vorherige Benachrichtigung der Nutzer, glänzt Google bei seinem sozialen Dienst mit einer weißen Weste. Ganz ohne Tadel ist aber auch Google nicht, denn bei Google+ herrscht ein Klarnamenzwang. Wer sich nicht daran hält, kann sein Google-Konto verlieren, beziehungsweise darf bestimmte Funktionen (u.a. wird die Kommentarfunktion bei Youtube deaktiviert) nicht mehr nutzen.

Sie sollten sich als nicht nur als Nutzer von Google+ und den meisten anderen Online-Diensten wie Facebook immer bewusst sein, dass Sie deren kostenlosen Dienste mit Ihren Daten bezahlen. Je öfter Sie diese nutzen, desto besser lernt man Sie und Ihre Gewohnheiten kennen und kann passendere Werbung einblenden.

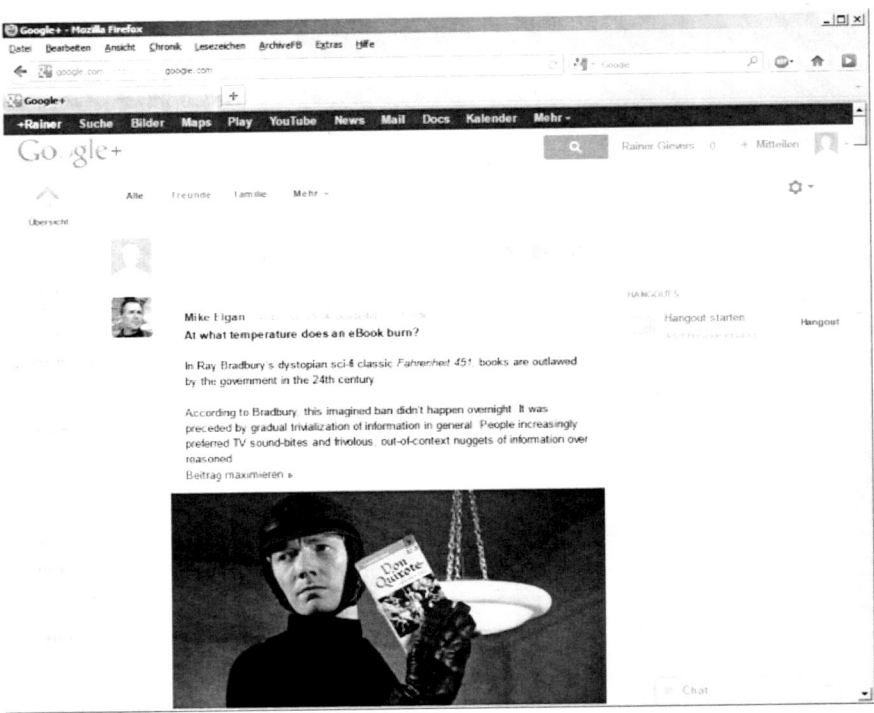

Für die Weboberfläche von Google+ rufen Sie *plus.google.com* in Ihrem PC-Webbrowser auf.

Google+ und Facebook im Vergleich

	Google+	**Facebook**
Gruppen	Bei Google+ weist man seine Kontakte einem »Kreis« zu. Inhalte teilt man entweder mit einzelnen Kreisen oder Kontakten.	In Facebook legt man Gruppen an, die öffentlich oder privater Natur sein dürfen.
Freunde	Anderen Google+-Nutzern folgt man, indem man sie einem »Kreis« hinzufügt. Man erhält dann alles, was der Hinzugefügte veröffentlicht, im eigenen Stream angezeigt. Ein mit den Facebook-Freunden vergleichbarer Zustand entsteht erst, wenn der Hinzugefügte Sie ebenfalls einem der eigenen Kreise hinzufügt.	Dem eigenen Konto hinzugefügte Kontakte müssen erst die Freundschaft bestätigen. Erst dann erhält man die Pinnwand- und Statusmeldungen des Freundes im eigenen Stream angezeigt.
Videotelefonie	Videotelefonie wird mit bis zu 10 Teilnehmern unterstützt (Videokonferenz).	Direkt im Chatfenster über eine Schaltleiste möglich. Videokonferenzen mit mehreren Teilnehmern werden nicht unterstützt.
Standortfreigabe	Geben Sie in Ihren veröffentlichten Fotos und Beiträgen an, wo diese entstanden sind.	Den eigenen Standort können Sie direkt in Ihren Pinnwand-Einträgen veröffentlichen.

	Google+	Facebook
Mobile Nutzung	Google+ ist als Anwendung auf allen Android-Geräten vorinstalliert und mit Ihrem Google-Konto verknüpft. Genau genommen nimmt also jeder, der ein Google-Konto neu anlegt, automatisch auch an Google+ teil. Die Google+-Funktionen sind in den einzelnen Android-Anwendungen verfügbar, beispielsweise die Google+-Kontakte im Telefonbuch.	Die aus dem Google Store nachinstallierbare Facebook-Anwendung bietet alle Facebook-Funktionen und integriert sich in den Android-Anwendungen. Zum Beispiel finden Sie Ihre Facebook-Kontakte im Telefonbuch.

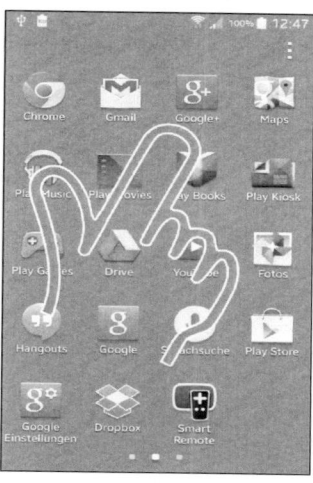 

❶ Starten Sie Google+ aus dem Hauptmenü.

❷ Im ersten Bildschirm können Sie ein Foto auswählen, das den anderen Google+-Nutzern angezeigt wird, wenn sie Ihre Profilseite besuchen. Falls Sie dies nicht wünschen, gehen Sie einfach auf *Weiter* (oben rechts).

❶ Das Galaxy kann Google+-Kontakte auch direkt im Telefonbuch (siehe Kapitel *5 Telefonbuch*) einblenden. Wenn Sie dies nicht wünschen, sollten Sie *Adressbuch aktuell halten* deaktivieren. Betätigen Sie *Weiter*.

❷ In diesem Bildschirm legen Sie fest, ob und über welche Verbindung Fotos vom Galaxy direkt in Google+ hochgeladen werden dürfen.

Alle mit der Kamera-Anwendung aufgenommenen Fotos und Videos werden automatisch in das *Von meinem Telefon*-Album hochgeladen. Bis Sie sie teilen, sind diese Fotos und Videos nur für Sie sichtbar. Sie können sie über das Galaxy oder am Desktop-PC (über die Google+-Weboberfläche) auf Google+ teilen. In den meisten Fällen sollte *Über WLAN oder Mobilfunknetz* in Ordnung gehen.

Deaktivieren Sie *Vorhandene Fotos und Videos ebenfalls sichern*, wenn Sie nur neu mit der Kamera erstellte Fotos/Videos bei Google+ hochladen möchten.

Betätigen Sie dann *Fertig*.

❸ Sie befinden sich im Hauptmenü von Google+.

> Falls Sie es nicht gerne haben, dass Ihre Fotos automatisch irgendwo im Internet gespeichert werden, sollten Sie *Nicht jetzt* einstellen.

❶ Mit einer Wischgeste nach oben/unten wechseln Sie zwischen den Beiträgen Ihrer Kontakte.

❷❸ Man weist seine Kontakte verschiedenen »Kreisen« hinzu. Über das Auswahlmenü links oben (Pfeil) schalten Sie die Ansicht zwischen den Kreisen um.

❶❷ Tippen Sie das ▦-Symbol (Pfeil) für das Aufklapmenü an:

- *Übersicht:* Schaltet wieder auf den Hauptbildschirm um.

- *Personen*: Kontakte in Ihren Kreisen verwalten.

- *Fotos*: Verwaltet die von Ihnen auf Google+ hochgeladenen Fotos und ermöglicht es, diese mit anderen Nutzern zu teilen (zu Deutsch: ihnen sichtbar zu machen). In *Fotos* lassen sich auch Fotos auf dem Handy verwalten, wobei diese erst hochgeladen werden, wenn Sie sie teilen.

- *Communities*: Sie dürfen bis zu 20 Communities anlegen, beispielsweise für Ihr eigenes Unternehmen, Ihren Verein oder für Interessengruppen. Communities sind vergleichbar mit den Facebook-Gruppen.

- *Standorte*: Über Google+ können Sie Ihren aktuellen Standort Ihren Kontakten mitteilen. Diese wissen somit jederzeit, wo Sie sie finden, was beispielsweise interessant ist, wenn sich mehrere Personen verabreden. Bis Juli 2013 war diese Funktion noch als »Latitude« ein Teil von Google Maps, wurde dann aber in Google+ integriert.

- *Hangouts*: Chats und Videokonferenzen mit bis zu zehn Teilnehmern.

- *Events*: Ihr Terminkalender.

- Suchen: Nach Begriffen in allen Beiträgen suchen.

15.2.1 Google+ in der Praxis

❶ Neue Kreise, beziehungsweise neue Personen, fügen Sie im *Personen suchen*-Menü hinzu.

❷ Betätigen Sie oben die **Q**-Schaltleiste und geben Sie gesuchten Namen ein.

❸ *Hinzufügen* übernimmt den Kontakt in den *Freunde*-Kreis (falls Sie vorher wissen möchten, ob es sich um die richtige Person handelt, tippen Sie stattdessen auf den Namen).

In der Auflistung erscheinen auch Einträge mit *Folgen*-Schaltleiste. Dabei handelt es sich um zumeist von Unternehmen betriebene Seiten.

  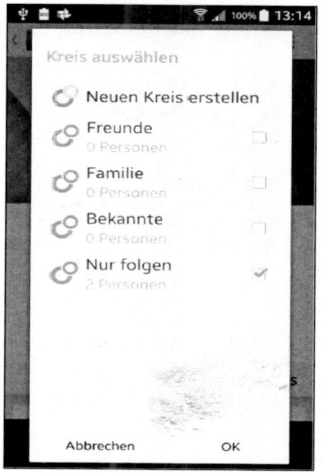

❶ So ändern Sie die einem Google+-Kontakt zugewiesenen Kreise: Rufen Sie zuerst im Personen-Menü einen Ihrer Kreise auf.

❷ Tippen Sie die blaue Schaltleiste beim Kontakt an.

❸ Danach haken die Kreise ab, denen die Person angehören soll. Schließen Sie mit *OK*.

❶❷ Angenommen, Sie möchten ein oder mehrere Fotos aus der Galerie-Anwendung (siehe *Praxisbuch Teil 2*, Kapitel *20 Galerie*) bei Google+ publizieren: Aktivieren Sie zunächst den Markierungsmodus mit ⋮/*Auswählen*, anschließend markieren Sie die Fotos, indem Sie sie nur jeweils kurz antippen.

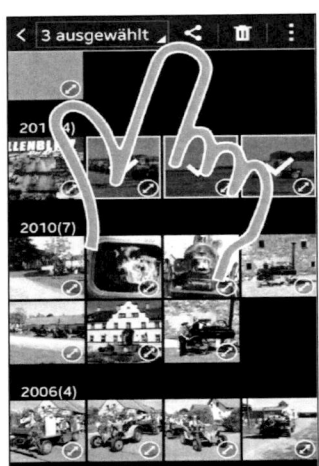 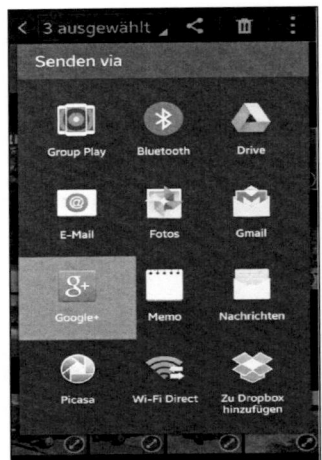

❶❷ Gehen Sie auf **<**/*Google+* (eventuell im **<**-Menü zunächst *Alle anzeigen* betätigen).

❶❷ Bevor Sie Ihren Beitrag veröffentlichen, tippen Sie auf das ⌄ und wählen diejenigen Kreise aus, die das Foto sehen dürfen. Anschließend betätigen Sie ➤.

Das Handy zeigt den Hinweis, dass Ihr Standort in die Bildveröffentlichung erscheint, welchen Sie mit *OK* schließen.

❶ Falls Sie Ihren Standort veröffentlichen möchten, tippen Sie ins *Standort*-Feld.

❷ Anschließend wählen Sie entweder einen der angebotenen Points of Interest oder mit *Mein aktueller Standort* Ihre aktuelle GPS-Position aus. Schließen Sie den folgenden Warnhinweis mit *OK*.

❸ Den Standort entfernen Sie durch Tippen auf das ✕ (Pfeil).

15.2.2 Hochgeladene Fotos

Google+ ist vor allem für Anwender konzipiert, die laufend Fotos veröffentlichen möchten. Deshalb sind beim Durchlaufen des im Kapitel *15.2 Google+* vorgestellten Google+-Einrichtungsassistenten die Voreinstellungen bereits so gesetzt, dass mit der Kamera erstellte Fotos automatisch ins Google+-Konto hochgeladen werden. Damit andere Google+-Nutzer Ihre Fotos zu sehen bekommen, müssen Sie sie allerdings erst freigeben. Standardmäßig werden darüber hinaus auch Ihre bereits auf dem Gerät vorhandenen Fotos, welche Sie über das USB-Kabel von einem PC aus auf das Handy kopiert haben (siehe *Praxisbuch Teil 2, Kapitel 28 Gerätespeicher und Speicherkarte*) ins Google-Konto hochgeladen.

Natürlich kann man geteilter Meinung darüber sein, ob der Datenhunger von Google+ nicht übertrieben ist, zumal Handy-Einsteiger erst mal nach den korrekten Einstellungen suchen müssen, wenn sie den Foto-Upload nachträglich deaktivieren möchten. Wir gehen auf diesen Aspekt und die Upload-Einstellungen noch im *Praxisbuch Teil 2, Kapitel 20.7.2 Webalben entfernen* ein.

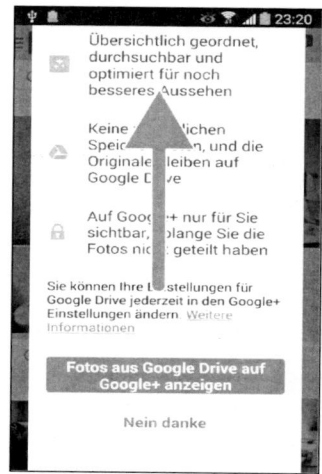

❶ Auf die in Google+ hochgeladenen Fotos haben Sie über *Fotos* aus dem Ausklappmenü heraus Zugriff.

❷ Beim ersten Aufruf wird Sie Google+ fragen, ob auch Fotos aus der Drive-Anwendung (die *Praxisbuch Teil 2, Kapitel 30.13 Google Drive* vorstellt) in Google+ sichtbar sein sollen. Sie sollten dies über *Fotos aus Google Drive auf Google+ anzeigen* bejahen, da hiermit einige Vorteile verbunden sind.

❸ Die Fotos werden aufgelistet.

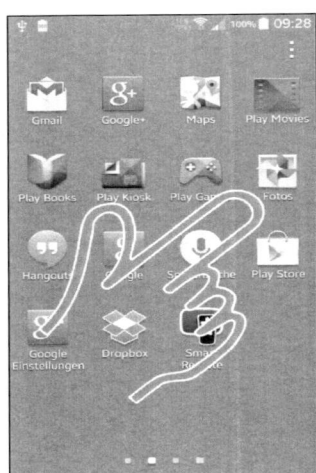 

❶❷ Alternativ rufen Sie *Fotos* aus dem Hauptmenü auf.

❶ Die Register am oberen Bildschirmrand schalten um zwischen:

- *ALLE*: Alle Bilder.

- *HIGHLIGHTS*: Hier finden Sie Fotos, die von Google+ für Sie automatisch ausgewählt wurden. Doppelte, verschwommene oder unterbelichtete Fotos filtert dabei Google heraus. Bevorzugt erscheinen hier übrigens Portrait-Fotos und Sehenswürdigkeiten.

❷ Betätigen Sie im *HIGHLIGHTS*-Register *Find my Face aktivieren*, damit Sie andere Google+-Nutzer in Fotos und Videos markieren können. Die so »getaggten« Fotos/Videos erscheinen ebenfalls in diesem Register.

Das Ausklappmenü bietet Zugriff auf folgende Funktionen:

- *Google+*: Schaltet wieder auf den Google+Hauptbildschirm um.

- In den *Alben* sind die von Ihnen angelegten Fotoalben zu finden (weiterführende Infos finden Sie im *Praxisbuch Teil 2*, Kapitel *20.7 Google+ Webalben*).

- *Auto-Effekte:* Google erstellt aus den hochgeladenen Fotos entweder Collagen (mehrere Fotos in einem Bild) oder Animationen (besteht aus mindestens fünf Fotos aus der gleichen Perspektive)

- *Videos:* Alle Videos auflisten.

- *Fotos von mir*: Fotos, auf denen Sie markiert wurden (entweder durch Sie selbst oder durch andere Google+-Nutzer).

- *Ordner*: Listet die von Ihnen hochgeladenen Alben auf.

- *Papierkorb*: Gelöschte Videos und Fotos.

❶❷ In den *Alben* sind die von Ihnen angelegten Fotoalben zu finden (weiterführende Infos finden Sie im *Praxisbuch Teil 2*, Kapitel *20.7 Google+ Webalben*). Eine Reihe an Alben legt Google+ – je nach Ihrer Google+-Nutzung – auch automatisch an.

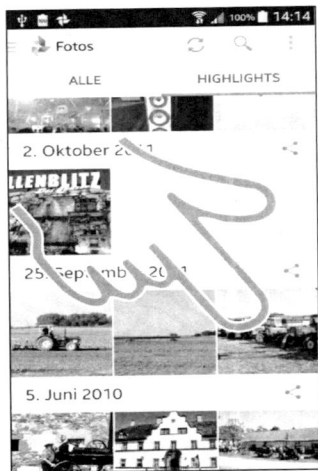 

❶ Wählen Sie jetzt einmal ein Foto im *HIGHLIGHTS*-Register aus (erst ein Album, dann ein Foto antippen).

❷ Google führt automatisch eine Bildbearbeitung bei allen hochgeladenen Fotos aus. Dabei werden Kontrast und Helligkeit optimiert, sowie rote Augen entfernt. Die nicht optimierte Foto-version zeigen Sie übrigens durch Tippen und Halten der Schaltleiste unten rechts (Pfeil) an.

15.3 Facebook

Facebook (*www.facebook.de*) ist eine »Online-Gemeinschaft«, das heißt, hier können Sie Ihr eigenes Profil mit Ihren Kontaktdaten, Hobbys, Fotos, usw. anlegen, auf das andere Facebook-Nutzer zugreifen dürfen. Auch ein Nachrichtendienst ist in Facebook, das weltweit viele hundert Millionen registrierte Nutzer hat, integriert. Google bietet mit Google+ einen Konkurrenten zu Facebook an (siehe Kapitel *15.2 Google+*).

Falls Sie noch kein Facebook-Konto haben, müssen Sie sich erst, am besten mit dem Webbrowser auf dem PC, unter *www.facebook.de* registrieren.

15.3.1 Facebook-Anwendung

Im Gegensatz zu manchen anderen Android-Geräten ist eine Facebook-Anwendung beim Galaxy nicht vorinstalliert. Facebook nachzurüsten ist allerdings kein Problem, denn Sie dazu installieren Sie einfach die Facebook-Anwendung aus dem Google Play Store.

Die Facebook-Anwendung müssen Sie auch installieren, wenn Sie Ihre Facebook-Kontakte mit dem Telefonbuch auf dem Handy synchronisieren möchten.

❶ Installieren Sie *Facebook* aus dem Google Play Store (wie Sie den Google Play Store nutzen, erfahren Sie im *Praxisbuch Teil 2*, Kapitel *31.1 Play Store*). Sie finden anschließend das Facebook-Symbol im Startbildschirm beziehungsweise Hauptmenü, worüber Sie das Programm starten können.

❷ Loggen Sie sich nach dem Start des *Facebook*-Programms ein.

> Tipp: Falls Sie Facebook nur zum Nachrichtenaustausch (»Chatten«) nutzen möchten, dann sollten Sie statt der Facebook-Anwendung den *Facebook Messenger* aus dem Play Store installieren.

❶ Im nächsten Schritt müssen Sie die Facebook-Synchronisationseinstellungen vornehmen. Öffnen Sie das Benachrichtigungsfeld und gehen Sie auf *Zugriff erlauben*.

❷ Die folgenden drei Bildschirme schließen Sie einfach jeweils mit *OK*.

❸ Danach konfigurieren Sie die Datensynchronisation zwischen Facebook und dem Galaxy:

- *Intervalleinst. synch.*: Stellen Sie separat für Kontakte, Termine und Bilder den Synchronisationszeitraum ein. Standardmäßig ist die Synchronisation deaktiviert. Wir gehen noch weiter unten auf die Synchronisation ein.

- *Kalender synchronisieren*: Veranstaltungen, an denen Sie in Facebook Ihre Teilnahme zugesagt haben, im Kalender (siehe *Praxisbuch Teil 2*, Kapitel *18 Kalender*) einblenden.

- *Galerie synchronisieren*: Ihre bei Facebook veröffentlichten Fotos in der Galerie-Anwendung anzeigen.

Betätigen Sie *Fertig*.

15.3.2 Synchronisationseinstellungen

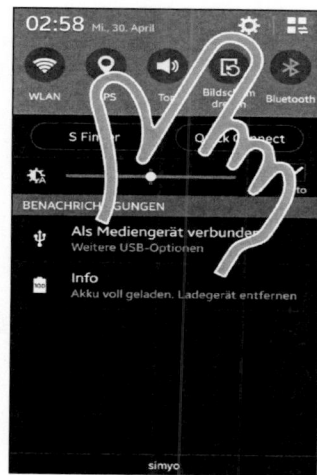 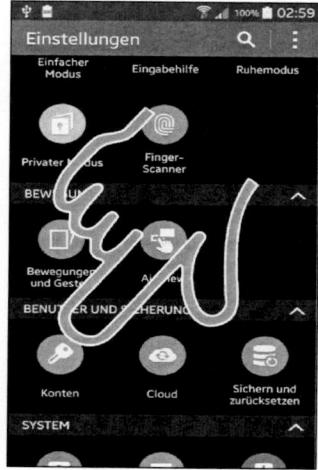 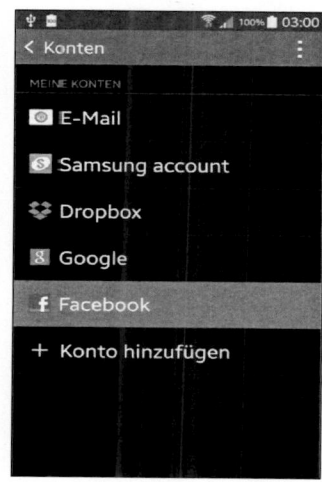

❶ Betätigen Sie ✿ im Benachrichtigungsfeld für die *Einstellungen*.

❷❸ Gehen Sie auf *Konten/Facebook.*

❶ Wählen Sie zunächst Ihr Facebook-Konto aus.

❷ Aktivieren Sie diejenigen Einträge, welche mit dem Gerät synchronisiert werden sollen:

- *Kontakte synchronisieren*: Werden später im Telefonbuch angezeigt.

- *Galerie synchronisieren*: Bilder werden später in der Galerie-Anwendung angezeigt.

- *Kalender synchronisieren*: Veranstaltungen im S Planner anzeigen.

Verlassen Sie dann den Bildschirm mit der ⬅-Taste.

Beachten Sie, dass die Kontakte, Termine und Bilder aus Facebook zwar in den jeweiligen Samsung-Anwendungen sichtbar sind, sich dort aber nicht bearbeiten lassen.

❶❷❸ Unter *Intervalleinst. synch.* konfigurieren Sie separat für Kalender und Galerie (Bilder), wie häufig sie synchronisiert werden. Wenn Sie die Voreinstellung auf *Ohne* stehen lassen, müssen Sie ab und zu von Hand die Synchronisation in den Kontoeinstellungen durchführen, weshalb wir eine Einstellung von *12 Stunden* oder *Einmal am Tag* empfehlen. Verlassen Sie dann den Bildschirm mit der ⬅-Taste.

15.3.3 Facebook-Kontakte im Telefonbuch

❶❷ Die Facebook-Kontakte erkennen Sie im Telefonbuch (siehe Kapitel *5 Telefonbuch*) jeweils am blauen ▇-Symbol. Tippen Sie den Kontakt für weitere Infos an – sie erhalten dann alle Daten angezeigt, die der Facebook-Kontakt in seinem Facebook-Profil freigegeben hat.

Beachten Sie bitte, dass Sie Facebook-Kontakte nicht aus dem Telefonbuch löschen können, da diese ja nicht von Ihnen angelegt wurden. Wenn Sie dennoch versuchen, einen Facebook-Kontakt löschen, bietet Ihnen das Telefonbuch an, den Kontakt auszublenden.

15.3.4 Facebook-Termine

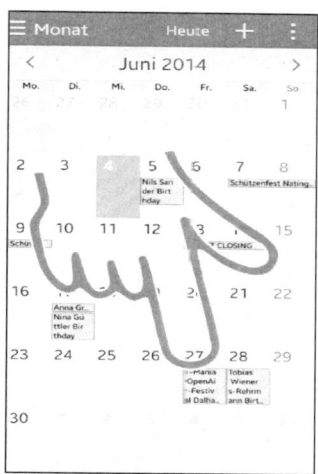  

❶❷❸ Auch in der Kalender-Anwendung S Planer (siehe *Praxisbuch Teil 2*, Kapitel *18. Kalender (S Planer)*) erscheinen die Facebook-Termine. Tippen sie einen Termin und danach das Popup für weitere Infos an.

Beachten Sie, dass ein Bearbeiten Ihrer eigenen Termine nur auf der Facebook-Website, beziehungsweise in der Facebook-Anwendung möglich ist.

15.3.5 Facebook-Fotos in der Galerie

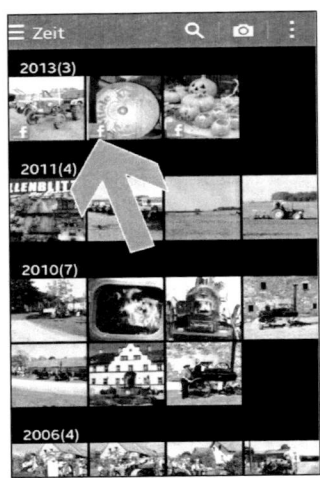  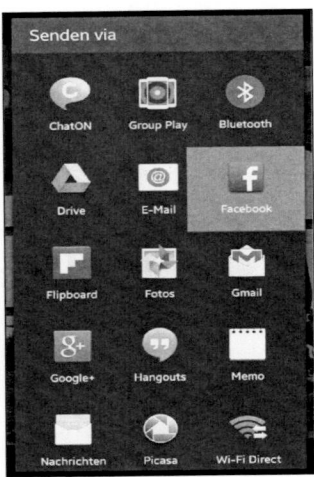

❶ Sofern Sie bei der Facebook-Einrichtung den Fotozugriff für die Galerie-Anwendung frei-gegeben haben, finden Sie Ihre Facebook-Alben in der Galerie-Anwendung (siehe *Praxisbuch Teil 2*, Kapitel *20 Galerie*) wieder. Sie erkennen sie am ▇-Symbol.

❷❸ Aus der Galerie lassen sich zudem über die ◀-Schaltleiste weitere Fotos bei *Facebook* hochladen.

15.3.6 Facebook im Browser

❶❷ Eine Installation der Facebook-Anwendung ist nicht unbedingt nötig, da Sie das soziale Netzwerk auch über den Webbrowser (siehe Kapitel *11 Webbrowser*) nutzen können: Geben Sie dort als Webadresse *m.facebook.de* ein. Über die ≡-Schaltleiste (Pfeil) haben Sie dort Zugriff auf alle Facebook-Funktionen.

15.4 Soziale Netzwerke und das Telefonbuch

15.4.1 Facebook- und Google+-Kontakte

❶❷ Die Facebook- und Google+-Kontakte erkennen Sie im Telefonbuch (siehe Kapitel 5 *Telefonbuch*) jeweils am 🄵-, beziehungsweise ⬜-Symbol, wenn Sie einen Kontakt antippen. Tippen Sie den Kontakt für weitere Infos an – sie erhalten dann alle Daten angezeigt, die der Kontakt in seinem Facebook/Google+-Profil freigegeben hat.

 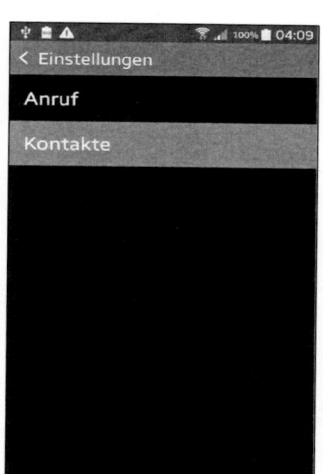 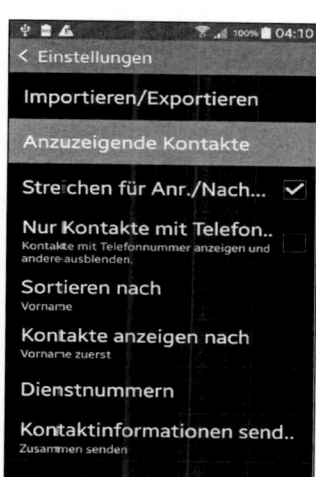

❶❷❸ ⋮/*Einstellungen/Kontakte/Anzuzeigende Kontakte* grenzt die im Telefonbuch sichtbaren Kontakte ein.

> Beachten Sie bitte, dass Sie Facebook- und Google+-Kontakte nicht aus dem Telefonbuch löschen können, da diese ja nicht von Ihnen angelegt wurden. Wenn Sie dennoch versuchen, einen Facebook-Kontakt löschen, bietet Ihnen das Telefonbuch an, den Kontakt auszublenden.
>
> Die Google+-Kontakte darf man nicht mit den Google-Kontakten verwechseln, die man selbst auf dem Galaxy erstellt und bearbeitet.

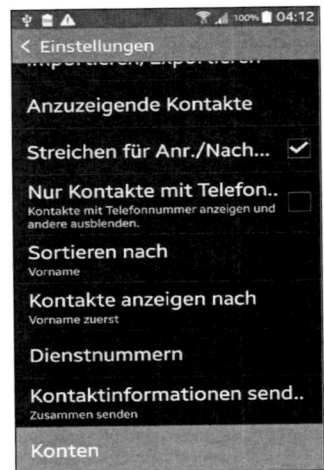  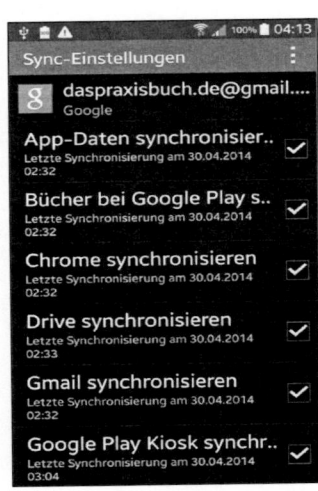

❶❷❸ Über ⋮/*Einstellungen/Kontakte/Konten* können Sie die Synchronisation Ihres Samsung-, Google oder Facebook-Kontos auch direkt in der Telefonbuch-Anwendung konfigurieren.

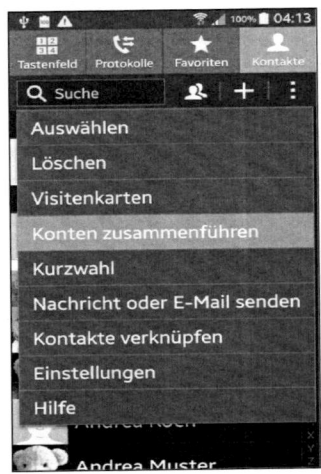 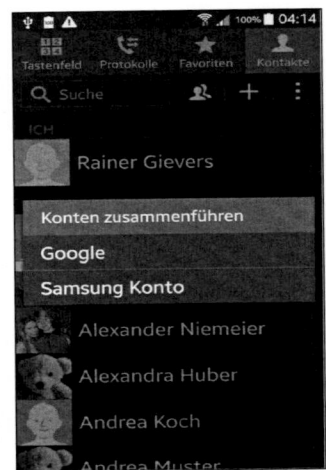

Wie bereits erwähnt, sind alle Kontakte entweder dem Samsung-Konto (siehe Kapitel *16 Das Samsung-Konto*), oder Google-Konto (siehe Kapitel *15.1 Das Google-Konto*) zugewiesen. Bei der Neuanlage eines Kontakts haben Sie jeweils die Wahl, welches Konto verwendet wird.

❶❷ Zwar ist es möglich, nachträglich das Samsung/Google-Konto in einem Kontakt zu ändern, einfacher geht es aber mit ⋮/*Konten zusammenführen*, was alle Kontakte einem Konto zuweist.

15.4.2 Kontakte zusammenführen

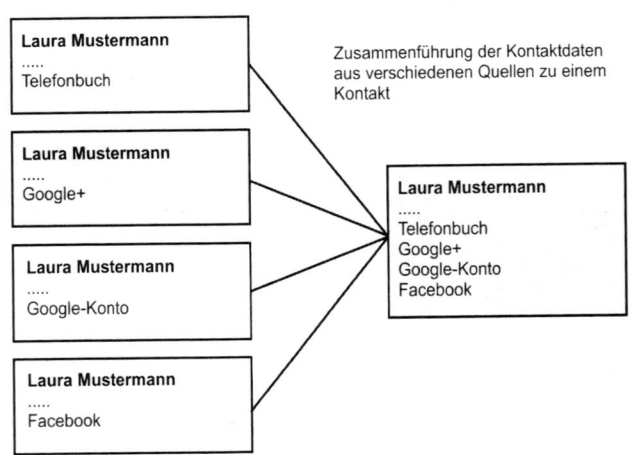

Nach der Einrichtung des Facebook- und Google-Kontos kommen einige Aufräumarbeiten auf Sie zu. Nutzen nämlich Ihre Telefonbuchkontakte ebenfalls die sozialen Netzwerke, dann tauchen die Kontakte gleich mehrfach unter dem gleichen Namen im Telefonbuch auf.

Abhilfe für dieses Chaos schafft das sogenannte »Verknüpfen«, bei dem gleichartige Kontaktdaten zu einem einzigen Telefonbuchkontakt verschmelzen.

 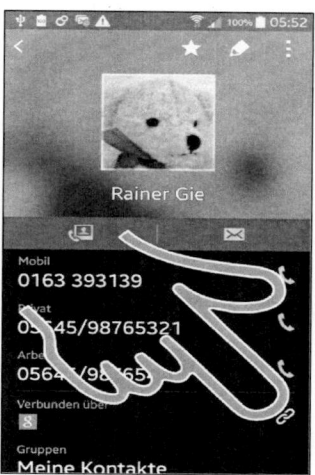 

❶ Im Beispiel gibt es mehrere Einträge zu »*Rainer Gie*«, die wir zu einem Kontakt zusammenführen möchten. Wählen Sie davon einen aus.

❷ Betätigen Sie die *∂*-Schaltleiste (Pfeil).

❸ Gehen Sie auf *Mit einem anderen Kont. verkn.*

 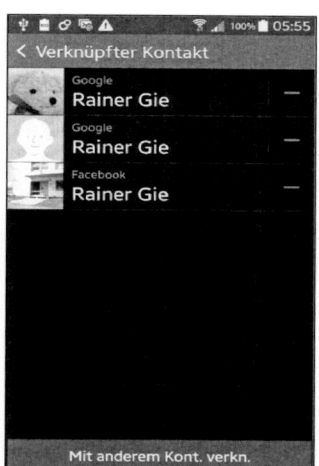 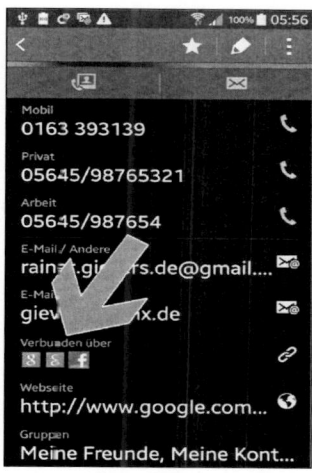

❶ Das Telefonbuch schlägt nun Kontakte vor. Aktivieren Sie die Abhakkästchen vor den zu verknüpfenden Kontakten und schließen Sie den Bildschirm mit *Fertig.*

❷ Hier können Sie mit den »-«-Schaltleisten Verknüpfungen wieder entfernen. Schließen Sie den Bildschirm mit ⤺.

❸ In den Kontaktdetails weisen Symbole (Pfeil) auf die Verknüpfungen hin. Über *∂* verknüpfen Sie weitere Kontakte beziehungsweise lösen Verknüpfungen wieder auf.

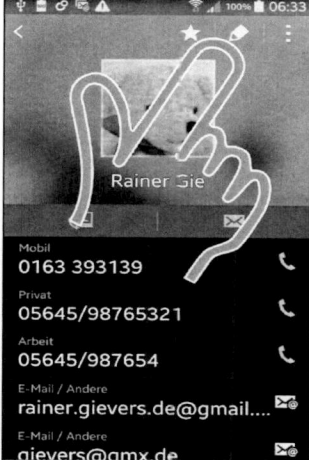 

❶❷ Eine Besonderheit gilt es zu beachten, wenn Sie einen Kontakt, der mehrere Verknüpfungen enthält, bearbeiten: Über die Register am oberen Bildschirmrand schalten Sie dann zwischen den verknüpften Kontakten um, die Sie einzeln bearbeiten können.

15.5 Datenschutz

Die Programme der sozialen Netzwerke und praktisch alle Chatprogramme, darunter auch das beliebte Whatsapp, das Sie aus dem Play Store installieren können, scheren sich wenig um die Privatsphäre ihrer Nutzer. Auch ist unklar, inwieweit die Regierungsgeheimdienste der USA und Großbritanniens dort Daten abgreifen.

Als Firmenmitarbeiter sollten Sie daher wichtige Korrespondenz nicht über soziale Netzwerke oder deren E-Mail-Dienste (beispielsweise Gmail) abwickeln. Größere Firmen dürften dazu auch einen Verhaltenskodex für ihre Mitarbeiter vorschreiben. Auch von »privaten« oder peinlichen Fotos raten wir ab, da diese unter Umständen für die falschen Leute sichtbar sind, auch wenn man das nicht beabsichtigt hatte.

16. Das Samsung-Konto

Einige Funktionen auf dem Galaxy setzen die vorherige Einrichtung eines sogenannten Samsung-Kontos voraus, wozu unter anderem Samsung Apps (siehe *Praxisbuch Teil 2*, Kapitel *31.2 Samsung Apps*) und die Fernzugriffsfunktionen (siehe *Praxisbuch Teil 2*, Kapitel *29.4.2 Fernzugriff*) zählen.

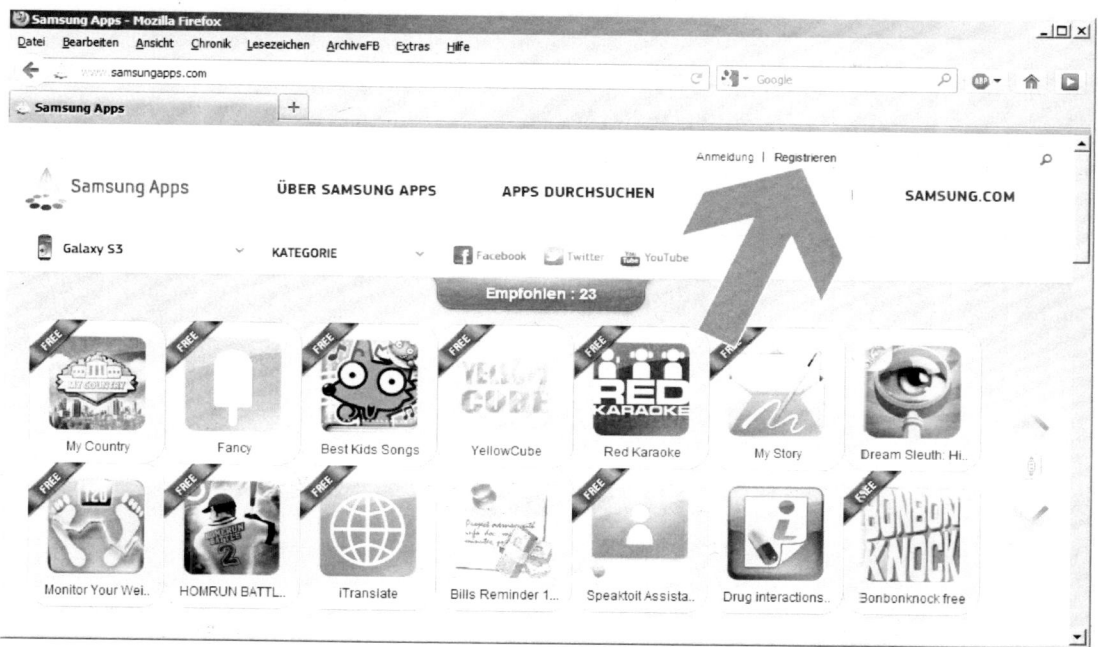

Sofern Sie noch kein Samsung-Konto besitzen, geben Sie im Webbrowser auf dem PC *www.samsungapps.com* ein. Klicken Sie auf *Registrieren*. Auf der folgenden Webseite folgen Sie den Anweisungen zur Kontoeinrichtung.

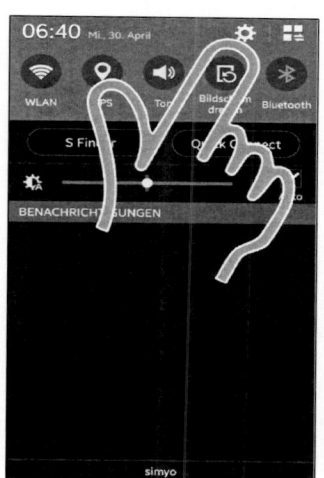 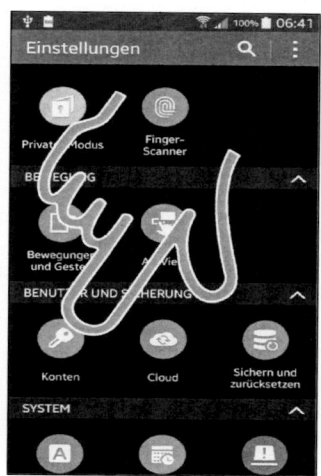 

Sie können nun warten, bis irgendwann eine Anwendung die Anmeldung bei Ihrem Samsung-Konto verlangt, oder schon das Konto vorab auf dem Galaxy einrichten.

❶ Gehen Sie im Benachrichtigungsfeld auf ✿ für die *Einstellungen*.

❷❸ Gehen Sie dann unter *BENUTZER UND SICHERUNG* auf *Konten* und wählen Sie *Konto hinzufügen*.

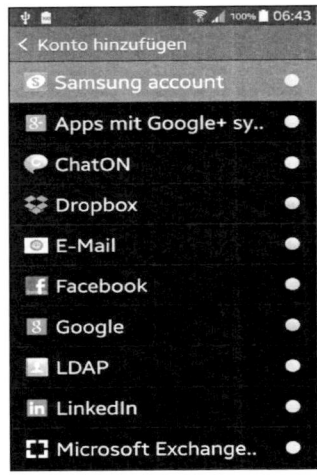 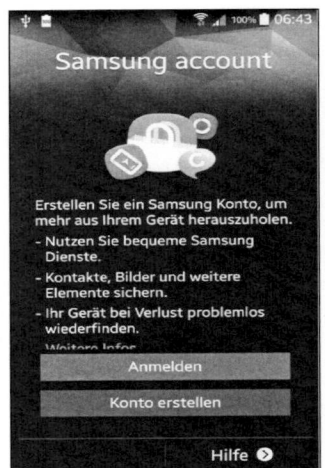 

❶ Wählen Sie *Samsung account*. Eventuell fragt das Handy nach einer Aktualisierung, die Sie mit *Ja* erlauben. Danach müssen Sie erneut auf *Konto hinzufügen* gehen und *Samsung-Konto* auswählen.

❷❸ Betätigen Sie *Anmelden* und geben Sie die zuvor auf der Samsung-Website bei der Registrierung angelegten Login-Daten erneut ein. Betätigen Sie danach *Anmelden*. Sie können nun die Einstellungen mit der ⤺-Taste verlassen.

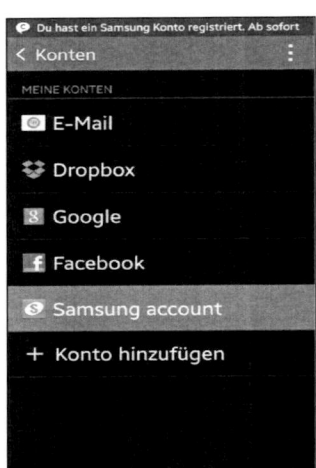  

❶ Gehen Sie in den *Einstellungen* auf *Samsung account* und tippen Sie Ihren Samsung-Konto-Namen für weitere Optionen an.

❷ Sie können hier für Album (Story-Album-Anwendung), Internet (Webbrowser), Kalender, Kontakte und Memo einen Datenabgleich mit dem Samsung-Konto im Internet aktivieren.

> Falls bei Ihnen einige der Einträge im Samsung-Synchronisationsmenü nicht auftauchen, so liegt es daran, dass die zugehörige Anwendung/Funktion bisher noch nicht von Ihnen genutzt wurde.

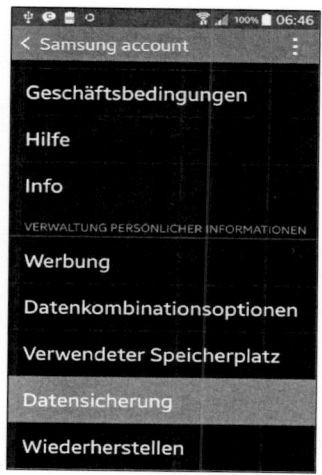 

❶ Die *Datensicherung* ist sinnvoll, weil online ein Backup von Daten angelegt wird, die das Gerät nicht im Google-Konto sichert. Dazu gehören Protokolle (Anrufliste), SMS/MMS und vorgenommene Einstellungen.

❷ Die Optionen:

- Über *Automatische Sicherung* legen Sie fest, ob Daten mit dem Samsung-Konto ausgetauscht werden.

- *Telefonprotokolle*: Anrufliste in der Telefonoberfläche (siehe Kapitel *4.6 Anrufliste (Protokoll)*).

- *Nachrichten (SMS); Nachrichten (MMS)*: Mit der Nachrichten-Anwendung (siehe Kapitel *6 Nachrichten (SMS)*) empfangene und gesendete SMS.

- *Hintergrund*: Hintergrundgrafik des Start- und Sperrbildschirms (siehe Kapitel *3.7.5 Hintergrundbild*).

- *VIPs (E-Mail-Adressen)*: Von Ihnen als VIP markierte E-Mail-Adressen (siehe Kapitel *10.4.4 VIP*).

- *Spam (E-Mail)*: Als unerwünschte Absender markierte in der E-Mail-Anwendung (siehe Kapitel *10.4.5 Spam*).

- *Spam-Filter (Nachrichten)*: Als unerwünschte Absender markierte in der Nachrichten-Anwendung (siehe Kapitel *10.4.5 Spam*).

- *Liste abgelehnter Anrufe*: Abgelehnte Anrufer im Anrufprotokoll (siehe Kapitel *4.6 Anrufliste (Protokoll)*).

Setzen Sie mehrere Samsung-Handys oder Tablets ein, so wird für jedes Gerät eine eigene Datensicherung angelegt. Die Rücksicherung ist immer nur auf dem Gerät möglich, von dem zuvor die Datensicherung erfolgte, weshalb das Samsung-Konto auch keine Alternative zur Sicherung im Google-Konto ist, dessen Daten sich auf jedem beliebigen Android-Gerät wieder herstellen lassen. Für die Rücksicherung nach einem Zurücksetzen des Galaxy (siehe Kapitel *Praxisbuch Teil 2, 35.8.1 Sichern und zurücksetzen*), melden Sie bereits beim ersten Start im Einrichtungsassistenten beim Samsung-Konto an. Sie können dann wählen, ob Sie die Rücksicherung durchführen möchten oder nicht.

16.1 Das Samsung-Konto in der Praxis

Vermutlich werden Sie Ihr Samsung-Konto nur benötigen, wenn Sie Software aus Samsung Apps installieren (siehe *Praxisbuch Teil 2*, Kapitel *31.2 Samsungs Apps*) oder die Fernwartung (siehe *Praxisbuch Teil 2*, Kapitel *29.4.2 Fernzugriff*) nutzen. Dagegen wird es selten Sinn machen, Ihre Kontakte und Termine mit dem Samsung-Konto anstatt dem Google-Konto zu synchronisieren. Uns fallen jedenfalls – derzeit – keine triftigen Argumente dafür ein. Als Argument könnte man höchstens anführen, dass man dann seine Daten nicht dem »Datensammler« Google anvertraut.

❶❷ So nutzen Sie das Samsung-Konto: Stellen Sie während der Kontakteingabe im Telefonbuch (siehe Kapitel *5 Telefonbuch*) beziehungsweise Termineingabe im Kalender (siehe *Praxisbuch Teil 2, Kapitel 18 Kalender (S Planner)*) das *Samsung account* ein.

❸ Kontakte mit Samsung-Konto erkennen Sie am Ⓢ-Symbol in den Kontaktdetails.

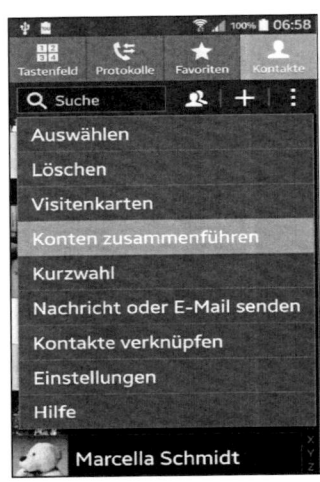 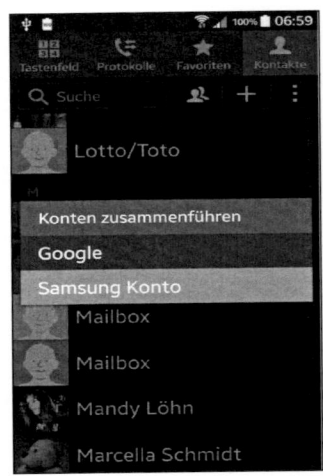

❶❷ Tipp: Haben Sie im Kalender bereits Kontakte mit Google-Konto erfasst, so können Sie diese mit ⋮/*Konten zusammenführen/Samsung* alle auf einmal dem Samsung-Konto zuweisen. Sie ersparen sich damit die manuelle Änderung.

17. Benutzeroberfläche optimal nutzen

In diesem Kapitel werfen wir einen Blick auf die zahlreichen Optionen, mit denen Sie das Galaxy an Ihre Bedienweise anpassen.

17.1 Funktionen in der Displaysperre

Je nach Voreinstellung (unter *Einstellungen/Anzeige/Bildschirm-Timeout*) aktiviert sich nach bis zu 10 Minuten die Displaysperre, wenn Sie das Gerät nicht nutzen. Alternativ schaltet sich die Displaysperre auch ein, wenn Sie kurz den Ein/Ausschalter betätigen.

Manche der in den folgenden Kapiteln vorgestellten Funktionen machen bei genauerer Betrachtung kaum Sinn. Es ist also Ihnen überlassen, ob Sie sie im Alltag nutzbringend verwenden können.

Standardmäßig begrüßt Sie die Displaysperre mit dem Uhr-Widget, das eine Datums- und Uhrzeitanzeige umfasst. Zusätzlich wird das aktuelle Wetter angezeigt.

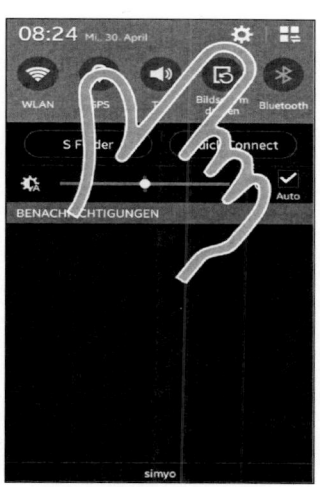 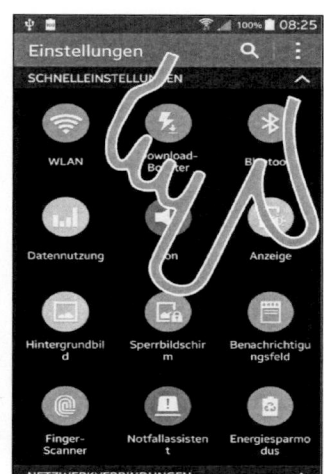 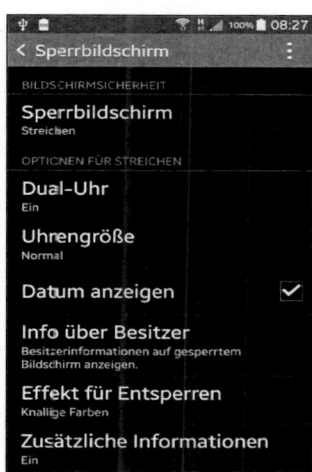

❶❷❸ Die Uhrzeit-Ansicht konfigurieren Sie in den Einstellungen: Rufen Sie im Benachrichtigungsfeld mit ✿ die *Einstellungen* auf und gehen Sie unter *SCHNELLEIN-STELLUNGEN* auf *Sperrbildschirm*.

Die folgenden Funktionen können Sie anpassen:

Unter *BILDSCHIRMSICHERHEIT*:

- *Sperrbildschirm*: Sichert das Handy vor unbefugten Zugriff. Siehe *Praxisbuch Teil 2, Kapitel 29 Zugriffssperren*.

Unter *OPTIONEN FÜR STREICHEN*:

- *Dual-Uhr*: Im Roaming-Modus (wenn Sie sich im Ausland befinden), zeigt das Handy im

Sperrbildschirm automatisch neben der Ortszeit die Heimatzeit an.

- *Uhrengröße*

- *Datum anzeigen*

- *Info über Besitzer*: Geben Sie hier Ihre Kontaktdaten ein, damit ein ehrlicher Finder Ihres Handys weiß, wem es gehört.

- *Effekt für Entsperren*: Verschiedene Effekte, die beim Wischen angezeigt werden.

- *Zusätzliche Informationen*: Wetter und Schrittzähler (letzterer muss in der *Health Walking Mate*-Anwendung aktiviert sein).

- *Hilfetext*: Zeigt einen Bedienhinweis auf dem Sperrbildschirm an.

17.2 Mehrfensteransicht

Normalerweise läuft auf Android-Geräten immer nur ein Programm im Vordergrund. Fenster, wie man sie von Windows-PCs her kennt, in denen jeweils ein Programm seine Bildschirmausgaben durchführt, kennt Android dagegen von Haus aus nicht – schließlich würde es auf den kleinen Handy-Displays schnell unübersichtlich, wenn dort mehrere Programme gleichzeitig aktiv wären. Beim Galaxy S5 steht dagegen genügend Displayfläche zur Verfügung, um zwei Programme gleichzeitig in Fenstern laufen zu lassen.

Beachten Sie bitte, dass die im Folgenden vorgestellte Mehrfensteransicht eine derzeit auf einige wenige Galaxy-Modelle beschränkte Spezialität ist und nur von einer Handvoll Programmen unterstützt wird. Einige andere Gerätehersteller bieten ähnliche Funktionen in Form von Mini-Anwendungen an, die aber funktionsmäßig nicht vergleichbar sind.

17.2.1 Mehrfensteransicht ein- und ausschalten

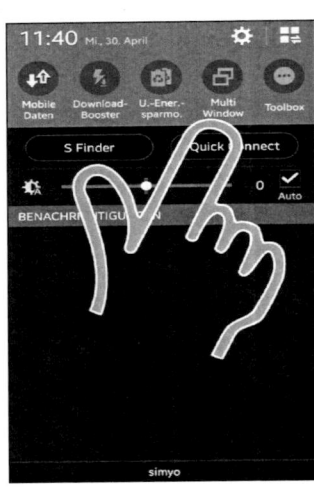 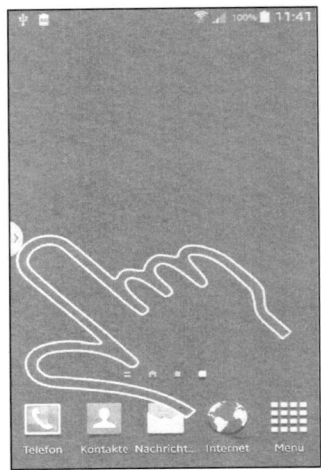 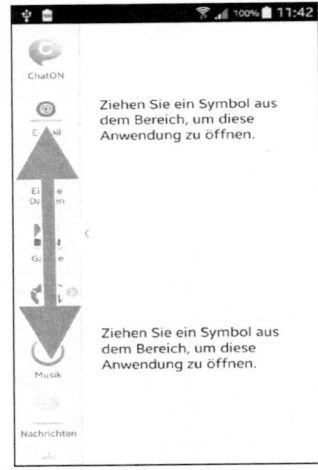

❶ Über *Multi-Window* im Benachrichtigungsfeld schalten Sie die Mehrfensteransicht ein/aus.

❷ Auf der linken Geräteseite ist eine »Lasche« sichtbar. Tippen Sie diese an.

❸ Mit einer vertikalen Wischgeste rollen Sie durch die Programmsymbole.

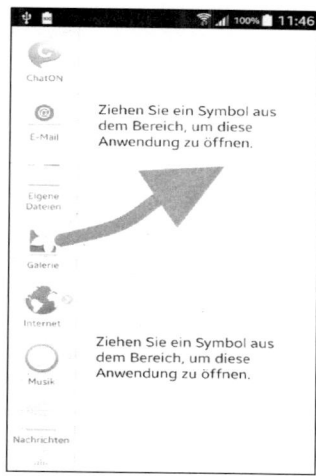  

❶ Ziehen Sie ein Programm aus der Symbolleiste nach rechts in eines der beiden Fenster (alternativ tippen Sie einfach ein Programm-Symbol an).

❷ Führen Sie das Gleiche mit einem anderen Preogramm-Symbol durch, das Sie in das zweite Fenster ziehen.

❶❷ Den Anzeigebereich ändern Sie durch Tippen, Halten und Ziehen des Balls (Pfeil).

Die Mehrfensteransicht beenden Sie einfach, indem Sie eines der beiden Fenster mit der ⤶-Taste schließen (eventuell vorher das zu schließende Fenster durch Antippen aktivieren).

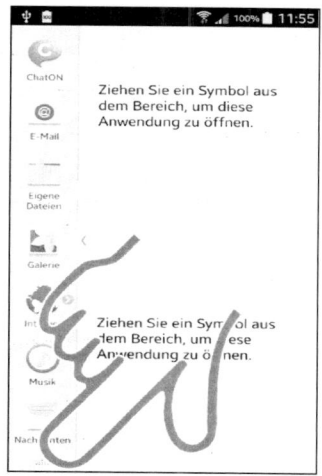 

❶❷ Über die ⋮⋮⋮-Schaltleiste verwalten Sie die Programm-Symbole:

- *Bearb* dient dazu, nicht benötigte Programme aus der Leiste zu entfernen.

- *Erstellen* speichert zwei gleichzeitig geöffnete Fenster, die sich dann später auf Knopfdruck wiederherstellen lassen.

 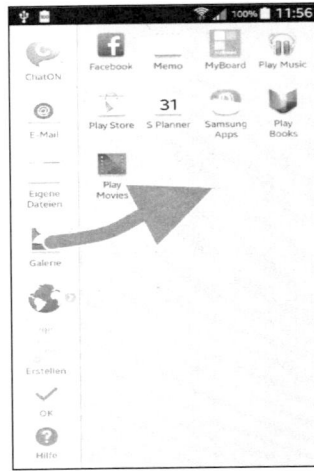 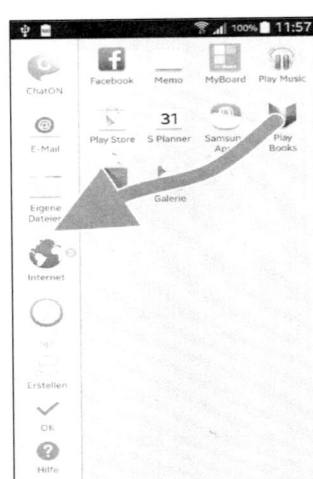

❶ Betätigen Sie *Bearb*.

❷ Tippen und halten Sie den Finger über einem nicht benötigten Symbol und ziehen Sie es nach rechts in den Ablagebereich.

❸ Umgekehrt tippen und halten Sie den Finger auf einem Programm-Symbol aus dem Ablagebereich und ziehen es an beliebige Stelle in die Symbolleiste.

Beenden Sie die Bearbeitung mit der *OK*.

  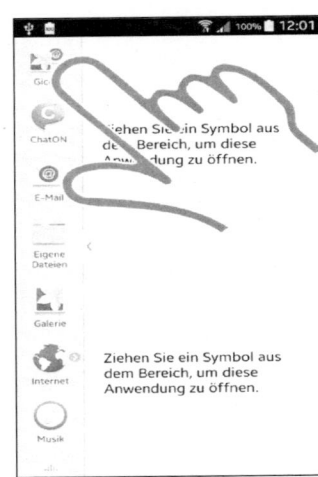

❶ Mit *Erstellen* speichern Sie zwei gleichzeitig geöffnete Fenster.

❷ Nach Eingabe einer Bezeichnung blendet das Galaxy in der Symbolleiste ein weiteres Symbol ein (❸). Wenn Sie es antippen, werden die beiden gespeicherten Fenster automatisch gleichzeitig geöffnet.

17.2.2 Weitere Funktionen

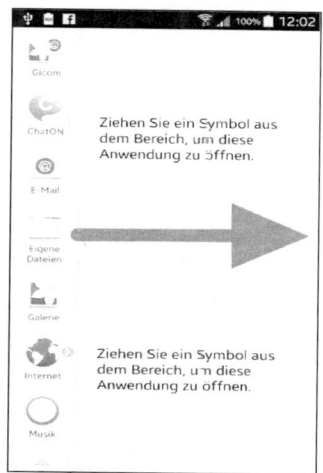 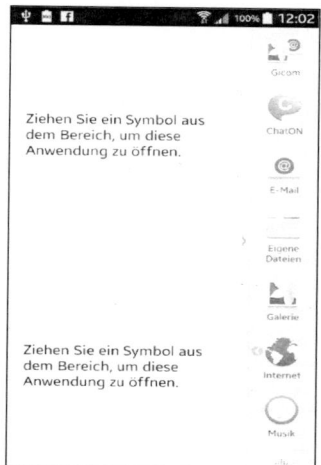

❶❷ Tippen, halten und ziehen Sie die »Lasche« an den entgegengesetzten Bildschirmrand, um die Position der Symbolleiste zu ändern.

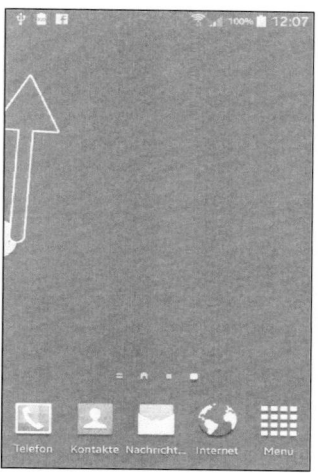 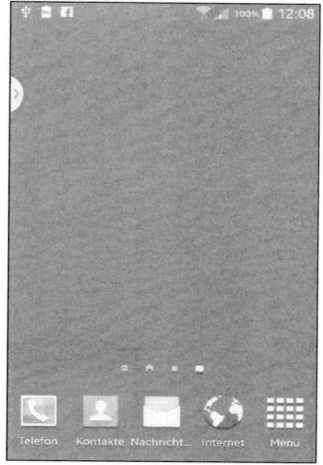

❶❷ Die Position der Lasche lässt sich übrigens ebenfalls ändern: Tippen und halten Sie den Finger auf die Lasche, wenn das Ausklappmenü geschlossen ist. Ziehen Sie sie dann einfach nach oben oder unten.

Die Lasche blenden Sie aus, indem Sie die ⤺-Taste unterhalb des Displays für einige Sekunden gedrückt halten. Umgekehrt blenden Sie durch erneutes längeres Drücken der ⤺-Taste wieder ein.

17.2.3 Toolbox

Mit der Toolbox (engl. »Werkzeugkasten) können Sie fünf häufig benötigte Programme auf dem Galaxy jederzeit abrufbereit halten.

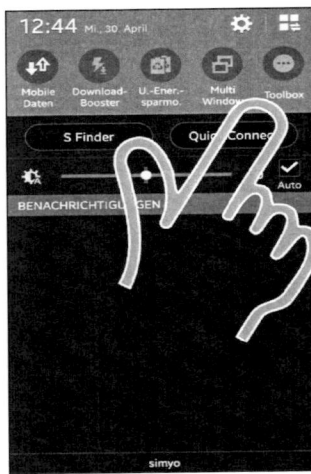 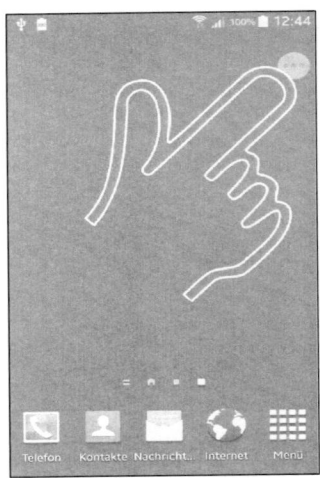 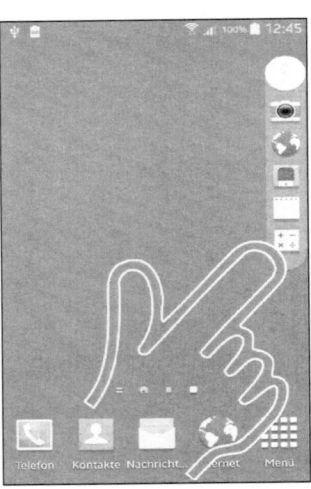

❶ Zunächst müssen Sie die Toolbox aktivieren, wozu Sie im Benachrichrichtigungsfeld die *Toolbox*-Schaltleiste betätigen (auf dem gleichen Wege deaktivieren Sie sie später wieder)

❷❸ Die Toolbox ist eine runde Schaltleiste, die Sie betätigen, worauf die fünf Programme zum Aufruf angeboten werden.

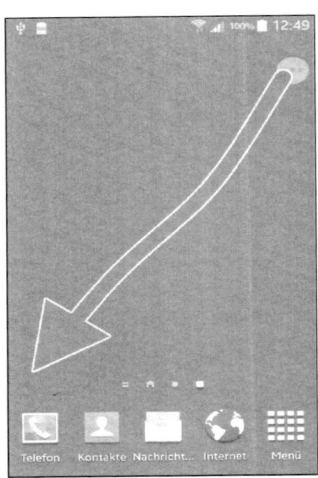 

❶❷ Tippen, halten und ziehen Sie die Toolbox gegebenenfalls an eine andere Bildschirm-position.

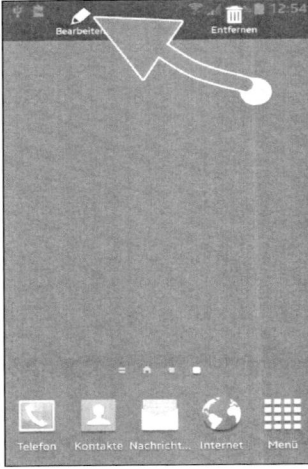 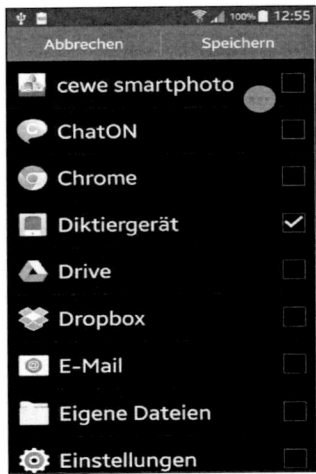

❶ Zum Bearbeiten der enthaltenen Programme tippen und halten Sie die Toolbox, anschließend ziehen Sie sie auf *Bearbeiten* (Ziehen auf *Entfernen* blendet die Toolbox dagegen aus).

❷ Aktivieren Sie die Abhakkästchen bei den Programmen, die Sie in die Toolbox übernehmen möchten und betätigen Sie *Speichern*. Wichtig: Da bereits fünf Programme abgehakt sind, müssen Sie natürlich bei einigen davon erst Haken deaktivieren.

17.3 Einhand-Modus

In manchen Situationen haben Sie vielleicht nur eine Hand frei, weshalb der Einhand-Modus für Sie interessant sein könnte.

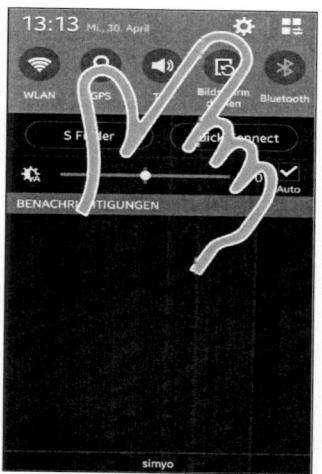  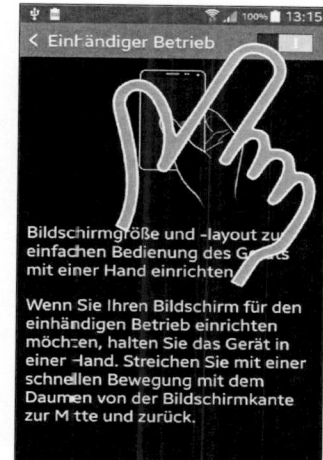

❶ So aktivieren Sie den Einhand-Modus: Rufen Sie im Benachrichtigungsfeld über ✿ die *Einstellungen* auf.

❷ Gehen Sie unter *TON UND ANZEIGE* auf *Einhändiger Betrieb*.

❸ Aktivieren Sie den Schalter (Pfeil). Eine Animation zeigt hier außerdem, wie mit welcher Wischgeste Sie den Einhand-Modus aktivieren. Anschließend verlassen Sie den Bildschirm über die ⤺-Taste.

Bitte beachten Sie, dass – aus welchen Gründen auch immer – der Einhand-Modus nur aktivierbar ist, wenn das Galaxy **nicht** über das USB-Kabel am PC angeschlossen ist.

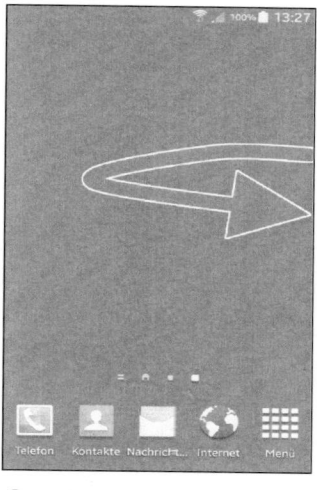 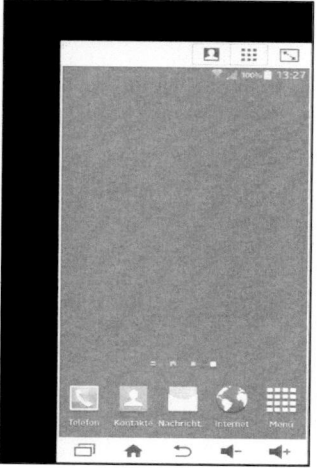

❶ Führen Sie mit einem Finger (es muss nicht unbedingt der Daumen sein) die Aktivierungsgeste durch. Dies benötigt leider etwas an Übung, denn häufig löst man leider aus Versehen irgendeine Funktion auf dem Bildschirm aus.

❷ Das Galaxy zeigt den Bildschirminhalt verkleinert an. Verschieben Sie bei Bedarf das Fenster, indem Sie mit dem Finger oben auf den Fensterrand tippen und halten und dann an die gewünschte Position ziehen. Die Schaltleisten am oberen Fensterrand:

- 🔲: Favoriten aus dem Telefonbuch (siehe Kapitel *4.2 Favoriten*) am Fensterrand anzeigen.

- ⠿: Schaltleisten zum Aufruf häufig benötigter Programme.

- ◩: Auf Vollbildmodus umschalten (Einhand-Modus beenden).

17.4 Startbildschirm-Profile

Vielleicht haben Sie schon mal ein HTC-Handy genutzt. Eine Besonderheit ist dort die so-genannte Sense-Oberfläche mit mehreren umschaltbaren Startbildschirm-Profilen. Beispielsweise ist es dort möglich, ein Startbildschirm-Profil mit Terminen und Kontakten anzulegen (verteilt auf mehrere Bildschirmseiten) und ein weiteres für die Freizeit mit Google-Mail-Posteingang und Schnellstartsymbolen auf beliebte Spiele. Zwischen den beiden Startbildschirmprofilen schaltet man dann mit einem Knopfdruck um.

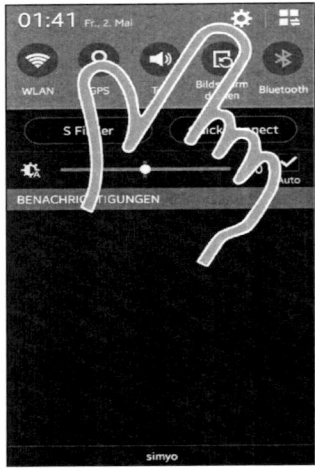  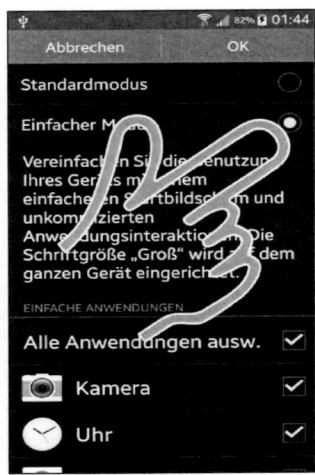

❶ Das Galaxy bietet ebenfalls zwei umschaltbare Startbildschirm-Profile. Aktivieren Sie dafür das Benachrichtigungsfeld und betätigen Sie ⚙ für die *Einstellungen.*

❷ Rufen Sie unter *PERSONALISIERUNG* das *Einfacher Modus*-Menü auf.

❸ Aktivieren Sie *Einfacher Modus* und deaktivieren Sie darunter die Anwendungen, die im ein-fachen Modus im Hauptmenü ausgeblendet werden. Wenn Sie hier später wieder auf den *Standardmodus* umschalten werden Ihre vorgenommenen Änderungen gespeichert. Passen Sie die beiden Startbildschirme, wie im Kapitel *3.7 Startbildschirm konfigurieren* beschrieben, ein-fach an Ihre Vorlieben an.

❶❷ So sieht der »Einfache Modus« im Startbildschirm aus.

17.5 Ruhemodus

In bestimmten Fällen, beispielsweise, wenn man außerhalb seiner Arbeitszeit keine Anrufe an-
nimmt, ist es sinnvoll, die Signaltöne des Galaxy zu deaktivieren. Damit Sie nicht am nächsten
Morgen vergessen, die Signaltöne wieder einzuschalten, besitzt das Handy dafür einen Timer.

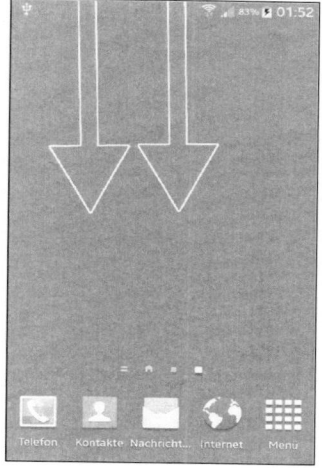 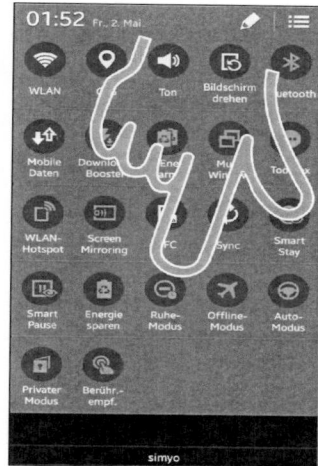 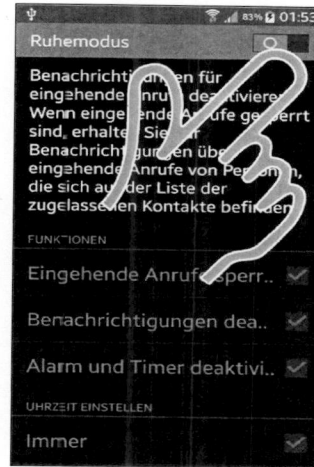

❶ Führen Sie eine Wischgeste mit zwei Fingern gleichzeitig von oben außerhalb des Displays
nach unten durch.

❷❸ Tippen und halten Sie mit dem Finger auf *Ruhe-Modus* (Pfeil), bis der Konfigurationsbildschirm erscheint. Aktivieren Sie dann den Schalter (Pfeil).

❶ Neben den verschiedenen Signalisierungstypen können Sie auch ein Zeitlimit einstellen, an
denen die Signale ausgeschaltet sind. Deaktivieren Sie dazu einfach *Immer*.

❷❸ *Zulässige Kontakte* konfiguriert, welche Telefonbuchkontakte Sie zu Ihnen durchkommen,
auch wenn Sie alle Signale deaktiviert haben:

- *Ohne*: Deaktiviert.

- *Alle Kontakte*

- *Favoriten*: Alle als Favoriten markierten Kontakte (siehe Kapitel *4.2 Favoriten*).

- *Benutzerdefiniert*: Legen Sie selbst fest, für welche Kontakte Sie erreichbar sind.

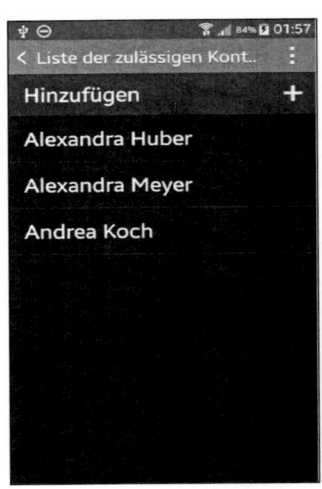

❶❷ Haben Sie *Benutzerdefiniert* ausgewählt, so müssen Sie anschließend die Telefonbuchkontakte auswählen. Betätigen Sie jeweils *Hinzufügen* und wählen Sie die Kontakte aus. Schließen Sie danach den Bildschirm mit der ⬅-Taste.

❸ Später lassen sich jederzeit über *Liste der zulässigen Kontakte* die erlaubten Kontakte bearbeiten.

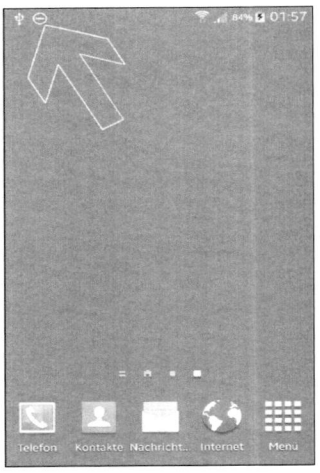
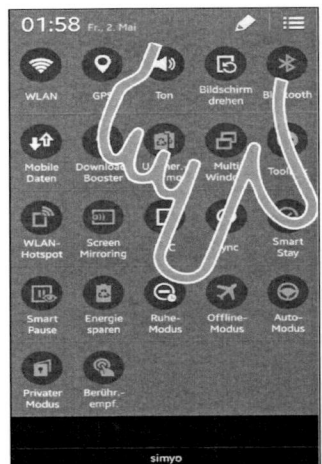

❶ Wenn der Ruhemodus aktiv ist, erscheint in der Titelleiste das ⊖-Symbol.

❷ Eine weitere Möglichkeit, den Ruhemodus ein- oder auszuschalten, besteht über die bereits oben vorgestellte *Ruhe-Modus*-Schaltleiste im Benachrichtigungsfeld (Pfeil).

17.6 Bewegungssteuerung

Den Bewegungssensor, die Frontkamera, das Multitouch-fähige Display (mehrere gleichzeitig gedrückte Finger werden erkannt) und ausgefuchste Software versetzen das Galaxy in die Lage, bestimmte Gesten in Aktionen umzusetzen. Beispielsweise ist es nicht nötig, das Display mit dem Finger zu berühren, um in Fotoalben der Galerie-Anwendung zu blättern. Bei vielen Funktionen stellt sich allerdings die Sinnfrage, denn häufig ist es einfacher, mal kurz das Display zu berühren, als in der Luft eine Bewegungsgeste durchzuführen, welche dann von der Kamera vielleicht auch noch falsch interpretiert wird.

> Einige der hier vorgestellten Gesten erläutert auch die mitgelieferte Dokumentation »Handbuch« anhand Alltagssituationen in einer Beispielfamilie.
>
> Beachten Sie, dass viele Gesten nur in bestimmten Programmen funktionieren. Insbesondere unterstützen die E-Mail-Anwendung und der »Internet«-Webbrowser viele Gesten, während dies die Google-Anwendungen Gmail und Chrome-Browser nicht tun.

17.6.1 Air View

Halten Sie für die Air-View-Funktion den Finger einige Millimeter **über** dem Bildschirm (also ohne ihn zu berühren), worauf bestimmte zusätzliche Infos angezeigt werden.

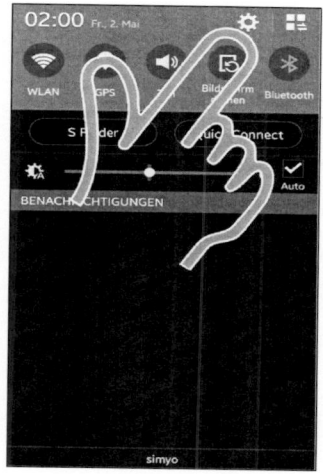 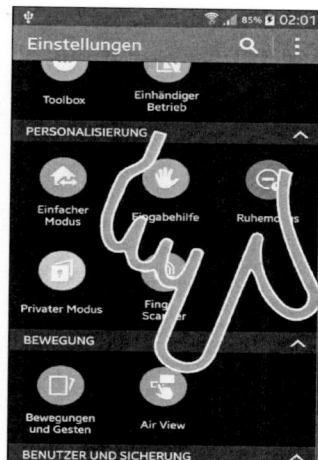 

❶ Rufen Sie das Benachrichtigungsfeld auf und betätigen Sie ✿ für die *Einstellungen*.

❷ Wählen Sie *Air View* unter *BEWEGUNG* aus.

❸ Prüfen Sie, ob der grüne Schalter aktiv ist, und schalten Sie gegebenenfalls ein. In diesem Bildschirm stellt das Galaxy auch alle Air View-Funktionen mit Erläuterungen vor.

❶ Im Kalender (siehe *Praxisbuch Teil 2*, Kapitel *18 Kalender (S Planner)*) zeigt Air View über Termineinträgen alle Infos an.

❷ Galerie (siehe *Praxisbuch Teil 2*, Kapitel *20 Galerie*) öffnet ein vergrößertes Vorschaubild.

❸ In der Telefonoberfläche (siehe Kapitel *4 Telefonie*) zeigt das Handy die Kurzwahlen (siehe Kapitel *4.3 Kurzwahlen*) an.

17.6.2 Gesten

Das im Folgenden vorgestellte Menü steuert die von der Kamera erkannten Gesten. Dazu gehört die Auswertung von Handbewegungen und des Kopfes.

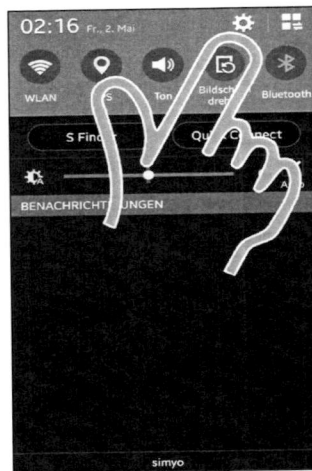 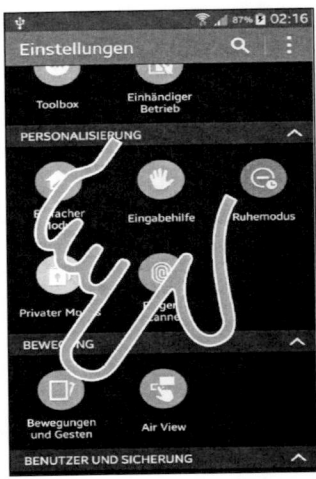 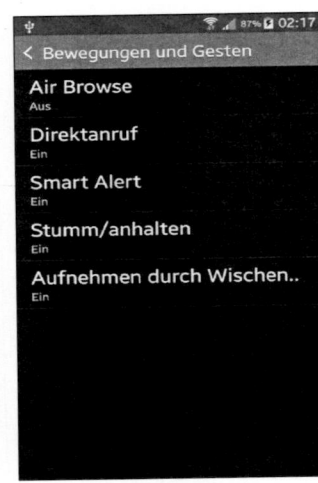

❶ Öffnen Sie das Benachrichtigungsfeld und betätigen Sie ✿ für die *Einstellungen.*

❷ Rufen Sie unter *BEWEGUNG* das *Bewegungen und Gesten*-Menü auf.

❸ Die verfügbaren Funktionen:

- *Air Browser*: Wischgeste blättert in den Anwendungen Galerie, Webbrowser, MP3-Player.

- *Direktanruf*: Wenn im Telefonbuch die Kontaktdetails, die Details im Anrufprotokoll oder eine SMS angezeigt werden, können Sie durch Halten des Handys an den Kopf einen Anruf durchführen.

- *Smart Alert*: Diese Funktion ist beispielsweise für Anwender in Besprechungen interessant: Legen Sie das Handy mit ausgeschalteter Lautstärke vor sich auf den Tisch. Heben Sie nach einiger Zeit das Handy auf, worauf es bei Vorliegen eines verpassten Anrufs oder einer ungelesenen Nachricht vibriert.

- *Stumm/anhalten*: Konfiguriert:

- *Bildschirmbed. Mit Hand*: Halten Sie die flache Hand auf das Display, worauf das Handy einen Klingelton und andere Töne automatisch ausschaltet.

- *Gerät umdrehen*: Bei eingehenden Anrufen, einem Alarm oder einer Benachrichtigung legen Sie das Handy einfach flach mit dem Display zuerst auf den Tisch. Keine Bange wegen Kratzern, denn das Display ist sehr kratzfest!

  - *Smart Pause*: Stoppen Sie die Wiedergabe im Video Player (siehe *Praxisbuch Teil 2*, Kapitel *30.8 Videoplayer*), indem Sie den Blick abwenden.

- *Screenshot erstellen*: Wischen Sie mit der Handkante von links nach rechts oder umgekehrt, worauf ein Screenshot (Bildschirmkopie) erstellt und im *\Pictures\Screenshots*-Verzeichnis gespeichert wird.

Das »Praxisbuch Samsung Galaxy S5 - Teil 1« ist zu Ende...

Wir hoffen, Sie haben mit dem vorliegenden Buch erfolgreich Ihr Galaxy Note zu meistern gelernt. Mit dem »**Praxisbuch Samsung Galaxy S5 – Teil 2**« geht es aber weiter! Sie erfahren im Teil 2 auf über 290 Seiten mehr zu den Themen:

- Kalender (S Planner)

- Multimedia mit Kamera, Galerie, MP3 Player und Play Music

- Datenübertragung mit Wi-Fi Direct, WLAN-Dateiübertragung, DLNA, NFC

- Ebooks auf dem Galaxy lesen

- Tethering (das Galaxy als Datenmodem für andere Geräte)

- Geräte mit Bluetooth koppeln, steuern und Daten übertragen

- Sprachsteuerung

- Gerätespeicher und Speicherkarte

- Programme aus dem Google Play Store installieren

- Eingabemethoden

- Tipps & Tricks

- PC-Synchronisation mit Samsung Kies

Sie erhalten das »Praxisbuch Samsung Galaxy Note 3 Teil 2« unter der ISBN 978-3-938036-70-9 im Buchhandel oder unter *www.das-praxisbuch.de*.

18. Stichwortverzeichnis

Weitere Bücher des Autors

Vom Technik-Journalisten Rainer Gievers sind zahlreiche Bücher zum Thema Mobile Computing erschienen. Eine Inhaltsübersicht und Bestellmöglichkeiten finden Sie auf unserer Website *www.das-praxisbuch.de*. Sie können die Bücher über die jeweilige ISBN auch direkt bei Ihrem lokalen Buchhändler bestellen.

- Das Praxisbuch Samsung Galaxy S5 (zweiteilige Buchreihe)
  Teil 1: ISBN 978-9-38036-85-3 (dieses Buch)
  Teil 2: ISBN 978-9-38036-86-0

- Das Praxisbuch Samsung Galaxy Tab Pro (zweiteilige Buchreihe)
  Teil 1: ISBN 978-9-38036-81-5
  Teil 2: ISBN 978-9-38036-82-2

- Das Praxisbuch Motorola Moto G
  ISBN 978-3-938036-79-2

- Das Praxisbuch Samsung Galaxy Tab 3 (zweiteilige Buchreihe)
  Teil 1: ISBN 978-9-38036-71-6
  Teil 2: ISBN 978-9-38036-62-3

- Das Praxisbuch Asus MeMO Pad HD 7
  ISBN 978-9-38036-67-9

- Das Praxisbuch Samsung Galaxy S4 Mini
  ISBN 978-9-38036-66-2

- Das Praxisbuch Samsung Galaxy S2 Plus
  ISBN 978-9-38036-65-5

- Das Praxisbuch Samsung Galaxy S4 (zweiteilige Buchreihe)
  Teil 1: ISBN 978-9-38036-63-1
  Teil 2: ISBN 978-9-38036-64-8

- Das Praxisbuch Samsung Galaxy S3 Mini
  ISBN 978-9-38036-62-4

- Das Praxisbuch Google Nexus 10
  ISBN 978-9-38036-61-7

- Das Praxisbuch Google Nexus 4
  ISBN 978-9-38036-60-0

- Das Praxisbuch Samsung Galaxy Note II
  ISBN 978-9-38036-59-4

- Das Praxisbuch Google Nexus 7 (Modelljahr 2013)
  ISBN 978-9-38036-68-6

- Das Praxisbuch Google Nexus 7
  ISBN 978-9-38036-58-7

- Das Praxisbuch Samsung Galaxy Tab 2 10.1 und 7.0
  Für die Tablet-Modelle P3100 (3G), P3110 (Wi-Fi), P5100 (3G) und P5110
  ISBN 978-3-938036-57-0

- Das Praxisbuch Samsung Galaxy S3
  ISBN 978-3-938036-56-3